2015—2016年
中国工业和信息化发展
系列蓝皮书

# 2015-2016年中国软件产业发展蓝皮书

The Blue Book on the Development of Software
Industry in China（2015-2016）

中国电子信息产业发展研究院　编著

主　编/樊会文

副主编/杨春立

人民出版社

责任编辑：邵永忠

封面设计：佳艺时代

责任校对：吕　飞

**图书在版编目（CIP）数据**

2015-2016 年中国软件产业发展蓝皮书 / 樊会文　主编；

中国电子信息产业发展研究院　编著 . — 北京：人民出版社，2016.8

ISBN 978-7-01-016518-9

Ⅰ . ① 2⋯ Ⅱ . ①樊⋯ ②中⋯ Ⅲ . ①软件产业 — 产业发展 — 研究报告 —

中国 — 2015-2016 Ⅳ . ① F426.67

中国版本图书馆 CIP 数据核字（2016）第 174773 号

2015-2016年中国软件产业发展蓝皮书

2015-2016NIAN ZHONGGUO RUANJIAN CHANYE FAZHAN LANPISHU

中国电子信息产业发展研究院　编著

樊会文　主编

人民出版社 出版发行

（100706　北京市东城区隆福寺街 99 号）

北京市通州京华印刷制版厂印刷　新华书店经销

2016 年 8 月第 1 版　2016 年 8 月北京第 1 次印刷

开本：710 毫米 ×1000 毫米　1/16　印张：16.5

字数：265 千字

ISBN 978-7-01-016518-9　定价：79.00 元

邮购地址　100706　北京市东城区隆福寺街 99 号

人民东方图书销售中心　电话（010）65250042　65289539

# 代　序

　　在党中央、国务院的正确领导下，面对严峻复杂的国内外经济形势，我国制造业保持持续健康发展，实现了"十二五"的胜利收官。制造业的持续稳定发展，有力地支撑了我国综合实力和国际竞争力的显著提升，有力地支撑了人民生活水平的大幅改善提高。同时，也要看到，我国虽是制造业大国，但还不是制造强国，加快建设制造强国已成为今后一个时期我国制造业发展的核心任务。

　　"十三五"时期是我国制造业提质增效、由大变强的关键期。从国际看，新一轮科技革命和产业变革正在孕育兴起，制造业与互联网融合发展日益催生新业态新模式新产业，推动全球制造业发展进入一个深度调整、转型升级的新时期。从国内看，随着经济发展进入新常态，经济增速换挡、结构调整阵痛、动能转换困难相互交织，我国制造业发展也站到了爬坡过坎、由大变强新的历史起点上。必须紧紧抓住当前难得的战略机遇，深入贯彻落实新发展理念，加快推进制造业领域供给侧结构性改革，着力构建新型制造业体系，推动中国制造向中国创造转变、中国速度向中国质量转变、中国产品向中国品牌转变。

　　"十三五"规划纲要明确提出，要深入实施《中国制造2025》，促进制造业朝高端、智能、绿色、服务方向发展。这是指导今后五年我国制造业提质增效升级的行动纲领。我们要认真学习领会，切实抓好贯彻实施工作。

　　**一是坚持创新驱动，把创新摆在制造业发展全局的核心位置**。当前，我国制造业已由较长时期的两位数增长进入个位数增长阶段。在这个阶段，要突破自身发展瓶颈、解决深层次矛盾和问题，关键是要依靠科技创新转换发展动力。要加强关键核心技术研发，通过完善科技成果产业化的运行机制和激励机制，加快科技成果转化步伐。围绕制造业重大共性需求，加快建立以创新中心为核心载体、以公共服务平台和工程数据中心为重要支撑的制造业创新网络。深入推进制造业与互联网融合发展，打造制造企业互联网"双创"平台，推动互联网企业构建制造业"双创"服务体系,推动制造业焕发新活力。

**二是坚持质量为先,把质量作为建设制造强国的关键内核。**近年来,我国制造业质量水平的提高明显滞后于制造业规模的增长,既不能适应日益激烈的国际竞争的需要,也难以满足人民群众对高质量产品和服务的热切期盼。必须着力夯实质量发展基础,不断提升我国企业品牌价值和"中国制造"整体形象。以食品、药品等为重点,开展质量提升行动,加快国内质量安全标准与国际标准并轨,建立质量安全可追溯体系,倒逼企业提升产品质量。鼓励企业实施品牌战略,形成具有自主知识产权的名牌产品。着力培育一批具有国际影响力的品牌及一大批国内著名品牌。

**三是坚持绿色发展,把可持续发展作为建设制造强国的重要着力点。**绿色发展是破解资源、能源、环境瓶颈制约的关键所在,是实现制造业可持续发展的必由之路。建设制造强国,必须要全面推行绿色制造,走资源节约型和环境友好型发展道路。要强化企业的可持续发展理念和生态文明建设主体责任,引导企业加快绿色改造升级,积极推行低碳化、循环化和集约化生产,提高资源利用效率。通过政策、标准、法规倒逼企业加快淘汰落后产能,大幅降低能耗、物耗和水耗水平。构建绿色制造体系,开发绿色产品,建设绿色工厂,发展绿色园区,打造绿色供应链,壮大绿色企业,强化绿色监管,努力构建高效清洁、低碳循环的绿色制造体系。

**四是坚持结构优化,把结构调整作为建设制造强国的突出重点。**我国制造业大而不强的主要症结之一,就是结构性矛盾较为突出。要把调整优化产业结构作为推动制造业转型升级的主攻方向。聚焦制造业转型升级的关键环节,推广应用新技术、新工艺、新装备、新材料,提高传统产业发展的质量效益;加快发展3D打印、云计算、物联网、大数据等新兴产业,积极发展众包、众创、众筹等新业态新模式。支持有条件的企业"走出去",通过多种途径培育一批具有跨国经营水平和品牌经营能力的大企业集团;完善中小微企业发展环境,促进大中小企业协调发展。综合考虑资源能源、环境容量、市场空间等因素,引导产业集聚发展,促进产业合理有序转移,调整优化产业空间布局。

**五是坚持人才为本,把人才队伍作为建设制造强国的根本。**新世纪以来,党和国家深入实施人才强国战略,制造业人才队伍建设取得了显著成绩。但也要看到，制造业人才结构性过剩与结构性短缺并存，高技能人才和领军人才紧缺，基础制造、高端制造技术领域人才不足等问题还很突出。必须把制造业人才发展摆在更加突出的战略位置，加大各类人才培养力度，建设制造业人才大军。以提高现代经营管理水平和企业竞争力为核心，造就一支职业素养好、市场意识强、熟悉国内外经济运行规则的经营管理人才队伍。组织实施先进制造卓越工程师培养计划和专业技术人才培养计划等，造就一支掌握先进制造技术的高素质的专业技术人才队伍。大力培育精益求精的工匠精神，造就一支技术精湛、爱岗敬业的高技能人才队伍。

"长风破浪会有时，直挂云帆济沧海"。2016 年是贯彻落实"十三五"规划的关键一年，也是实施《中国制造 2025》开局破题的关键一年。在错综复杂的经济形势面前，我们要坚定信念，砥砺前行，也要从国情出发，坚持分步实施、重点突破、务求实效，努力使中国制造攀上新的高峰！

工业和信息化部部长 苗圩

2016 年 6 月

# 前　言

　　软件产业是我国战略性新兴产业重要组成部分，是国民经济和社会信息化的重要基础，是建设制造强国和网络强国的重要支撑。近年来，在国内外复杂的发展环境下，我国软件产业持续发挥着对经济发展的引领作用，云计算、大数据、移动互联网、物联网等新兴领域中新业态新业务不断涌现，人工智能、智能制造、工业互联网等热点领域蓬勃兴起。软件产业在推动传统产业转型升级、促进经济结构调整和发展方式转变、扩大信息消费、拉动经济增长、扩大就业、变革人类生产和生活方式等方面发挥日益重要作用，其发展程度已成为衡量一个国家和地区核心竞争力和现代化程度的重要标志。

　　全球软件产业发展势头平稳，2015年，全球软件产业规模约为1.56万亿美元，同比增速约4%，较2014年略为降低。受全球经济复苏步伐放缓、新兴经济体市场稳定性较差、信息技术企业业务调整灵活性较低等因素影响，全球软件产业距离2011年两位数增长水平仍有一定差距。在云计算、大数据、移动互联网等新兴信息技术服务持续演进的驱动下，全球软件产业服务化特征明显，信息技术服务为产业发展持续注入新的活力，在产业整体中所占比重持续提高，在产业发展中的地位和价值不断上升。据初步估计2015年全球软件产业中，软件产品产值占全行业的比例约为四分之一，信息服务占全行业的比重约为四分之三。

　　从全球产业发展格局来看，美国、欧盟、日本仍是世界软件产业发展的主体。2015年，美国进入加息周期，经济复苏步伐加快，软件产业保持较快增长态势，产业产值占全球总产值的30%以上；受债务危机、难民问题等影响，欧元区经济增长相对乏力，软件产业增长幅度较小，但仍是全球软件产业发展的主要力量；尽管采取了一系列经济刺激政策，但受经济低增长拖累，日本软件产业规模占全球软件产业规模的比重逐年下降。中国、印度等新兴市场经济体在全球软件产业调整中快速发展，市场地位和影响力逐步提升。

从我国软件产业发展情况看，2015年我国软件产业保持平稳较快增长，实现软件业务收入4.3万亿元，同比增长16.6%，增速较上年降低4.5个百分点，但仍比电子信息制造业增速高出9个百分点。软件产业出口有所复苏，2015年软件出口规模为545亿美元，同比增长5.3%，增速比2014年提高1.6个百分点。

结构调整持续优化，新兴信息技术服务比重保持较高水平。2015年，运营相关服务、电子商务平台服务、集成电路设计和其他信息技术服务业务共实现收入2.2万亿元，占软件产业比重达51.4%。产业呈现聚集化发展态势，东部地区成为软件产业发展的主要集聚地。2015年，东部地区完成软件业务收入3.29万亿元，同比增长17.2%，占全国软件业务收入的比重为76.5%。

## 二

当前，我国软件产业发展的内外环境正发生深刻变化，既为产业由大变强、提质增效提供了重要的发展机遇，又使产业发展面临新的挑战。概括而言，产业发展主要面临以下形势。

第一，国内外经济增长普遍乏力。国际货币基金组织（IMF）在最新发表的《世界经济展望》中指出，当前全球经济正处在调整之中，新兴市场增长普遍放缓，中期经济发展预期正在变弱。在中国经济正处在平衡调整中、大宗商品价格下跌、美国逐步退出量化宽松货币政策等驱动因素的作用下，预计2016年全球经济增长率从2015年的3.1%提高到3.4%，2017年将继续提高到3.6%。其中，预计2015年和2016年美国经济增速将仍然低于3%，维持在2.6%附近；欧元区经济受油价下跌、欧元贬值、难民问题等影响复苏步伐缓慢，预计2015年和2016年经济增速都将维持在1.7%左右。日本经济反弹持续性较差，预计2016年经济增长率为1.0%，2017年经济增速将降低到0.3%。我国经济增长正全面向新常态转换，经济结构、发展方式和体制都面临深刻变革。对于中国经济增长，IMF认为需经历必要的调整以实现更平衡的增长，预计2016年中国经济增长将放缓至6.3%，2017年将进一步放缓至6.0%，但仍处在合理区间范围。

第二，新政策的落地将优化产业发展环境。2015年，国务院、发改委、工信部等部委围绕产业发展规划、产业扶持、应用推广、安全检查等内容出台了一系列政策，为软件产业持续健康规范发展奠定了良好基础。2016年，云计算、大数据、"互联网+"、智能制造等领域新颁布的政策将逐步落地实施，政策红利逐步显现，为相关企业带来实惠。云计算、大数据相关政策的落地将推动以新兴信息技术为驱动的新型软件业态的不断演进发展，为软件产业发展注入新的活力。"互联网+"行动计划的落地，将推动传统产业与互联网、软件技术的融合创新，促进新服务、新模式的诞生，为国家经济发展带来新的动能，为软件产品和信息技术服务的行业应用带来新的空间。"中国制造2025"的落地，将促进以互联网、云计算、大数据等为代表的信息技术和制造业融合深度发展，推动两化深度融合。

## 三

在全球经济弱势复苏、国内经济发展进入新常态、新兴领域快速发展并与传统领域加速融合的大背景下，为保持我国软件产业平稳较快增长、优化产业结构、培育新兴动能应着力做好以下几项工作。

第一，积极引导企业创新发展。创新和优化政策环境，结合网络化趋势完善双软认定制度，做好国家规划布局内重点软件企业认定工作，强化落实国发4号文相关政策，继续加强对软件研发创新与应用推广、信息安全技术和产业发展的支持力度。将云计算、大数据、新兴信息技术服务企业纳入政策重点支持对象范畴，符合条件的按规定享受相关税收优惠政策。研究制定适应新时期特点的软件和信息技术服务业发展相关政策措施，支持有条件的地区开展软件和信息技术服务业政策创新试点。利用云计算、大数据等先进技术，建设一批功能完善的，有效聚合终端用户、开发者和运营商的产业公共服务平台，加强平台的管理和评估考核，增强平台的服务能力和服务水平。鼓励企业兼并重组或资源整合，通过并购、入股等方式强化自身业务体系，培育一体化、集成化创新能力，加快向产业链价值中高端延伸，增强核心竞争力。加强软件价值评估研究，探索建立科学的软件价值测算指标体系。鼓励软件企业加大知识产权投入并依法组建知识产权保护联盟，建立知识产权保护长效机制。

第二，着力强化软件在智能制造中的支撑作用。充分调动市场和企业的内在动力，有效激活中小企业的内在创新动力，结合工业4.0等新趋势的要求，面向重点领域装备智能化、生产过程和制造工艺智能化、智能制造生产模式的集成应用，加强工业软件和解决方案的研发应用，推进工业智能化进程。建立工业信息物理系统验证测试平台和安全测试评估平台。面向航空、汽车、电子、石化等重点行业，开展信息物理系统应用示范。面向先进装备制造行业，促进个性化定制、柔性化制造、异地协同开发、云制造等智能制造新模式的应用推广。充分发挥中国工业软件产业发展联盟等行业组织与中介的作用，为政产学研各方合作提供良好的渠道和平台。鼓励骨干企业牵头产业研用联动，推进工业软件标准规范的制定和实施工作，加强对工业系统关键环节和重点领域的控制能力和综合服务保障能力。

第三，进一步增强信息安全保障能力。发挥举国体制优势，整合资源，加大对信息安全技术研发的资金投入，扶持具有较强创新能力的企业、高校和科研单位加强信息安全技术原始创新，实现关键技术和产品的技术突破。面向云计算、大数据、移动互联网等新兴领域，发展具有高安全保障能力的信息安全产品，发展给雷安全支撑工具。支持构建安全可靠软硬件产品联合技术攻关平台，探索建立创新成果共享机制，推动安全可靠软硬件技术产品的研发应用，打造安全可靠软硬件应用生态环境。支持建设安全可靠测试服务平台，发展自主可控的安全防护方案，打造安全可靠信息系统运行高仿环境和体验展示环境。开展自主信息安全技术产品应用示范，支持国防、军工、公安等政府部门和金融、电信、能源等重要领域率先采用具有自主知识产权的信息安全产品和系统，推动形成从基础产品到应用产品和服务的具有完全自主知识产权产业体系。

## 四

基于对上述问题的深入思考，赛迪智库软件产业研究所研究编撰了《2015—2016年中国软件产业发展蓝皮书》。本书在总结中国软件产业整体发展情况基础上，从产业运行、行业发展、企业情况、重点区域、特色园区、政策环境等多个维度对中国软件产业发展进行剖析，并对2016年中国软件产业发展趋势进行展望。全书分为综合篇、行业篇、区域篇、园区篇、企业篇和展望篇共6个部分。

综合篇，从2015年我国软件产业整体发展情况、发展特点、主要政策等展开分析，并对热点事件进行评析。

行业篇，选取基础软件、工业软件、信息技术服务、嵌入式软件、云计算、大数据、信息安全等7个行业进行专题分析，对各行业领域2015年整体发展情况进行回顾，并从市场、技术、竞争等角度总结发展特点。

区域篇，对环渤海地区、长江三角洲地区、珠三角地区、东北地区、中西部地区等区域进行专题研究，分析各区域产业整体发展情况、发展特点、主要行业发展情况和重点省市发展情况。

园区篇，选取中关村科技园区、上海浦东软件园、辽宁大连软件园、江苏南京雨花软件园、福建福州软件园、山东齐鲁软件园等代表性软件园进行专题研究，总结分析了各个园区的总体发展概况和发展特点。

企业篇，选取了基础软件、工业软件、信息技术服务、嵌入式软件、云计算、大数据、信息安全等7个细分领域的代表性骨干企业，分析其发展情况和发展策略。

展望篇，在对主要研究机构预测性观点进行综述基础上，展望2016年我国软件产业整体发展趋势、重点行业发展趋势以及重点区域发展趋势。

我国软件产业发展已迈上新台阶，面临着由大变强、提质增效、强化对其他行业的支撑能力等紧迫任务。面对全球软件产业发生深刻变革、国内外发展环境日益复杂，我国软件产业发展既面临着难得的历史机遇，又面临国内外重大挑战。我们要以科学发展观为指导，努力克服制约产业发展的深层次问题，提升产业的核心竞争力，更好地发挥产业在国民经济中的支撑和引领作用。

# 目 录

代　序（苗圩）
前　言

## 综 合 篇

**第一章　2015年中国软件产业整体发展状况 / 2**
　　一、业务收入持续稳增，产业地位显著提升 / 2
　　二、信息技术服务引领产业增长，服务化转型态势明显 / 5
　　三、软件出口延续低增长，外包服务收入持平 / 6
　　四、产业集聚效应进一步凸显，中心城市持续领先 / 8
　　五、东部地区有力支撑产业发展，中部地区增势突出 / 10
　　六、软件业从业人员队伍不断壮大，热点领域人才紧缺 / 10

**第二章　2015年中国软件产业发展特点 / 12**
　　一、产业创新能力进一步增强 / 12
　　二、骨干企业实力不断提升 / 13
　　三、云计算、大数据等领域实现快速务实发展 / 14
　　四、软件产业与其他行业融合持续深入 / 15
　　五、互联网+软件变革产业竞争局面 / 16
　　六、产业发展环境进一步优化 / 17

**第三章　2015年中国软件产业政策环境 / 18**
　　一、《国务院关于积极推进"互联网+"行动的指导意见》 / 18
　　二、《促进大数据发展行动纲要》 / 19
　　三、《国务院关于大力推进大众创业万众创新若干政策措施的意见》 / 22
　　四、《中国制造2025》 / 23
　　五、《关于促进云计算创新发展　培育信息产业新业态的意见》 / 27
　　六、《国务院办公厅关于运用大数据加强对市场主体服务和监管的若干意见》 / 31

**第四章　2015年中国软件产业热点事件 / 34**
　　一、信息技术服务业增速逆势增长 / 34

二、大型网络平台相继发生瘫痪事件 / 37

三、支付宝"微信化"变革 / 39

四、用友、金蝶分别与京东和阿里巴巴开展战略合作 / 41

五、国内首个工业云创新服务试点项目通过验收 / 43

六、华人成为推动 Linux 的重要力量 / 45

七、浪潮启动"云图计划"构建云生态系统 / 48

八、海尔收购GE家电业务 / 49

# 行 业 篇

第五章　基础软件产业 / 52
　　一、发展情况 / 53
　　二、发展特点 / 56

第六章　工业软件产业 / 59
　　一、发展情况 / 59
　　二、发展特点 / 62

第七章　信息技术服务产业 / 65
　　一、发展情况 / 65
　　二、发展特点 / 68

第八章　嵌入式软件产业 / 72
　　一、发展情况 / 72
　　二、发展特点 / 75

第九章　云计算产业 / 77
　　一、发展情况 / 77
　　二、发展特点 / 78

第十章　大数据产业 / 83
　　一、发展情况 / 83
　　二、发展特点 / 87

第十一章　信息安全产业 / 94
　　一、发展情况 / 94
　　二、发展特点 / 98

# 区 域 篇

**第十二章　环渤海地区软件产业发展状况 / 102**
　　一、整体发展情况 / 102
　　二、产业发展特点 / 103
　　三、主要行业发展情况 / 105
　　四、重点省市发展情况 / 106

**第十三章　长江三角洲地区软件产业发展状况 / 109**
　　一、整体发展情况 / 109
　　二、产业发展特点 / 110
　　三、主要行业发展情况 / 112
　　四、重点省市发展情况 / 114

**第十四章　珠江三角洲地区软件产业发展状况 / 116**
　　一、整体发展情况 / 116
　　二、产业发展特点 / 118
　　三、重点省市发展情况 / 119

**第十五章　东北地区软件产业发展状况 / 121**
　　一、整体发展情况 / 121
　　二、产业发展特点 / 124
　　三、主要行业发展情况 / 126
　　四、重点城市 / 128

**第十六章　中西部地区软件产业发展状况 / 131**
　　一、整体发展情况 / 131
　　二、产业发展特点 / 132
　　三、主要行业发展情况 / 133
　　四、重点省市发展情况 / 135

# 园 区 篇

**第十七章　中关村科技园区海淀园 / 140**
　　一、园区概况 / 140

二、重点行业发展情况 / 142

### 第十八章　上海浦东软件园 / 145
一、园区概况 / 145
二、重点行业发展情况 / 146

### 第十九章　辽宁大连软件园 / 148
一、园区概况 / 148
二、重点行业发展情况 / 148

### 第二十章　江苏南京雨花软件园 / 150
一、园区概况 / 150
二、重点行业发展情况 / 151

### 第二十一章　福建福州软件园 / 153
一、园区概况 / 153
二、重点行业发展情况 / 154

### 第二十二章　山东齐鲁软件园 / 156
一、园区概况 / 156
二、重点行业发展情况 / 157

### 第二十三章　山东青岛软件园 / 159
一、园区概况 / 159
二、重点行业发展情况 / 160

### 第二十四章　广东广州天河软件园 / 161
一、园区概况 / 161
二、重点行业发展情况 / 163

### 第二十五章　广东深圳软件园 / 165
一、园区概况 / 165
二、重点行业发展情况 / 167

### 第二十六章　福建厦门软件园 / 169
一、园区概况 / 169
二、重点行业发展情况 / 170

# 企 业 篇

**第二十七章　基础软件企业 / 174**

　　一、中标软件 / 174

　　二、普华软件 / 176

　　三、金山办公软件 / 177

　　四、人大金仓 / 178

　　五、东方通 / 179

**第二十八章　工业软件企业 / 181**

　　一、数码大方 / 181

　　二、宝信软件 / 182

　　三、用友网络 / 183

　　四、金蝶软件 / 185

**第二十九章　信息技术服务企业 / 187**

　　一、东软 / 187

　　二、中软 / 189

　　三、神州数码 / 191

**第三十章　嵌入式软件企业 / 194**

　　一、总体发展情况 / 194

　　二、主要企业发展策略 / 195

**第三十一章　云计算企业 / 200**

　　一、阿里云 / 200

　　二、浪潮云 / 202

　　三、金山云 / 205

**第三十二章　大数据企业 / 207**

　　一、人大金仓 / 207

　　二、百度 / 208

　　三、腾讯 / 210

**第三十三章　信息安全企业 / 212**

　　一、卫士通 / 212

　　二、启明星辰 / 213

　　三、绿盟科技 / 214

　　四、奇虎360 / 215

# 展 望 篇

**第三十四章　主要研究机构预测性观点综述 / 218**

　　一、Gartner的预测 / 218

　　二、IDC的预测 / 222

**第三十五章　2015年中国软件产业发展形势展望 / 230**

　　一、整体产业发展形势展望 / 230

　　二、重点行业发展展望 / 233

　　三、重点区域发展展望 / 240

**后　记 / 245**

# 综合篇

# 第一章　2015年中国软件产业整体发展状况

2015 年，伴随全球经济弱势复苏，IT 行业加速转型调整，我国经济增长进入新常态，我国软件和信息技术服务业进入新的转型调整期，收入增长稳中趋缓，信息技术服务引领产业增长，云计算、移动互联网、大数据等新兴领域增势突出，"互联网＋"进一步加速软件与互联网融合创新，企业纷纷加快合作转型力度，完善自身业务体系和生态布局，产业整体在国民经济中的地位和作用不断提升。

## 一、业务收入持续稳增，产业地位显著提升

2015 年，在全球经济弱势复苏、国内经济持续放缓的背景下，中国软件产业保持平稳较快增长，实现软件业务收入 4.3 万亿元，同比增长 16.6%，虽然增速较 2014 年低 4.5 个百分点，但仍比电子信息制造业增速高出 6.1 个百分点。相比于 2011 年，软件业务收入规模从 18849 亿元增长到 4.3 万亿元，年均增长率为 31.9%。

从利润增长和从业人员情况看，2015 年 1—11 月，中国软件产业实现利润总额 4422 亿元，同比增长 10.8%，增速低于上年同期 12.9 个百分点；从业人员平均人数超过 552 万人，同比增长 6.4%，增速低于上年同期 3.3 个百分点。

2015 年，从业企业达到 40941 家，相较 2014 年增加了 9075 家企业，增速高于往年。相比 2008 年 16194 家企业，从业企业增加 24747 家，平均每年增加 3500 多家软件企业。

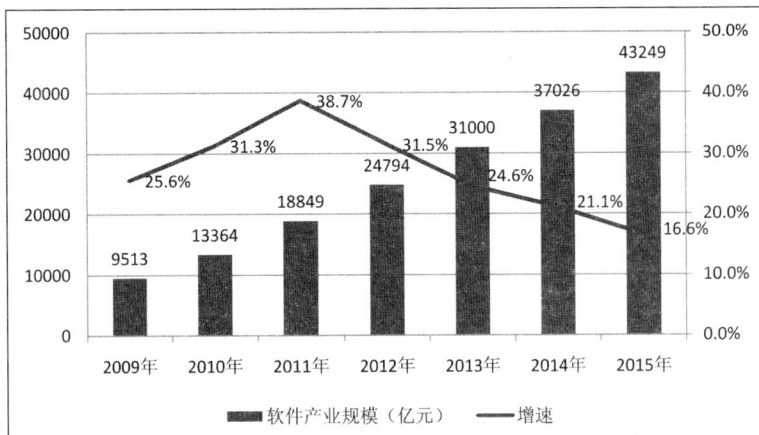

图1-1　2009—2015年中国软件产业规模与年增长率

资料来源：工业和信息化部运行局，2016年2月。

从软件产业月度收入增长情况看，2015年，中国软件产业整体增势平稳。1—12月，软件业务收入累计增速在15.8%—17.1%区间波动，波动幅度仅为1.3%。其中，5、6月份累计增速最高，为17.1%；受季节性因素影响，1月份的收入增速为15.8%，创全年月度增速的最低值。同时，相比于2014年，2015年单月增速均低于2014年同期水平。

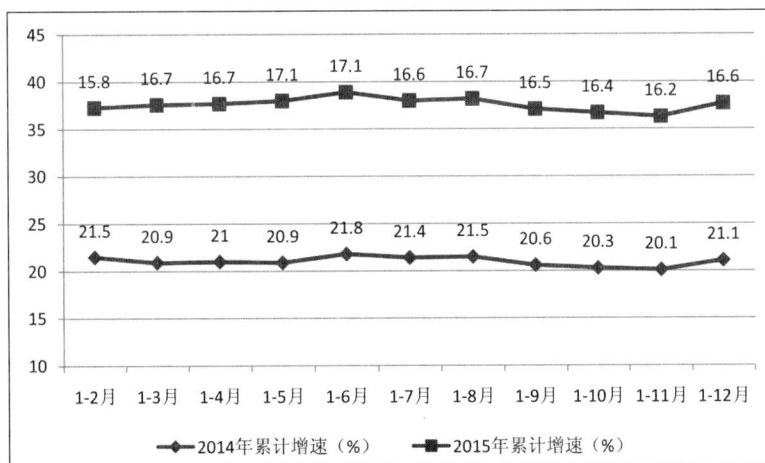

图1-2　2015年1—12月软件业务收入增长情况

资料来源：工业和信息化部运行局，2016年2月。

在国民经济下行压力加大的背景下，尽管软件行业增速相较往年放缓，仍在各行各业中脱颖而出，连续保持较快增长。软件产业的高成长性使其日益成为经济增长的重要引擎，为国民经济在新常态下保持平稳运行发挥越来越重要的作用。从软件产业占 GDP 比重看，近年来，中国软件产业占 GDP 的比重不断上升，2005 年比重仅为 2.1%，2010 年达到 3.3%，2015 年增长到 6.4%，比 2014 年高出 0.6个百分点，是 2005 年的三倍多。

表 1-1  2005—2015 年中国软件产业规模及比重

| 年度 | 软件产业规模（亿元） | 电子信息产业规模（亿元） | GDP（亿元） | 软件产业占电子信息产业比重 | 软件产业占GDP比重 |
|---|---|---|---|---|---|
| 2005年 | 3900 | 38400 | 184937.4 | 10.2% | 2.1% |
| 2006年 | 4801 | 47500 | 216314.4 | 10.1% | 2.2% |
| 2007年 | 5834 | 56000 | 265810.3 | 10.4% | 2.2% |
| 2008年 | 7573 | 58826 | 314045.4 | 12.9% | 2.4% |
| 2009年 | 9513 | 60818 | 340902.8 | 15.6% | 2.8% |
| 2010年 | 13364 | 78000 | 401512.8 | 17.1% | 3.3% |
| 2011年 | 18849 | 93766 | 472881.6 | 20.1% | 4.0% |
| 2012年 | 24794 | 109838 | 519322.1 | 22.6% | 4.8% |
| 2013年 | 31000 | 124000 | 569000 | 25.0% | 5.4% |
| 2014年 | 37000 | 140000 | 636463 | 26.4% | 5.8% |
| 2015年 | 43249 | 157000 | 676708 | 27.5% | 6.4% |

资料来源：赛迪智库，2016 年 2 月。

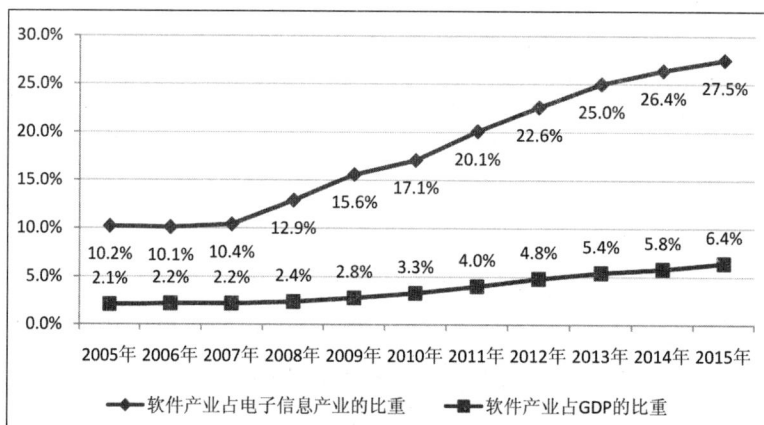

图1-3  软件产业占电子信息产业和GDP的比重

资料来源：赛迪智库，2016 年 2 月。

从软件产业占电子信息产业比重看，中国软件产业在电子信息产业中所占比重逐年提高，地位和作用不断增强。2015 年，软件产业比电子信息制造业增速高出 6.1 个百分点，占电子信息产业的比重提高到 27.5%，达到新的高点，比 2014 年高出 1.1 个百分点，是 2005 年的比重的 2 倍多。

## 二、信息技术服务引领产业增长，服务化转型态势明显

2015 年，《关于促进云计算创新发展　培育信息产业新业态的意见》《促进大数据发展行动纲要》《关于大力发展电子商务加快培育经济新动力的意见》等促进信息技术服务发展的重大政策相继出台，推动信息技术服务与各领域加速融化不断衍生新业态，为融合创新营造了良好环境。基于移动互联网、物联网、云计算、大数据的新业态、新业务、新服务快速发展，带动产业链向高端不断延伸，推动软件产业服务化转型调整。

根据工业和信息化部数据，2015 年，信息技术服务实现收入 22123 亿元，占软件产业比重为 51.2%，同比增长 18.4%，增速相较软件产品和嵌入式系统软件分别高出 2 和 6.6 个百分点。新兴业态和模式创新推进电子商务消费需求与跨领域业务的增长，电子商务平台服务（包括在线交易平台服务、在线交易支撑服务在内的信息技术支持服务）成为产业增势最突出的细分领域，收入增长 25.1%，增速高出全行业 8.5 个百分点。受运营互联网化的带动，运营相关服务（包括在线软件运营服务、平台运营服务、基础设施运营服务等在内的信息技术服务）保持快速增长态势，收入增长 18.3%。集成电路设计实现收入 1449 亿元，同比增长 13.3%。其他信息技术服务（包括信息技术咨询设计服务、系统集成、运维服务、数据服务等）收入增长 17.8%。

软件产品增长平稳，共完成收入 14048 亿元，同比增长 16.4%，与全行业平均增速基本持平，占全行业比重为 32.5%，较上年比重回升 2.1。嵌入式系统软件实现收入 7077 亿元，同比增长 11.8%，增速低于 2014 年 18.9 个百分点。

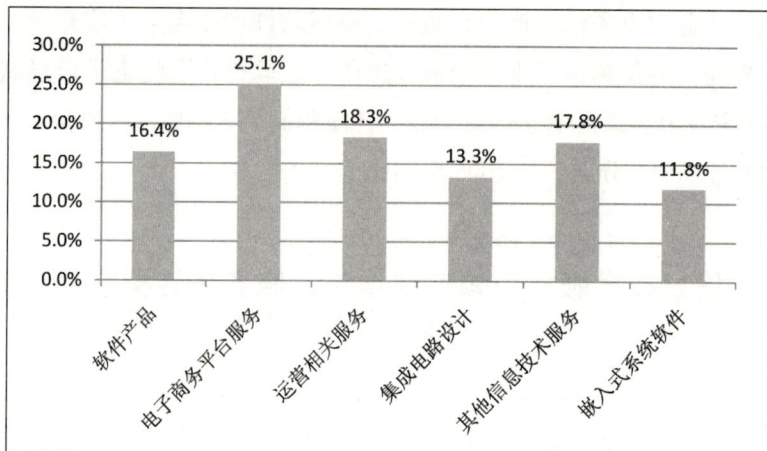

图1-4    2015年软件产业分类收入增长情况

资料来源：工业和信息化部运行局，2016年2月。

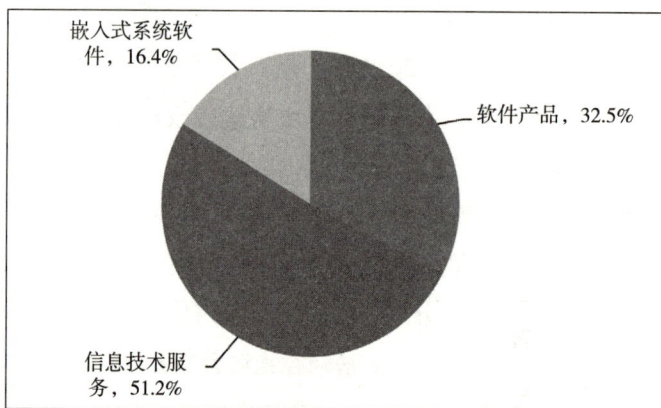

图1-5    2015年软件产业分类收入构成情况

资料来源：工业和信息化部运行局，2016年2月。

## 三、软件出口延续低增长，外包服务收入持平

受宏观经济形势弱势复苏、人民币汇率不断走高等因素影响，中国软件出口延续过去几年的低增长态势，第一季度增速出现较大幅度下降，随后增速缓中趋稳。2015年，中国软件实现出口545亿美元，同比增长5.3%，比2014年同期增

长 1.6 个百分点，但较 2013 年增速低 13.7 个百分点。其中，嵌入式软件出口增长仍不高，同比增长 4.2%，低于行业出口增速 1.1 个百分点；随着生产要素成本上升导致传统竞争优势削弱，云计算等新兴服务模式的推广减少传统服务外包业务，外包服务出口增速落势明显，出口额与 2014 年同期基本持平。

从 2011—2015 年我国软件出口增长情况看，我国软件出口规模增长持续放缓，从 2011 年的 346 亿美元增长到 545 亿美元，4 年增长了 57.5%。2015 年软件出口的增速相较 2014 年高出 1.5 个百分点，但与 2013 年以前仍保持较大落差。

表 1-2    2011—2015 年中国软件出口增长情况

| 年度 | 软件出口规模（亿美元） | 同比增速 |
|---|---|---|
| 2011年 | 346 | 29.6% |
| 2012年 | 394 | 13.9% |
| 2013年 | 469 | 19% |
| 2014年 | 487 | 3.8% |
| 2015年 | 545 | 5.3% |

资料来源：赛迪智库，2016 年 2 月。

从月度出口增长情况看，除去第一季度，2015 年后三季度中国软件出口整体增势平稳，累计增速在 5.0%—6.9% 区间波动，波动幅度为 1.9%。9 月受人民币汇率波动加大影响，出口增速进一步减缓。

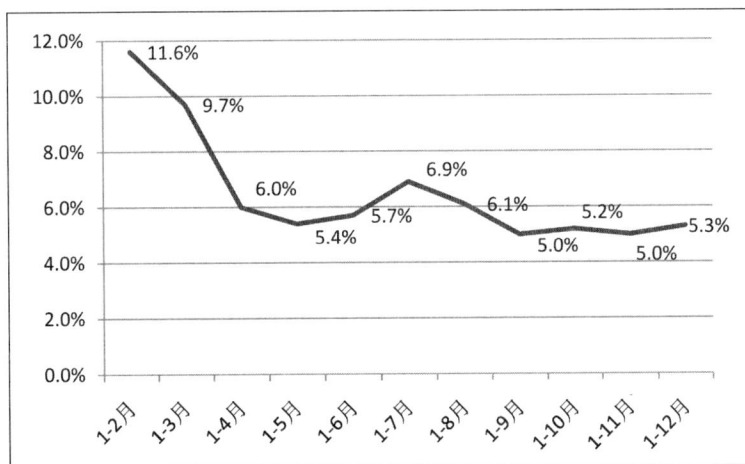

图1-6    2015年中国软件出口增长情况

资料来源：工业和信息化部运行局，2016 年 2 月。

软件出口的低增长使软件出口对产业的贡献率连续下降。图 1-7 显示，2010
年以来，软件出口占软件业务的比重呈逐年下降的趋势，所占比重从 2010 年的
13.2% 下降至 2014 年的 8.1%，2015 年的 7.8% 相比 2014 年下降幅度较小。

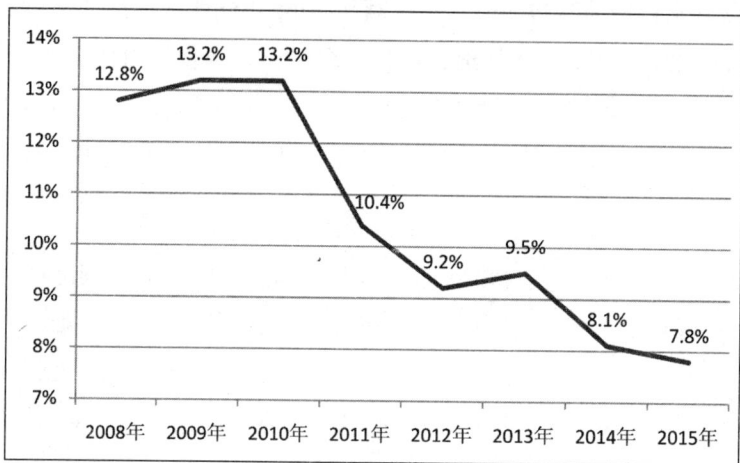

图1-7　2008—2015年软件出口占比情况

资料来源：赛迪智库，2016 年 2 月。

## 四、产业集聚效应进一步凸显，中心城市持续领先

2015 年，中国 15 个副省级城市共完成软件业务收入 2.45 万亿元，在全国软
件业务收入中所占比重为 56.6%，高于 2014 年同期 2.6%，同比增长 16.8%，低
于 2014 年同期 4.3 个百分点，但高于全国平均水平 0.6 个百分点。1—11 月，大连、
深圳、南京、杭州、济南、广州、成都等中心城市软件业务规模超过 1500 亿元，
是我国软件产业发展的主要聚集地。

从 15 个中心城市软件产业构成情况看，2015 年 1—11 月，15 个副省级中
心城市软件产品增速为 15%，低于全国 0.2 个百分点；信息技术服务收入增速达
18.4%，比全国增速高 0.6 个百分点；嵌入式系统软件收入增速为 16.2%，高出全
国平均增速 2.8 个百分点。

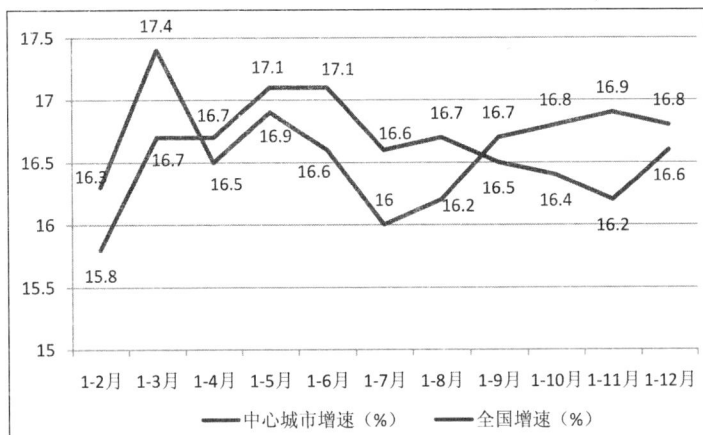

图1-8　2015年中心城市软件业务收入增长情况

资料来源：工业和信息化部运行局，2016 年 2 月。

从软件名城产业集聚情况看，根据 2015 年 1—11 月的数据，南京、济南、成都、广州、深圳、上海、北京、杭州等 8 个软件名城共实现软件业务收入 21728.9 亿元，占全国的比重为 50.2%。其中，深圳、杭州和上海的软件业务收入增速高于全国平均水平，分别完成软件业务收入 3834.6 亿元、2277.9 亿元和 2795 亿元，同比增速分别为 18.1%、19.3% 和 16.5%。南京、广州和济南分别完成软件业务收入 2767.9 亿元、1920 亿元和 1790.6 亿元，增速分别为 15.2%、15.8% 和 15.1%。北京和成都的软件业务收入分别为 4525.2 亿元和 1817.2 亿元，增速分别为 10.8% 和 14.6%。

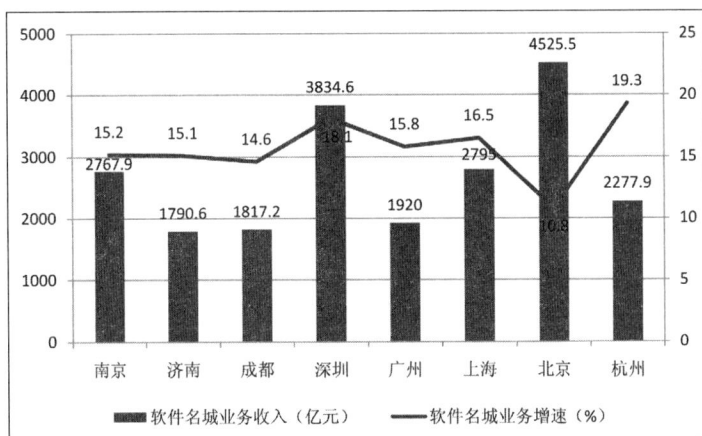

图1-9　2015年1—11月中国软件名城软件业务收入情况

资料来源：工业和信息化部运行局，2016 年 2 月。

## 五、东部地区有力支撑产业发展，中部地区增势突出

2015 年，东部地区作为我国软件产业发展的主要集聚地，保持平稳较快增长，实现软件业务收入 31917 亿元，占全国软件业务收入的比重为 76.1%，同比增长 17.2%，增速高于全国 0.6 个百分点。西部地区实现软件业务收入 4410 亿元，占全国软件业务收入的比重为 10.2%，同比增长 16.6%，与全国增速持平。中部地区增势明显，完成软件业务收入 1978 亿元，占全国的比重分别为 4.6%，同比增速分别为 19.3%，高出全国平均增速 2.7 个百分点。东北地区增速放缓，共实现软件业务收入 3943 亿元，同比增长 10.7%，低于全国平均水平 5.9 个百分点，占全国软件业务收入的比重为 9.1%。1—11 月，江苏、广东和北京保持全国省份软件业务收入规模最大的前三位，河北、安徽、福建、山东、河南、重庆、陕西等增速超过 20%，成为软件产业发展的重要省市。

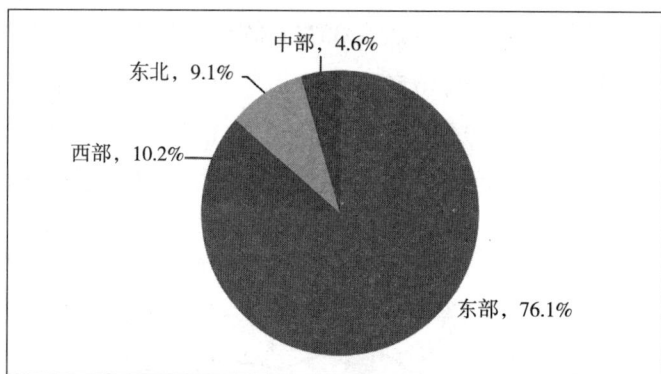

图1-10　2015年中国软件产业区域收入占比情况

资料来源：赛迪智库，2016 年 2 月。

## 六、软件业从业人员队伍不断壮大，热点领域人才紧缺

作为知识技术密集的绿色产业，人才是软件产业发展的关键要素。中国软件产业的发展壮大吸引越来越多各层次的软件人才加入，使软件从业人员队伍日益

庞大。根据工业和信息化部运行局的最新统计，截至 2015 年 11 月，软件行业从业人员人数达到 552 万人，同比增长 6.4%，增速低于上年同期 3.3 个百分点。根据《软件和信息技术服务业"十二五"发展规划》提出的发展目标，到 2015 年，从业人员将超过 600 万人。对照该发展目标，我国当前的软件从业人员规模还不能满足产业发展的需求，存在巨大的缺口。

伴随"互联网+"政策推动以及行业规模迅速扩大，软件人才缺乏越发明显，尤其是发展迅速的移动互联网领域。过去几年，中国软件人才结构呈现梯形结构（缺乏高端人才），随着我国互联网进程的加快，当前移动互联网、云计算、大数据等热点领域出现高中端人才全面短缺的现象。最主要的原因在于高校人才教育无法跟上软件企业技术更新的速度，与企业需求存在矛盾，以市场需求为主线的职业教育日趋发展壮大。

知识技术密集是软件产业的主要特点之一，薪酬是吸引软件人才的重要因素。受行业整体下行、经济增长放缓等因素影响，据统计，2015 年我国从业人员工资总额平稳增长，4 月受年度奖金等季节性因素影响出现 20.1% 的最高增速，其余月份保持在 13.1%—15.2% 之间波动，年末出现小幅回落，1—11 月同比增长 12.6%，增速低于上年同期 5.1 个百分点，比 1—10 月下降 1.7 个百分点。

# 第二章 2015年中国软件产业发展特点

## 一、产业创新能力进一步增强

我国软件企业通过自主创新，产品质量、应用水平和服务能力均获得较大提升，在基础软件、行业应用软件领域形成了诸多具有自主知识产权的软件产品，在互联网、信息安全等方面占据市场优势地位，并且积极参与开源项目，影响力逐步扩大。

根据国家版权局统计，2015年我国计算机软件著作权登记继续保持大幅度增长态势，全年全国共完成登记约29.24万件，件数再创历史新高，同比增长33.63%，这是自2010年以来，同比增长增速最高的一年。登记数量前五位的依次为北京市、广东省、上海市、江苏省和浙江省。其中，北京市登记软件6.45余万件，约占登记总量的22.07%，保持全国榜首。

基础软件领域，云计算等新兴业态驱动基础软件行业变革，操作系统、数据库和中间件等软件取得较大突破，在产品性能、稳定性、兼容性和易用性方面获得较大提升。操作系统领域，红旗软件推出服务器操作系统版本Red Flag Asianux Server，百度推出基于Android的手表操作系统DuWear，普华软件荣获2014年度国产操作系统创新产品奖。中间件领域，东方通发布云平台TongApplaud，为企业构建云计算的新一代软件平台方案、应用开发，简化了企业IT解决方案的部署。

行业应用软件领域，企业管理、信息安全、互联网等领域优势明显，产品技术创新能力不断增强，应用逐步普及，形成一批具有较强市场影响力的自主品牌软件产品。如浪潮、IBM和文思海辉共同发布新型银行基础数据平台解决方案，中软接连推出面向工业企业的新一代综合执行管控平台IPC-S.MES、移动平台I-Mobile。随着互联网连接越来越多的行业和企业，阿里巴巴、腾讯等依托移动平台通过开放共享的模式为企业提供转型互联网的路径和工具，推动传统企业与客户的资源有效整合，如微信推出"微信行业解决方案"，就推动了快递、百货、医院等多行业的移动互联网化。

信息安全领域，企业加大对信息安全技术和产品创新的投入，支持研发了一大批应用于云计算、物联网、移动互联网、下一代互联网等新兴领域的高性能安全网关、UTM、SOC等安全产品和服务。如启明星辰与腾讯面向企业市场联合推出全面的终端安全解决方案——云子可信网络防病毒系统。

# 二、骨干企业实力不断提升

在政策和市场的共同推动下，我国已形成一批具有自主知识产权、知名品牌与相当收入规模的大型骨干企业，其竞争力不断增强。2015年软件百强企业实现软件业务收入5311亿元，同比增长10.2%，占全行业收入的14.3%。累计完成软件业务收入较2005年904亿元增长了487.5%，年均增长19.4%。实现利润1028亿元，比上届增长13.8%，占全行业的21.3%；平均主营业务利润率达8.7%，比上届提高0.7个百分点。

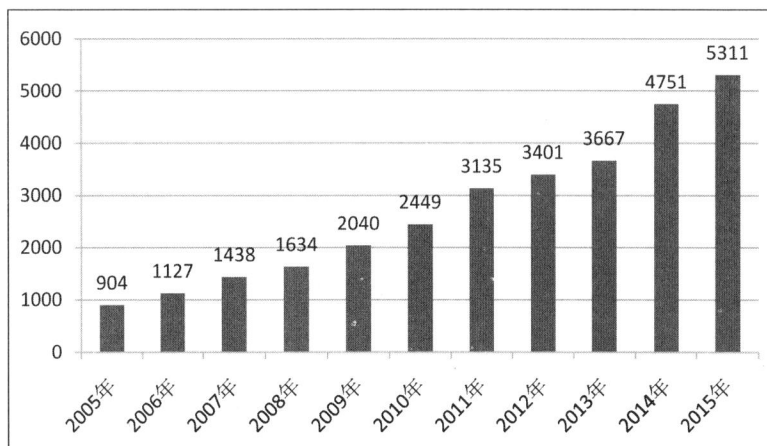

图2-1 2005—2015年软件收入前百家企业软件业务收入增长情况（单位：亿元）

资料来源：赛迪智库，2016年2月。

从企业排名看，前十五强格局变化不大，华为以 1482 亿元的软件收入仍然稳居第一位，包揽历届中国软件百强的榜首。海尔、中兴分别以 408 亿元和 400 亿元的收入排名第二和第三位。受高端装备制造带动，株洲南车时代电气业务收入增势突出，业务收入从上一年的 46.9 亿元增长到 71.2 亿元，跻身前十五名，同样新进入前十五名的还有浙江大华。除了排名前五的企业，收入超过 100 亿元的企业还有南京南瑞 1 家。阿里云和北京京东首次入围本届软件百强企业，云计算、大数据服务等业务发展成果突出，快速向产业链高端延伸。2015 年，软件收入前百家企业业务收入最低水平为 10.5 亿元，比上届提高 1.1 亿元，较 2005 年首届软件百强企业的入围门槛提高了 8.4 亿元。

研发投入情况是软件收入前百家企业创新能力的重要体现。本届软件百强企业加强技术创新力度，紧跟国际最先进技术方向，积极开展前瞻性项目研究，努力掌握和开发拥有自主知识产权的关键技术，在云平台、大数据及信息安全等多个新兴技术领域不断取得突破。2015 年，软件收入前百家企业进一步加大研发投入，投入软件研发经费 837 亿元，同比增长 20%，远超 2014 年 9.4% 的增速。研发经费占主营业务收入比重为 7%，比全行业平均水平高 0.6 个百分点，其中 4 成企业该比重超过 10%。这些企业创新成果显著，软件著作权数年递增超过 25%，并加速在国家关键行业系统的国产化替代。如浪潮集团天梭服务器加快在金融、能源、电力、国家部委等领域取代国外的 IBM、Oracle（甲骨文）和 HP 小型机的进程。南京南瑞集团公司自主研制的世界首个五端柔性直流输电系统投入运行，大型抽水蓄能机组控制系统成套设备全部实现国产化。

随着依靠多元力量、汇集产业资源的开源模式在全球快速发展，我国软件骨干企业如华为、阿里巴巴、联想等企业纷纷加大在开源世界的贡献度。华为升级成为 Linux 基金会的白金会员，加入 CF 基金会加大对 OpenStack 影响力，并开源其流处理平台查询语言等项目。阿里巴巴集团正式加入 Linux 基金会，成为其中首个来自中国的互联网公司。联想在开源托管平台发布了 Superfish 等开源工具。

## 三、云计算、大数据等领域实现快速务实发展

随着云计算、大数据在技术、产品和商业模式方面的逐渐成熟，新兴领域相

继进入应用落地和普及的阶段，新业态、新技术不断演变出更多综合性的新应用，带动软件产业创新变革。

随着中国本土市场、全球海外商业相关市场的云计算需求蓬勃发展，云计算领域从发展培育期步入务实成长期。IaaS 市场高速扩张，传统 IDC 全面转型，云服务商大规模扩容；PaaS 市场加速增长，云服务商加大投资，增强平台易用性，提供更多开发套件（SDK）、成熟的应用接口（API）与丰富的开放平台服务目录；SaaS 市场随着云服务不断进入更多应用领域，发展潜力空间逐步释放，在政务领域、公共服务行业和企业级市场实现快速发展。企业实力不断增强，阿里云作为云服务企业首次进入 2015 年全国软件百强，实现业务收入 16.8 亿元。2015年，国内云计算企业开始探索进入海外市场。阿里云美国西岸两处数据中心前后于 2015 年 3 月、10 月投入运营，为北美乃至全球用户提供云服务。东软云服务已拥有来自美国、欧洲、东南亚等地的海外客户。

大数据领域，应用创新继续成为大数据领域发展的主要驱动力，技术和产品在应用需求的推动下不断完成创新和突破。以互联网公司为首的各大企业争相自主或联合设立大数据服务平台，研发开展基于海量数据的存储、挖掘、分析等服务，实现数据信息增值化，助力企业提升核心竞争力和抢占市场先机。如腾讯财付通与 P2P 平台"信而富"达成合作，在美国硅谷设立海外大数据实验室；用友和阿里云共同成立"企业大数据应用联合实验室"。与需求紧密结合的大数据实践案例不断出现，如高德联合北京、广州等 8 个城市的政府交通管理部门，北京交通台等权威媒体机构，共同推出"高德交通信息公共服务平台"，该服务平台依托于高德交通大数据系统"高德交通大数据云"，为相关交通机构提供"城市堵点排行""热点商圈路况""权威交通时间""堵点异常监测"等交通信息分析，并提出智能出行躲避拥堵方案。阿里推出"健康云"服务平台，接入各种服务供应商如信息系统、数据集成、医药软件以及医药企业服务商等，为服务商提供数据挖掘服务，渠道问题和风险评估，检测市场动态提供决策数据支持等。

## 四、软件产业与其他行业融合持续深入

2015 年，软件技术与行业业务的融合日趋紧密，正成为经济社会各领域重要的支撑工具，为产业带来了更为广阔的创新发展空间。宽带网络的推广普及加

快了软件向传统产业、现代制造业和现代服务业等领域的渗透。通过互联网这一载体,以软件为核心的信息通信技术最大限度地促进数据的流动和使用,信息数据成为新的生产要素,催生了移动电子商务、智能供应链管理、智能物流、智慧医疗等新兴产业,为提升社会管理和公共服务水平提供了技术支撑。

当前,随着市场需求的加速释放和政策环境持续向好,我国的工业软件产业进入新的快速发展期。工业软件广泛应用于制造全生命周期,主要行业大中型企业数字化设计工具普及率为 85.2%,关键工艺数控化率为 70.8%,大幅提升了精准制造、极端制造、敏捷制造能力。电子商务整体的强劲增长拉动了相关服务的增长,2015 年 1—11 月,我国电子商务平台服务收入增长 25.1%,增速高出全行业 8.5 个百分点。移动端服务渗透率持续提升,带动移动支付、打车服务等高互动平台发展,深刻变革大众消费领域传统业务模式和商业模式。

# 五、互联网 + 软件变革产业竞争局面

互联网的快速推广对软件企业的发展转型带来巨大挑战,市场竞争格局不断变化。伴随云计算、移动互联网等新兴领域蓬勃发展以及智慧城市建设热潮带动下金融、交通、电信等各行业信息技术服务需求的不断扩大,华为、太极、用友、金蝶、百度等国内厂商纷纷加快自身向行业解决方案提供商转型,在集中力量加快支持现有系统架构的技术创新同时,积极利用云端服务加快业务服务化转型,打造新的竞争优势。

软件企业与互联网企业联手合作或成为构筑产业新生态的主要模式。2015年第三季度,企业级软件提供商金蝶和用友分别与知名互联网企业京东和阿里巴巴达成战略合作协议。京东和金蝶将共同致力于面向中小企业提供基于云服务的 ERP 整合解决方案,重点面向电子商务及仓储物流解决方案、云服务业务这两方面加快创新发展。阿里巴巴与用友全面深入合作的初始,主要聚焦于企业云计算、电子商务、大数据、数字营销等四大领域。此外,中软集团通过与华为、中国移动、阿里、腾讯等互联网巨头的持续合作不断提升其市场竞争力。OA 软件企业九思软件与互联网企业盒子支付也达成合作协议。

# 六、产业发展环境进一步优化

党中央国务院统筹经济社会的发展，制定了一系列加快经济结构调整的战略部署，对软件产业发展方向、人才流动和资金流向等方面发挥了积极的引导作用。《关于积极推进"互联网+"行动计划的指导意见》包括 11 个重点领域、约 40 项重点发展任务、25 方面政策措施，为加快新一代信息技术与制造、能源、服务、农业等领域融合创新营造了良好环境，进一步凸显软件产业对经济社会发展的支撑引领作用。《中国制造 2025》要求推动工业软件、移动互联网、物联网、大数据和云计算等新一代信息技术与工业深度融合，将传统的"中国制造"提升为"中国智造"。7 月，全国人大通过新的《国家安全法》，要求加快发展自主可控的战略高新技术和重要领域核心关键技术，保证重大技术和工程安全，加快建设网络与信息安全保障体系，加强网络和信息技术的创新研究、开发和应用。

2015 年以来国务院更是陆续发布了云计算、电子商务、大数据等细分领域的有关文件，支持软件和信息技术服务业发展。其中《关于促进云计算创新发展 培育信息产业新业态的意见》和《促进大数据发展行动纲要》分别作为云计算、大数据国家层面发展战略，其出台标志着我国云计算和大数据规划政策体系进一步健全完善，为行业进一步发展提供政策保障，为产业链各方带来巨大的扩张机遇。财政部出台的《2015 年政府采购工作要点》中首次明确完善政府采购云计算服务、大数据及保障国家信息安全等方面的配套政策，支持相关产业发展。

# 第三章　2015年中国软件产业政策环境

## 一、《国务院关于积极推进"互联网+"行动的指导意见》

### （一）政策背景

当前形势下，互联网与云计算、大数据、移动互联网、物联网、人工智能等新一代信息技术不断创新突破、融合应用，深刻改变着企业生产、市场供给、商业服务和生活消费方式，正以前所未有的力度重塑传统产业和催生新兴产业，成为经济社会发展的新引擎，具有广阔的市场发展前景和潜力空间。《关于积极推进"互联网+"行动的指导意见》（以下简称《指导意见》）是党中央、国务院在深刻认识和准确把握互联网发展规律的基础上，立足国情、统筹全局，对互联网与经济社会融合发展做出的重大战略部署和顶层设计。《指导意见》的出台进一步掀起了加快发展互联网经济的浪潮，将深刻重构经济发展模式和产业竞争格局。

### （二）主要内容

《指导意见》重点围绕转型升级需求迫切、融合创新特点鲜明的领域，提出了"互联网+"创业创新、"互联网+"协同制造、"互联网+"现代农业、"互联网+"智慧能源、"互联网+"普惠金融、"互联网+"益民服务、"互联网+"高效物流、"互联网+"电子商务、"互联网+"便捷交通、"互联网+"绿色生态、"互联网+"人工智能等11个方面的具体行动。

在"互联网+"创业创新方面，充分发挥互联网对创业创新的支撑作用，推动各类要素资源集聚、开放和共享，形成大众创业、万众创新的浓厚氛围；在"互联网+"协同制造方面，积极发展智能制造和大规模个性化定制，提升网络化协同制造水平，加速制造业服务化转型；在"互联网+"现代农业方面，构建依托互联网的新型农业生产经营体系，发展精准化生产方式，培育多样化网络化服务模式；在"互联网+"智慧能源，推进能源生产和消费智能化，建设分布式能源网络，发展基于电网的通信设施和新型业务；在"互联网+"普惠金融方面，探索推进互联网金融云服务平台建设，鼓励金融机构利用互联网拓宽服务覆盖面，拓展互联网金融服务创新的深度和广度；在"互联网+"益民服务方面，要创新政府网络化管理和服务，大力发展线上线下新兴消费和基于互联网的医疗、健康、养老、教育、旅游、社会保障等新兴服务；在"互联网+"高效物流方面，构建物流信息共享互通体系，建设智能仓储系统，完善智能物流配送调配体系；在"互联网+"电子商务方面，大力发展农村电商、行业电商和跨境电商，推动电子商务应用创新；在"互联网+"便捷交通，着力提升交通基础设施、运输工具、运行信息的互联网化水平，创新便捷化交通运输服务；在"互联网+"绿色生态方面，推动互联网与生态文明建设深度融合，加强资源环境动态监测，实现生态环境数据互联互通和开放共享；在"互联网+"人工智能方面，加快人工智能核心技术突破，培育发展人工智能新兴产业，推进智能产品创新，提升终端产品智能化水平。

此外，《指导意见》还提出了推进"互联网+"行动的七大保障措施：一是从网络、应用、产业、安全四个层面夯实发展基础；二是从建设创新能力、制定融合标准、加强知识产权保护、发展开源社区四个方面强化创新驱动；三是从构建开放包容环境、完善信用支撑体系、推动数据资源开放、加强法律法规建设四个方面营造宽松环境；四是从鼓励企业抱团出海、发展全球市场应用、增强"走出去"服务能力三方面拓展海外合作；五是加强应用能力培训、加快复合型人才培养、鼓励联合培养培训、利用全球智力资源四方面加强智力建设；六是从实施重大工程包、加大财税支持、完善融资服务三方面加强引导支持；七是从加强组织领导、开展试点示范、有序推进实施三方面做好组织实施。

## 二、《促进大数据发展行动纲要》

### （一）政策背景

近年来，随着新一代信息技术与社会经济各领域深度融合，大数据也呈现爆发式增长的发展态势。据相关统计，到2020年，全球的数据量将达到40ZB，其中我国所掌握的数据资源比重将达到20%，正如国务院副总理马凯表示，谁拥有了大数据，谁就拥有了未来！在未来，数据资源将成为世界各国重要的战略资源和核心创新要素。在此背景下，国务院于2015年8月正式出台《促进大数据发展行动纲要》（以下简称《行动纲要》），并将其作为我国指导大数据产业发展的国家顶层设计和纲领性文件。

未来，随着我国经济发展进入新常态，大数据将在稳增长、促改革、调结构、惠民生中将发挥至关重要的作用，在经济社会发展中的基础性、战略性、先导性地位也将更加突出。同时，大数据也将为我国整体信息技术产业的发展提供机遇。《行动纲要》的出台，充分肯定了大数据在建设数据强国、提升政府治理能力以及推动产业转型升级的战略地位。工业和信息化部将按照国务院部署要求，深入贯彻落实《行动纲要》，推动大数据产业健康快速发展，为建设数据强国提供有力支撑。

## （二）主要内容

《行动纲要》的内容可以高度概括为"三位一体"，即围绕全面推动我国大数据发展和应用，加快建设数据强国这一总体目标，确定三大重点任务：一是加快政府数据开放共享，推动资源整合，提升治理能力；二是推动产业创新发展，培育新业态，助力经济转型；三是健全大数据安全保障体系，强化安全支撑，提高管理水平，促进健康发展。同时，结合"三位一体"，《行动纲要》具体明确了五大目标、七项措施、十大工程，并细化分解出76项具体任务，确定了每项任务的具体责任部门和进度安排。

五个目标：一是打造精准治理、多方协作的社会治理新模式；二是建立运行平稳、安全高效的经济运行新机制；三是构建以人为本、惠及全民的民生服务新体系；四是开启大众创业、万众创新的创新驱动新格局；五是培育高端智能、新兴繁荣的产业发展新生态。

七项措施：完善组织实施机制、加快法规制度建设、健全市场发展机制、建立标准规范体系、加大财政金融支持、加快专业人才培养、促进国际交流合作。

十项工程：政府数据资源共享开放工程、国家大数据资源统筹发展工程、政府治理大数据工程、公共服务大数据工程、工业和新兴产业大数据工程、现代农业大数据工程、万众创新大数据工程、大数据关键技术及产品研发与产业化工程、大数据产业支撑能力提升工程、网络和大数据安全保障工程。

### （三）政策影响

随着《行动纲要》出台，意味着我国大数据产业的顶层设计方案业已形成，大数据产业将迎来良好的发展新机遇。

一方面，政府信息平台整合的进程将不断加快。《行动纲要》首先强调推动政府信息系统和公共数据互联共享。政府作为大数据资源的重要拥有者，其对数据资源的开发利用，将对行业发展起到积极引领和推动作用。此前，我国政府各部门已经建成了十几个数据平台，但各部门各自为政，很多以数据涉密为由，不愿意推动数据公开，而有技术、有能力、有意愿的机构想要做却很难获得政府数据。这些平台相互不连通，形成了一个个的"信息孤岛"。《行动纲要》的实施有助于发展政务大数据，打通部门壁垒、消除信息孤岛，加快整合各类政府信息平台，避免重复建设和数据"打架"，增强政府公信力，促进社会信用体系建设；解决数据缺失及数据归集问题，为大数据挖掘打下良好基础。

另一方面，大数据商业化应用水平将不断提升。《行动纲要》提出要顺应产业发展潮流，以企业为主体、以市场为导向，加大政策支持，营造宽松公平环境，建立市场化应用机制，深化大数据在各行业创新应用，形成与需求紧密结合的大数据产品体系。随着扶持政策力度的不断加大，大数据产业的发展也将不断提速，竞争力将持续增强。大数据产业作为新兴战略产业，将是未来产业的制高点。数据作为一种特殊的创新资源，永远不会被消耗，只会在积累和分析中获得价值，在层层使用中不断被传递。开发应用好大数据这一基础性战略资源，有利于推动大众创业、万众创新，改造升级传统产业，培育经济发展新引擎和国际竞争新优势。我国大数据的商业化应用已逐步展开，互联网金融、智能安防、智能医疗等各领域都已加入对于大数据的采集和分析。BAT（百度、阿里巴巴、腾讯）等互联网龙头更是大数据经济的积极推进者，阿里与苏宁、京东与永辉超市的合作中，都将大数据置于重要位置。百度将大数据用于疾病预测和医疗信息化。腾讯也将数据画像用于金融征信和精准营销。大数据从某种程度上已成为互联网经济的生产要素之一，并加速了线上线下的融合。

在全球经济下行的趋势下，创新成为发展的新动力，而数据是推动创新最重要的资源。我国正处于大数据产业发展的战略机遇期，《行动纲要》提出的政府数据互联共享及大数据产业化发展，极有可能引爆新一轮大众创业、万众创新的格局，诞生一批具有创新数据思维及雄厚技术实力的大数据应用服务厂商。

## 三、《国务院关于大力推进大众创业万众创新若干政策措施的意见》

### （一）政策背景

当前我国经济发展进入新常态，需要从要素驱动、投资驱动转向创新驱动。推进大众创业万众创新（以下简称"双创"），就是要通过结构性改革、体制机制创新，消除不利于双创发展的各种制度束缚和桎梏，实现创新驱动发展，打造新引擎、形成新动力。国务院发布的《关于大力推进大众创业万众创新若干政策措施的意见》（以下简称《意见》），是近年来在创业创新与创业投资领域最为全面系统性的国务院促进创业创新的政策措施意见。

### （二）主要内容

《意见》立足全局，突出改革，强化创新，注重遵循创业创新规律，力求推动实现资金链引导创业创新链、创业创新链支持产业链、产业链带动就业链，从而形成大众创业、万众创新蓬勃发展的生动局面。《意见》的定位可以概括为"一条主线""两个统筹"和"四个立足"。"一条主线"就是以加快政策执行传导进程为主线，确保政策措施具有系统性、可操作性和落地性。"两个统筹"就是要统筹做好已出台与新出台政策措施的衔接协同，统筹推进高端人才创业与"草根"创业。"四个立足"就是立足改革创新，体现"放"与"扶"相结合。立足加强协同联动，形成政策合力。立足创业需求导向，推动创业、创新与就业协调互动发展。立足加强执行督导，确保政策落地生根。

《意见》共包括三大部分，从9大领域、30个方面明确了96条政策措施，要求全方位有针对性地推进双创。

第一部分系统阐述了推进大众创业、万众创新的总体思路。就是要按照"四个全面"战略布局要求，充分发挥市场配置资源的决定性作用和更好地发挥政府作用，着力抓好"三放""四坚持"，建立健全有利于大众创业、万众创新蓬勃发展的政策环境、制度环境和公共服务体系。"三放"，就是要"放宽政策、放开市场、放活主体"，放宽约束性政策，实行普惠性政策；放开市场准入，取消行业限制；破除体制机制障碍，促进创业创新人才自由流动，让千千万万个创业者活跃起来，汇聚成为推动经济社会发展的巨大动能。"四坚持"，就是要"坚持深化改革、营造创业环境；坚持需求导向、释放创业活力；坚持政策协同、实现落地生根；坚持开放合作、推动模式创新"。

第二部分明确了一系列政策措施。主要是从创新体制机制、优化财税政策、搞活金融市场、扩大创业投资、发展创业服务、建设创业创新平台、激发创造活力、拓展城乡创业渠道等 8 个领域提出了具体政策措施。一是创新体制机制，提出了完善公平竞争市场环境、深化商事制度改革、加强创业知识产权保护、健全创业人才培养与流动机制等 4 个方面的举措，促进创业便利化。二是优化财税政策，提出了加大财政资金支持和统筹力度、完善普惠性税收措施、发挥政府采购支持作用等 3 个方面的举措，强化创业政策扶持。三是搞活金融市场，提出了优化资本市场、创新银行支持方式、丰富创业融资新模式等 3 个方面的举措，加快实现便捷融资。四是扩大创业投资，提出了建立和完善创业投资引导机制、拓宽创业投资资金供给渠道、发展国有资本创业投资、实施创业投资"引进来"与"走出去"等 4 个方面的举措，助力创业起步成长。五是发展创业服务，提出了加快发展创业孵化服务、大力发展第三方专业服务、发展"互联网+"创业服务、研究探索创业券和创新券等公共服务新模式 4 个方面的举措，提升创业服务能力。六是建设双创平台，提出了打造创业创新公共平台、用好创业创新技术平台、发展创业创新区域平台等 3 个方面的举措，为创业创新增强支撑和保障作用。七是激发创造活力，提出了支持科研人员创业、支持大学生创业、支持境外人才来华创业等 3 个方面的举措，支持高端人才创业。八是拓展创业渠道，提出了支持电子商务向基层延伸、支持返乡创业集聚发展、完善基层创业支撑服务等 3 个方面的举措，支持基层和返乡务工人员创业。

第三部分强调了三个方面的保障措施，就是要加强组织领导、加强政策协调联动、加强政策执行督导。通过建立部际联席会议制度、政策协调联动机制和政策执行情况督查督导机制，推动部门之间、部门与地方之间政策协调联动，形成合力。

# 四、《中国制造 2025》

## （一）政策背景

制造业是国民经济的支柱产业，是工业化和现代化的主导力量，是国家安全和人民幸福的物质保障，是衡量一个国家或地区综合经济实力和国际竞争力的重要标志。历史证明，每一次制造技术与装备的重大突破，都深刻影响了世界强国的竞争格局，制造业的兴衰印证着世界强国的兴衰。实践也证明，制造业是创新的主战场，是保持国家竞争实力和创新活力的重要源泉。大力发展制造业，对我国实施创新驱动发展战略、加快经济转型升级、实现百年强国梦具有十分重要的战略意义。必须坚持发展制造业的决心和信心不动摇，通过制造业创新升级，铸就更加坚实的强国之基。

2015年5月19日，国务院正式印发了《中国制造2025》。这是党中央、国务院总揽国际国内发展大势，站在增强我国综合国力、提升国际竞争力、保障国家安全的战略高度做出的重大战略部署，其核心是加快推进制造业创新发展、提质增效，实现从制造大国向制造强国转变。《中国制造2025》由工业和信息化部会同发改委、科技部、财政部、质检总局、工程院等部门和单位联合编制。

## （二）主要内容

《中国制造2025》是我国实施制造强国战略第一个十年的行动纲领。《中国制造2025》明确提出了建设制造强国的"三步走"战略，以十年为一个阶段，通过"三步走"实现制造强国建设，并对第一个十年的战略任务和重点进行了具体部署。总体看，《中国制造2025》不是一般意义上的中长期发展规划，而是兼顾当前和长远、兼顾战略和战术的一个行动计划。既立足当前，面向制造业转型升级、提质增效，提出了九大战略任务、五项重点工程和若干重大政策举措；又着眼长远，着眼应对新一轮科技革命和产业变革、抢占未来竞争制高点，围绕先进制造和高端装备制造，前瞻部署了重点突破的十大战略领域，描绘了未来三十年建设制造强国的宏伟蓝图和梯次推进的路线图。

一是坚持创新驱动，把创新摆在制造业发展全局的核心位置。创新是制造业发展的重要引擎，是建设制造强国的关键核心。技术的不断创新发展，不仅会带动传统制造领域生产率的提高和产品性能的提升，还会带来战略性新兴产业数量众多的新材料、新能源、新生物产品、新设备的出现，推进制造业的转型升级。我国技术对外依存度高达50%以上，95%的高档数控系统、80%的芯片、几乎全部高档液压件、密封件和发动机都依靠进口。必须把增强创新能力摆在更加突出的位置，加强关键核心技术攻关，加速科技成果产业化，提高关键环节和重点领域的创新能力，走创新驱动的发展道路。

二是坚持质量为先，把质量作为建设制造强国的关键内核。高质量是制造业强大的重要标志之一，它从市场竞争的角度反映出一个国家的整体实力，既是企业和产业核心竞争力的体现，也是国家和民族文明程度的表征；既是科技创新、管理能力、劳动者素质等因素的集成，又是法治环境、文化教育、诚信建设等方面的综合反映。十多年来，我国制造业整体质量水平不断提升，较好地保障了消费的稳定增长和经济的持续发展。但是伴随着消费需求的变化，对质量的要求与日俱增。在生活性消费领域，数量消费正向质量消费过渡；从日用消费品向耐用品、资本品过渡；从百元、千元消费层次向万元、十万元消费层次过渡。在生产性消费领域，对关键基础材料的稳定性、基础零部件/元器件的性能一致性、重大设备的可靠性等都提出了更高的要求。质量好，起到增幅器的作用，有助于放大需求、扩大市场。质量不好，则起到阻滞器的作用，压制或转移需求，甚至会影响到国家的国际声誉。《中国制造2025》提出，必须把质量作为建设制造强国的生命线，全面夯实产品质量基础，不断提升企业品牌价值和"中国制造"整体形象，走以质取胜的发展道路。

三是坚持绿色发展，把可持续发展作为建设制造强国的重要着力点。绿色发展是破解资源、能源、环境瓶颈制约的关键所在，是实现制造业可持续发展的必由之路。党的十八大报告首次将绿色发展、循环发展、低碳发展并列提出。绿色是发展的新要求，循环是提高资源效率的途径，低碳是能源战略调整的目标，三者均要求节约资源、能源，提高资源、能源利用效率；均要求保护环境，充分考虑生态系统承载能力，减轻污染对人类健康的影响；目标都是形成节约资源、能源和保护生态环境的产业结构、增长方式和消费模式，以促进生态文明建设。推进我国制造业绿色发展已到了非常紧迫和关键的时刻。一方面，中国对全球资源的需求量很大。如中国原油需求增量占全球原油需求增量的44%，铁矿石需求增量约占全球的105.1%，铝土矿需求增量约占全球的78%，铜矿需求增量约占全球的149.5%。另一方面，我国重化工产品产量所占全球市场份额过大。在这种背景下，经济发展不能再依靠大量的投资和产能扩张来实现，绝不能以牺牲环境为代价来获取经济发展。《中国制造2025》提出，要坚决贯彻减量化、再利用、资源化的原则，全面推行绿色发展、循环发展、低碳发展，构建绿色制造体系，走生态文明的发展道路。

四是坚持结构优化，把结构调整作为建设制造强国的突出重点。调结构、促升级始终是我国制造业发展的中心任务，在我国当前的经济社会发展情势下，经济结构的调整和优化更是迫在眉睫的重大问题。在迈向制造强国的历程中，国防安全、工农业生产、基础设施建设、人民生活都对制造业提出不同层次需求，建立完善、多层次的制造业产业体系是中国制造业的发展特色。在注重发展高端制造业和先进制造业的同时，尤其要注重提升和改善劳动密集型产业的效率和质量，关注民生产业的发展；推进现代制造服务业发展及与制造业的互动发展，优化产业结构。培育一批世界级的跨国大企业和一大批充满创新活力、"专精特"的中小企业，优化产业组织结构。提高产业集聚的层次和质量，培育一批国际化的特色制造集群；促进劳动密集型产业向中西部梯度转移，调整优化产业空间布局。《中国制造2025》从行业结构、技术结构、组织结构、空间结构，甚至产品和市场结构等多个维度提出优化的路径和措施，走提质增效的发展道路。

五是坚持人才为本，把人才作为建设制造强国的根本前提。人才是具有一定的专业知识或专门技能，进行创造性劳动并对社会做出贡献的人，是人力资源中能力和素质较高的劳动者。人才是建设制造强国的骨干力量，制造强国一定是人才强国。各个国家都十分重视人才的培养，美国依托常青藤等一批优秀的高等院校，培养了大批科技创新型人才和专业技术人才，成为最富创造力的制造强国；德国长期坚持并推广双轨制教育，即学徒制，培养了众多高素质的技术、技能型人才，打造了具有工匠品质的"德国制造"。人才强国已经上升为国家战略，是"提升国家核心竞争力和综合国力，为全面建设小康社会和实现中华民族的伟大复兴提供重要保证"。坚持人才为本，就是要充分利用我们的人才资源，实现从人力资源大国向人才强国的转变；发挥我们的聪明才智，实现从中国制造到中国创造的跨越；要通过教育、培育等各种途径变"人口红利"为"人才红利"，依靠科技创新、依靠精良品质，推动实现制造强国的战略目标。在《中国制造2025》中明确提出，要加快培育制造业发展急需的经营管理人才、专业技术人才、技能人才，建设一支素质优良、结构合理的制造业人才队伍，走人才引领的发展道路。

## （三）政策影响

《中国制造2025》对构成制造强国评价指标体系的各项具体指标进行逐项的发展目标预测，将建设制造强国的进程大致分为三个阶段：

第一阶段，到2025年，综合指数接近德国、日本实现工业化时的制造强国水平，基本实现工业化，中国制造业迈入制造强国行列，进入世界制造业强国第二方阵。在创新能力、全员劳动生产率、两化融合、绿色发展等方面迈上新台阶，形成一批具有较强国际竞争力的跨国公司和产业集群，在全球产业分工和价值链中的地位明显提升。

第二阶段，到 2035 年，综合指数达到世界制造业强国第二方阵前列国家的水平，成为名副其实的制造强国。在创新驱动方面取得明显进展，优势行业形成全球创新引领能力，制造业整体竞争力显著增强。

第三阶段，到 2045 年，乃至新中国成立一百周年时，综合指数率略高于第二方阵国家的水平，进入世界制造业强国第一方阵，成为具有全球引领影响力的制造强国。制造业主要领域具有创新引领能力和明显竞争优势，建成全球领先的技术体系和产业体系。

# 五、《关于促进云计算创新发展 培育信息产业新业态的意见》

## （一）政策背景

云计算作为一种新兴技术和商业模式，将加速信息产业和基础设施的服务化进程，加快信息技术产品的创新发展，催生大量新型互联网信息服务，拓展信息产业发展的市场空间，进而带动信息产业格局的整体变革。云计算还能够为制造业转型升级和服务业创新提供有效手段，能够有力促进信息化与工业化深度融合，推动社会公共服务资源的优化配置，促进经济发展方式转变和社会发展水平提升。当前，全球云计算产业发展与应用仍处于大规模探索的培育成长期，存在抢占发展制高点的良好机遇，也存在着应用领域开拓和商业模式确定等方面的严峻挑战。为促进我国云计算创新发展，积极培育信息产业新业态，国务院特制定了《关于促进云计算创新发展 培育信息产业新业态的意见》（以下简称《意见》）。

## （二）主要内容

一是提出了指导思想、基本原则和发展目标。遵循市场主导、统筹协调、创新驱动、保障安全的基本原则，确定了中长期两个目标。到 2017 年，云计算在重点领域的应用得到深化，产业链条基本健全，初步形成安全保障有力，服务创新、技术创新和管理创新协同推进的云计算发展格局，带动相关产业快速发展。到 2020 年，云计算应用基本普及，云计算服务能力达到国际先进水平，掌握云计算关键技术，形成若干具有较强国际竞争力的云计算骨干企业。云计算信息安全监管体系和法规体系健全。大数据挖掘分析能力显著提升。云计算成为我国信息化重要形态和建设网络强国的重要支撑，推动经济社会各领域信息化水平大幅提高。

二是提出了六大主要任务。主要包括增强云计算服务能力、提升云计算自主创新能力、探索电子政务云计算发展新模式、加强大数据开发和利用、统筹布局云计算基础设施、提升安全保障能力。

三是制定了七项保障措施。主要包括完善市场环境、建立健全相关法规制度、加大财税政策扶持力度、完善投融资政策、建立健全标准规范体系、加强人才队伍建设、积极开展国际合作。

## （三）政策影响

一是《意见》充分考虑国内外发展形势。从全球看，云计算是新一代信息技术产业的重点领域，是信息技术融合化、网络化、服务化趋势的具体体现，正不断催生新型的产业和服务，带来业务类型和营运模式的巨大改变，为信息产业发展创造巨大的机遇。云计算将深入渗透到各个行业领域，对新一代信息技术及新能源、新材料、节能环保、生物医药、高端制造等战略性新兴产业的发展起到重要的支撑和推动作用。国际知名 IT 企业也积极发展云计算，努力构建先发优势，力争在全球云计算技术和应用竞争中处于有利地位。从国内看，我国已将云计算列为新一代信息技术的发展重点。国家发改委、工信部联合开展云计算服务创新发展试点示范工作，已认定北京、上海、深圳、杭州、无锡等 5 个试点城市，并通过云计算示范工程实施了一批重大应用示范项目，引领全国形成有利于云计算产业应用和发展的良好氛围。云计算应用于政府管理和社会生活，有利于解决长期存在的信息共享和业务协同问题，进一步加快社会资源优化配置，加快服务型政府建设进程。

总体来看，全球云计算仍处于发展初期，产业格局尚未定型，潜在市场需求巨大，我国正处在发展云计算的重要机遇期，有望实现关键技术、产品和服务等领域的整体突破，加速信息产业转型升级，形成自主的信息服务能力和信息资源优势。同时，积极培育信息产业新业态新模式，催生新的经济增长点，也需要充分发挥云计算在落实创新驱动发展战略、转变经济发展方式方面的引领支撑作用。

有魄力、有动力、有基础、有需求,《意见》的出台适逢其时。

二是《意见》充分考虑产业特点和环境建设。围绕提升能力、深化应用开展工作,充分利用云计算开展大数据的挖掘分析,建立适应云计算发展的市场准入、经营资质环境,研究适应云计算业务发展需求的网络政策。

思路原则充分考虑发展现状和趋势。《意见》提出了"以提升能力、深化应用为主线"的指导思想和"市场主导、统筹协调、创新驱动、安全保障"四项基本原则,与对云计算发展要素的理解紧密相关。云计算的发展,一方面要靠产业自身能力的提升,包括技术创新能力、服务创新能力、环境创新能力等;另一方面,应用已成为关系云计算发展不可或缺的部分,用户的应用水平直接决定云计算发展质量的高低和推进速度的快慢。当前,我国云计算发展已经有了一定的能力和应用基础,但核心关键技术差距较大,重设施建设、轻应用服务的现象仍比较突出,发展环境尚不够完善,信息安全挑战日益突出,围绕提升能力、深化应用开展工作,充分发挥市场配置资源的基础作用,加强政策引导和规划,才能将云计算发展向纵深推进。

重点任务充分考虑与大数据发展相衔接。云计算与大数据息息相关,相辅相成,其结合发展是重要的技术和应用趋势。云计算强大的计算与存储能力,促进了数据资源的集聚、融合与共享,提升了对海量数据的分析处理能力,推动了大数据挖掘、应用、服务及相关产业发展。大数据的分析应用依赖于强大的云计算平台,同时也能充分发挥云计算的效用。当前,数据资源已成为战略性资源,对数据资源的掌控能力和运用能力日益成为综合国力的重要体现,大力推进大数据发展,对于促进云计算创新发展具有重要战略意义。因此,《意见》将大数据开发和利用作为主要任务之一,提出要把云计算能力建设与加强大数据开发与利用结合起来,充分利用云计算开展大数据的挖掘分析,同时在推动政府和公共事业机构信息系统向云计算迁移的过程中,实现数据资源的融合共享,服务经济社会发展。

政策措施充分考虑市场环境完善。《意见》将"完善市场环境"作为最首要的保障措施,这主要是因为,云计算的发展是产业化行为,最终需要依靠市场自身的培育与成长,强大的市场需求和完善的市场竞争环境才能支撑云计算业务与服务的持续健康发展。我国云计算仍处于发展的初期阶段,市场需求还不是很强,适应云计算发展的制度、法规、市场竞争环境尚未建立,因此需要完善市场环境作为保障措施之一，建立适应云计算发展的市场准入、经营资质环境，研究适应云计算业务发展需求的网络政策，支持开展针对云计算服务的评估测评工作，引导国有企业应用安全可靠的云计算产品和解决方案。

三是全面思考建立自主云计算体系。首先是《意见》中体现了对建立自主云计算产业生态的全方位思考与部署。云计算发展到今天已近10个年头，国际上云计算的竞争早已不再只是几个巨头企业之间的相互角力，而是产业生态体系之间的比拼，中国要在国际云计算竞争中占有一席之地，建立完善的产业生态是关键。因此，《意见》在"发展目标"之中就明确提出了到2017年"产业链条基本健全"的目标。如何做到"产业链条基本健全"，《意见》多处阐述了这个问题。首先是"形成若干具有较强创新能力的公共云计算骨干服务企业"。群龙无首不行，选错了首领也不行，纵观国际上的云计算巨头，谷歌、亚马逊、微软，无一不是以其强大的公共云服务能力作为根本支撑，因此，支持我们自己的骨干公共云服务企业是建立产业生态的重要基础。其次是"培育一批特色鲜明的创新型中小企业"。尽管亚马逊AWS已足够强大，也需要数千家合作伙伴提供鼎力支持，云服务的巨头们再大，也只是一家企业，无法解决从云服务到用户应用中所有环节的问题。因此，培育在产业链上各个环节提供服务的中小企业是建立产业生态的必要条件。在《意见》中还提出了"鼓励大企业开放平台资源，打造协作共赢的云计算服务生态环境"，AWS的APN，阿里云的"云合计划"，华为的"云帆计划"，这不正是云计算巨头们正在做的事吗？最后，生态环境之中还少不了维护产业秩序的机构和组织，《意见》中也多次提到了产业联盟、第三方机构的作用，他们所承担的认证、评测、行业自律等职能也是必不可少的。

四是突出政府先锋示范作用。对政府作用的描述是《意见》的一大突破与亮点。在以往类似的产业文件中，政府往往是以管理者、指导者的姿态出现，对产业的支持无外乎给钱、给政策。在这个《意见》之中，不仅有政策和财税金融等方面的考虑，还把电子政务作为云计算的重要应用领域放在了非常突出的位置上，提出"探索电子政务云计算发展新模式"，政府作为云计算重要用户的角色得到强化。从国际上来看，这也是许多国家的通行做法，美国、英国、俄罗斯、澳大利亚等国都把政务作为云计算的重要领域，以期利用政府的信息化投入带动产业发展，并建立良好的政策环境。以美国为例，2014年，仅国土安全部等7个联邦政府部门已使用的云计算应用就达101项，投入达到5.29亿美元，与传统IT建设方式相比节省资金 9600 万美元。在《意见》之中，对政务云计算应用提出了非常具体的目标，"鼓励应用云计算技术整合改造现有电子政务信息系统，实现各领域政务信息系统整体部署和共建共用，大幅减少政府自建数据中心的数量"，"政府自建数据中心数量减少 5% 以上"，等等。近几年来，已经有不少国内政府部门开展了云计算的应用探索，但一直面临着财务制度、安全要求、服务模式等方面的困扰，很多政府部门对云计算存在"不敢用、不愿用、不会用"的问题。针对这些问题，《意见》提出了一些亟须解决的问题，如"建立完善党政机关云计算服务安全管理制度""出台政府和重要行业采购使用云计算服务相关规定""创新政府信息系统建设和运营经费管理方式，完善政府采购云计算服务的配套政策，发展基于云计算的政府信息技术服务外包业务"等，这些任务的落实，需要国家发改委、财政部、网信办、工信部等多个部门的协作。可以预见，2016 年国内政府对云计算的热情将进一步迸发，一些重量级的政策与制度可能出台，成为政府云计算应用全面铺开的一年。

## 六、《国务院办公厅关于运用大数据加强对市场主体服务和监管的若干意见》

### （一）政策背景

加强对市场主体的服务和监管，是深化改革促进发展的必然要求。党中央、国务院高度重视经济体制改革的全面推进和不断深化。国务院将简政放权、深化商事制度改革和行政审批制度改革作为深化改革的"当头炮"，降低门槛，放松条件，取消和下放审批权力，极大地激发了创新创业动力和市场活力，为"稳增长、保就业"发挥了重要作用。顺应新常态要求，要引导更多的人创新创业，使更多的企业做大做强，各级政府及其部门必须进一步转变职能、优化服务，特别要创新服务理念，丰富服务内容，改进服务方式，不断提供优质的、贴合市场需求的公共产品和服务。同时，必须实行放管结合，特别是在"宽进"的同时加强"严管"。放权在一定意义上是基于信任，要实现放而不乱，就必须提高全社会的诚信水平，尤其要加强对失信市场主体的监管。

运用大数据加强服务和监管，是时代进步和降低成本的必然要求。现在之所以强调运用大数据来加强服务和监管，是因为我们已经处于一个大数据的时代。

市场主体活动日趋频繁，全社会信息量"爆炸式"增长，单纯依靠传统的以现场办理为主的服务方式、以抽查为主的监管方式，已经无法适应互联网、大数据时代和人民群众的要求。我们要在有限的时间和资源约束条件下，把握各类企业的共性和个性化需求，为不同企业提供定制服务，就必须充分发挥"互联网+"、大数据、云计算的作用，利用互联网提高注册登记效率，提高项目审批效率，综合评估企业信用状况，开展经济运行监测、预测以及风险预警。这有利于提升政府服务和监管的有效性，有利于降低服务和监管的成本，也有利于方便市场主体开展各类经营活动，提高经济社会运行效率。

### （二）主要内容

《意见》要求，以社会信用体系建设和政府信息公开、数据开放为抓手，充分运用大数据、云计算等现代信息技术，提高政府服务水平，加强事中事后监管，维护市场正常秩序，促进市场公平竞争，释放市场主体活力，进一步优化发展环境。

一是提出了四项主要目标。一要提高政府运用大数据能力，增强政府服务和监管的有效性；二要推动简政放权和政府职能转变，促进市场主体依法诚信经营；三要提高政府服务水平和监管效率，降低服务和监管成本；四要实现政府监管和社会监督有机结合，构建全方位的市场监管体系。

二是明确了五个方面重点任务。一要提高对市场主体服务水平。加快建立统一社会信用代码制度，提高注册登记和行政审批效率；建立健全守信激励机制；引导专业机构和行业组织运用大数据完善服务；运用大数据评估政府服务绩效。二要加强和改进市场监管。构建大数据监管模型，提高政府科学决策和风险预判能力；加快建立统一的信用信息共享交换平台，推动各地区、各部门信息共享；健全事前信用承诺制度和失信联合惩戒机制；建立产品信息溯源制度；推动形成全社会共同参与监管的环境和机制。三要推进政府和社会信息资源开放共享。各级政府部门要将行政许可、行政处罚等信息在7个工作日内上网公开；建设"信用中国"网站，归集整合各地区、各部门掌握的应向社会公开的信用信息，实现信用信息一站式查询；有序推进全社会信息资源开放共享。四要提高政府运用大数据的能力。加强电子政务建设，建立健全政府大数据采集制度，全面推行政府信息电子化、系统化管理，推动政府向社会力量购买大数据资源和技术服务。五要积极培育和发展社会化征信服务。推动征信机构建立市场主体信用记录，引导其提供专业化征信服务；进一步扩大信用报告应用领域，大力培育发展信用服务业。

三是提出了七项保障措施。从提升产业支撑能力、建立完善管理制度、完善标准规范、加强信息安全保护、加强人才队伍建设、明确任务分工、重点领域试点示范等七个方面提出保障措施。在信息安全、商业秘密和个人隐私保护方面，企业信息公示暂行条例、征信业管理条例等法规已经明确了一系列的保护措施。此外，《意见》重点强调，要在大数据运用的过程中，落实好这些保护信息安全、保护商业秘密和个人隐私的相关措施。

# 第四章　2015年中国软件产业热点事件

## 一、信息技术服务业增速逆势增长

### （一）事件回顾

2015年，我国软件和信息技术服务业收入4.3万亿元，同比增长16.6%，增速低于2014年4.5个百分点。

表4-1　2015年1—12月全国软件和信息技术服务业主要指标快报表（单位：亿元）

| 指标名称 | | 2015年1—12月 | 增速% | 合计 | 合计增速 |
|---|---|---|---|---|---|
| 软件产品 | 信息安全产品 | — | 16.3 | 14048 | 16.4 |
| | 其他软件产品 | — | | | |
| 信息技术服务 | 运营相关服务 | — | 18.3 | 22123 | 18.4 |
| | 电子商务平台服务 | — | 25.1 | | |
| | 集成电路设计 | 1449 | 13.3 | | |
| | 其他信息技术服务 | — | 17.8 | | |
| 嵌入式系统软件 | | 7077 | 11.8 | 7077 | 11.8 |
| 合计 | | 43249 | 16.6 | 43249 | 16.6 |

资料来源：工信部运行监测协调局，2016年1月。

其中，软件产品实现收入14048亿元，同比增长16.4%，增速低于2014年7.1个百分点。嵌入式系统软件实现收入7077亿元，同比增长11.8%，增速低于2014年18.9个百分点，而信息技术服务实现收入22123亿元，同比增长18.4%，增速比2014年提高1.7个百分点，成为软件和信息服务业中最为耀眼的领域。

其中，运营相关服务（包括在线软件运营服务、平台运营服务、基础设施运营服务等在内的信息技术服务）收入增长 18.3%；电子商务平台服务（包括在线交易平台服务、在线交易支撑服务在内的信息技术支持服务）收入增长 25.1%；集成电路设计实现收入 1449 亿元，同比增长 13.3%；其他信息技术服务（包括信息技术咨询设计服务、系统集成、运维服务、数据服务等）收入增长 17.8%。

### （二）事件评析

信息技术服务业具有知识密集、技术密集的特点。2015 年，我国信息技术服务领域技术创新不断，信息技术服务业和行业深度融合，云计算、移动互联网、大数据等新技术、新模式得到越来越多用户的认可，整体发展表现出如下特点。

一是产业增长动力持续强劲。信息技术服务业在全球经济弱势复苏的环境下，仍将保持稳定增速。随着社会和各行业移动化、网络化、智能化需求不断加大，企业对信息资源的挖掘、利用和开发提出更多的要求，消费者对信息技术产品、数据资源的利用也有了多样化、个性化的需求，这将推动信息技术服务市场规模的持续增长。我国信息技术服务业在国家政策、社会需求和产业资金不断改善和发展的驱动下，有望保持有力增长。随着我国经济转型成效逐步扩大，产业得到新的驱动力量和发展机会。高速发展的信息消费，逐渐成为推动我国经济增长的主要因素，不断深入社会经济和社会组织形式。随着以云计算、移动互联网和大数据代表的技术创新和突破，产业发展方向愈发明显，与传统行业融合不断深化，催生 IT 系统建设需求。受企业对数据挖掘运用需求快速增长的推动，数据处理与运营服务将继续保持突出增势。

二是信息服务成为企业竞争热点。受跨界并购热潮和软硬件服务化态势的推动，软硬件厂商和互联网企业相继开展信息技术服务业务，企业竞争更趋激烈。创新驱动和融合发展成为企业在市场竞争中占据有利地位的主要发展路径，企业研发投入和创新步伐不断加快，投资并购也成为增强创新力的重要方式。当前我国高度重视信息技术自主可控，银行、国企和关键政府机构 IT 国产化势头已经显现，这将给予本土厂商巨大的市场空间，同时给其他行业以示范引领。本土 IT 厂商将迎来全新的良好发展机遇，业务需求增长势头良好。国内企业将从中受益的同时，也将激励企业加大技术研发力度，提升服务创新水平，全力缩小和国际巨头的差距，促使国产化替代逐步落地。国内的并购市场在市场环境的推动和政策利好因素的鼓励下，投资并购热潮将继续延续。相关政策的落地实施将为企业兼并重组和跨界融合提供有力支持，医疗 IT、金融 IT 等重点领域投资规模将持续扩大，业内企业需利用自己的业务优势进一步加强产业资源整合的步伐。

三是政策扶持力度进一步加大。随着我国《关于加快发展生产性服务业促进产业结构调整升级的指导意见》《关于加快科技服务业发展的若干意见》等政策的逐步落实，相关配套政策和地方政策将相继出台，信息技术服务业的战略地位将提升到前所未有的高度。在顺应产业发展新形势的情况下，政策利好有助于进一步提升产业技术创新能力、行业应用融合水平、产业链协同合作水平和信息安全保障能力。国家层面的云计算产业规划已然发布，大数据战略思路也将逐渐成型并有望确定发布，引导和推动新兴领域的有序发展。政府采购政策的制定和完善将推动政府的云服务应用。地方政府同样积极将云计算纳入政府采购，为云计算在政务领域的广泛应用奠定政策基础。在相关政策的推动和落实下，政府将成为云计算重要用户。同时，我国信息技术服务业发展也面临挑战。

一是产业融合趋势加剧企业转型压力。在产业政策引导和产业创新驱动的双重作用下，信息技术服务业正面临历史性变革，信息技术服务业呈现出的结构调整和产业融合趋势已对产业格局带来巨大冲击。软硬件企业服务化转型明显，软件巨头通过布局云计算、大数据等新兴领域，加大信息技术服务业务比重，迅速抢占和瓜分市场份额，使中小企业市场空间急剧压缩。行业巨头跨界转型大力推动产业融合发展的同时，也加剧了信息技术服务业的竞争。充分的市场竞争和新兴业态发展对 IT 服务企业形成潜在的巨大冲击，从而迫使企业加速转型。

二是系统集成中低端市场同质化问题突出。以云计算、大数据、移动为标志的新兴信息技术将保持迅速发展，信息技术服务业向新兴技术转移的节奏开始加速。但我国信息系统集成服务业门槛较低，参与企业众多，市场集中度处于较低水平，一半以上企业业务长期集中在低端集成实施领域。大部分中小企业各自为战、同质化竞争严重，产业效率不高。与此同时，部分领域低水平信息技术系统建设问题依然严重。随着信息技术加快发展和普及，近年来各地政府部门积极建设和应用各自专属的信息系统，政府 IT 建设领域热度持续高涨。但由于缺乏统一规划和基于普适标准的体系构架设计，各地系统只关注于各自领域的数据与业务处理，缺少相应的接口标准和规范，信息孤岛与数据封闭问题严重。

三是智慧城市热潮下投资恶化问题凸显。在政策利好的推动下，智慧城市领域需求持续上升，迎来快速发展机会期，却面临资本市场态度冷淡的问题。由于我国智慧城市建设主要投资主体仍为地方政府，因此政府财政情况决定智慧城市的投资力度。当前，我国经济下行趋势依然存在，由于房地产市场的低迷，导致过去过度依赖"土地财政"的政府财政收入增长明显放缓，不少地方甚至出现了财政困难。因此，市场对主要依赖于政府投资的智慧城市建设的可持续性提出了诸多质疑：越来越多的 BT 项目的出现；众多智慧城市相关企业入不敷出的现金流情况；众多规模巨大的智慧城市框架协议出现，但真正落地的却只有小部分。由于受市场冷遇，智慧城市领域资金主要依靠政府资助、银行贷款和企业自有资金，远远不能满足业务建设发展的需求，如何发挥市场机制吸引民间资本成为当前智慧城市产业发展迫切需要解决的问题。

# 二、大型网络平台相继发生瘫痪事件

## （一）事件回顾

2015 年，我国多个大型网络平台出现瘫痪、宕机等事件。5 月 27 日下午 5 点，支付宝出现了大面积访问故障，福建、北京、浙江、上海等多个省市的支付宝用户出现手机和电脑端支付宝应用登录异常、余额错误等问题。

5 月 28 日上午 11 时左右，携程旅行网官方网站突然陷入瘫痪，打开主页后正常页面无法显示，直至晚间 11 点半左右，携程官方网站及 APP 才恢复正常。之后，携程表示经技术排查，确认此次事件是由于员工错误操作导致，而花费较多时间的主要原因在于业务、应用和服务繁多，需验证应用和服务的功能是否正常。根据携程第一季度财报公布的数据，服务宕机平均每小时带来的损失为 106 万美元，因此此次事件对携程造成的损失将超过 7000 万元人民币。

## （二）事件评析

支付宝和携程出现大面积访问故障，是 2015 年国内互联网在线企业发生的影响力最大的两个瘫痪事故，对用户生活带来极大不便，也引发业界的广泛关注和讨论。支付宝是我国第一大第三方交易平台，依托阿里巴巴集团强大的技术能力，具备异地多活灾备能力，而携程作为我国知名的出行服务平台，拥有业界领先的互联网系统运维能力。此次支付宝和携程发生系统瘫痪事件，从保障信息安全方面给行业内人士及普通民众带来众多警示，也督促深入研究新一代信息系统安全防护面临的新特点和新需求。

安全保障技术能力存在不足。安全保障技术主要包括了密码安全、数据安全、访问控制、安全审计等，其是保障信息安全的基础，也是发展信息安全产业的重要支撑。近年来，国家通过专项资金和政策支持，在云安全、电子政务系统安全等领域建设了一批国家级信息安全研发中心，支持研发了一大批应用于云计算、移动互联网等领域的安全产品和服务，企业也不断加大研发投入，取得了一定进展和突破。但在此次支付宝和携程瘫痪事件中，系统恢复时间过长均遭到了大量技术人士的批评，显示出相关企业在网络访问控制迁移、数据复制与同步、服务器/虚拟机集群协同等方面的技术上还有欠缺或不够成熟，互联网企业在信息安全技术的研发中还需加大投入。

安全防护管理体系有待完善。信息安全的保障不仅依赖先进的安全保障技术，安全防护管理也非常重要。安全保障技术可以看作是保障信息安全的硬要素，而安全防护管理则是保障信息安全的软要素，二者相互配合，缺一不可。在此次携程瘫痪事件中，许多技术人士普遍认为，安全防护管理体系的不完善是造成事故发生的潜在因素。不管是否如猜测般的受到员工报复抑或是官方显示的员工错误操作，从本质上而言这都属于安全管理的问题。安全管理体系不仅包括了员工安全等级的定级和审查，应急预案的制定和演练，还包括了整个运维体系的重新构建。与此同时，随着云计算、大数据等新兴技术的快速演进，信息系统的架构也发生着变化，安全防护管理体系也应进行相应的调整和完善。

新型信息系统升级需求迫切。信息系统基础架构持续演进，信息安全的保障需建立"云"—"管"—"端"三层立体的防护体系。"云"即云平台，是指提供互联网服务的主机群，是进行系统计算、数据存储的重要载体，随着越来越多的数据和运算转向云端，云平台安全已成为信息安全的核心。一般来讲，云平台安全体系主要分为两层：一是防护体系，即避免系统受到破坏，实现对恶意攻击的免疫；二是恢复体系，即当体系被破坏后实现系统的快速恢复，往往依托于灾备中心。携程系统瘫痪事件主要是服务平台出现了故障，属于云平台安全事故。"管"系统是指连接云端和用户端的网络系统，是信息传输的主要载体。根据支付宝发布的消息可以看出，支付宝事故中主要问题源于"管"系统遭到了破坏，因此恢复信息的有效通信应是支付宝在事故中的优先策略。"端"系统指用户接受互联网服务的平台,如手机、电脑、平板等,在互联网服务中,用户平台的安全事件是最多的,但其影响范围较少,保障"端"系统的安全常依赖于终端平台的安全防护机制和安全应用软件及硬件。在信息安全防护中,"云""管""端"三层体系同样重要,需协同发展。

## 三、支付宝"微信化"变革

### (一)事件回顾

2015年7月,支付宝手机客户端迎来了重要更新。一是引入一级菜单"朋友",支持类似微信的聊天功能,可以通过添加好友进行一对一沟通与群组功能,并新增亲情账户、借款欠条、群组经费等基于支付的生活和沟通功能。二是添加一级菜单"商家",用户可以根据定位附近商户进行消费,由阿里巴巴与蚂蚁金服近期联合投资60亿元的本地生活服务提供商口碑网进行运营。三是整合原本的金融服务功能,打通余额宝、招财宝、娱乐宝等所有账户并集中显示,同时开通购买股票、淘宝众筹等投资理财功能。"朋友"菜单的功能、界面均与微信相似,"商家"菜单整合了本地商家所提供的生活服务,引发业界广泛关注。

### (二)事件评析

作为我国最大的第三方支付平台,支付宝于2008年推出手机支付业务,时隔一年发布手机客户端,现已占据我国第三方移动支付近80%的市场份额。支付宝新增社交和O2O功能,是其由网络支付工具向移动生活与金融服务平台转变的重要一步,也是"互联网+"背景下互联网工具转型升级的必然趋势。

随着移动支付的快速发展和用户习惯的迁移,支付场景不再局限于手机购物等成熟模式,应用场景拓展成为本次支付宝变化的重点。通过引入"朋友""商家"菜单并整合原有的金融服务,支付宝成为能够提供四大种类服务(线上消费、线下消费、社交服务和投资理财)的移动生活与金融服务平台。应用场景的丰富,不仅能助力支付宝发展,还为阿里巴巴庞大的业务和资源打造出移动互联网入口与平台。一方面,这能够强化阿里巴巴对多元业务的整合,构建起包含社交、餐饮、电影旅游、物流、城市服务、金融服务在内的全业务平台。另一方面,通过开放各业务平台,与开发者、企业、政府共享入口、数据、用户等资源,能够构建起健全的生态体系。

支付宝手机客户端"微信化"事件昭示了"互联网+"背景下三个新的发展趋势。

一是"互联网+"战略实施对互联网工具提出新要求。"互联网+"战略的实施，凸显互联网在经济发展中的重要作用，并对互联网提升经济社会创新力和生产力提出新的要求。此次支付宝由支付工具向基于支付功能的移动服务平台转型，正顺应了互联网在新形势下跨界融合、整合共享的发展新方向。移动应用与现实生活更加紧密结合，以移动应用为载体，互联网企业响应新兴消费、新兴服务的发展需求，培育形式多样的新模式、新业态，充分发挥互联网的高效便捷优势。开放平台与各行业的更加深化融合，通过开放共享的模式为企业提供转型互联网的路径和工具，推动传统企业与客户的资源有效整合，成为互联网平台发展的重要方向。互联网服务依托新兴技术持续创新，互联网企业必须巩固提升互联网发展优势、加快推进融合创新，运用大数据等信息技术探析市场需求，拓展互联网金融服务创新的深度和广度，以期加大对经济提质增效的促进作用。

二是"互联网+"背景下白热化市场竞争形成新挑战。互联网和以互联网为引擎的新经济发展方式受到各界高度关注，争夺"互联网+"背景下产业制高点成为互联网企业的竞争焦点。阿里巴巴、腾讯、百度等企业正从多个方向展开体系化竞争。新兴市场方面，智慧城市成为"互联网+"推进城市生产、生活和管理方式创新的主要体现。此次支付宝更新，"城市服务"直接列在应用首页，标志着智慧城市服务的重要性进一步提升。关键环节方面，移动支付是贯穿互联网生态体系的战略级业务。支付宝作为高度依赖应用场景的支付工具，面临市场地位逐渐被稀释的挑战。本次增加社交和O2O服务，正是支付宝在添加服务窗、创新金融增值服务后再次扩展应用场景的重要举措。

三是移动互联网入口之争激发切入社交服务新尝试。微信、WhatsApp等移动社交应用，是移动互联网的最重要入口，巨大的市场价值有目共睹。阿里巴巴对发展社交工具进行多样尝试，但面对微信已然形成进入壁垒，收效甚微的局面。在此形势下，以阿里巴巴为代表的众多互联网企业转而向移动社交领域更垂直、细分的方向发展。本次支付宝新增"朋友"功能，并以提供基于社交关系链的金融服务为侧重点，正是支付宝以支付功能为突破口、建立社交网络的反向努力，即在个人财富管理的基础上，拓展亲情账户、亲密付等家庭财富管理，深入探索经费群组、借款欠条等社交金融功能。与此同时，虽然移动社交市场潜力巨大，大量项目涌入细分领域挖掘垂直群体需求，但是技术壁垒低、同质化严重等问题使得同质化产品极大可能陷入胶着竞争。支付宝 9.0 版本中，"朋友"界面、交互与微信肖似，在加深用户印象、降低学习成本的同时，也显现了当前互联网企业围绕几近雷同的价值主张打造产品或服务的现象。需要注意到的是，虽然支付宝创新推出多种基于支付的生活和沟通模式，但由于此类模式创新的技术门槛较低，也易于被具有支付功能的社交应用采用。

## 四、用友、金蝶分别与京东和阿里巴巴开展战略合作

### （一）事件回顾

2015 年，我国最大的两家企业级 ERP 软件提供商金蝶和用友分别与我国知名的互联网企业京东和阿里巴巴达成战略合作协议。

5 月，京东集团与金蝶国际软件集团联合宣布达成合作协议，京东将出资 13 亿港币现金认购金蝶约 10% 股份。同时，京东和金蝶建立战略合作关系，共同致力于为中小企业提供基于云服务的 ERP 整合解决方案。从合作内容上看，金蝶与京东将整合双方资源，重点向两方面加快创新发展：一是电子商务及仓储物流解决方案，京东的电子商务和物流 IT 方案与金蝶领先的 ERP 解决方案相集成，解决企业信息系统不统一、配送成本、员工分配线上线下信息对接等问题，提升京东电商服务水平；二是云服务业务，双方将推动企业解决方案向云平台迁移，加快企业级移动应用发展。

7 月，用友网络与阿里巴巴集团签署全面战略合作协议。从合作内容看，阿里巴巴与用友全面深入合作的初始，主要聚焦于企业云计算、电子商务、大数据、数字营销等四大领域。一是云计算领域，用友旗下多款产品将逐步迁入阿里云，在云上向企业提供 SaaS 化的服务。二是电子商务领域，用友将推出一款电商 ERP 即"电商通"，为电商提供 SaaS 服务。三是大数据领域，双方将成立大数据实验室，先期聚焦于数据分析工具和数据产品两个方向。四是数字营销领域，用友秉钧的营销平台与阿里妈妈广告系统平台将打通，实现客户、营销资源与推广以及结算体系的一体化。

## （二）事件评析

在"互联网+"时代，软件的重要性得到前所未有的加强。软件定义硬件、软件定义一切，世界运行在软件之上成为软件和互联网界的共识。因此，在"互联网+"时代，软件可以充分地渗透到各个行业各个领域中。但是这也带来了一些问题：

互联网企业业务空间亟待扩大。我国互联网产业蓬勃崛起，电子商务整体逐步从过去的高增长进入成熟期。为确保企业的持续发展与领先优势，互联网公司深耕核心业务的同时不断扩张业务范围，以寻求新的增长点。随着"互联网+"时代来临，越来越多的行业和企业对转型互联网的需求不断提升，阿里巴巴、京东等相继将企业级应用和服务作为自身的下一步工作重点。在此形势下，联手传统软件厂商成为互联网企业建设企业互联网的重要战略。一是依托软件厂商的软件集成能力，提升自身业务服务水平。软件技术对于推动传统企业互联网化、促进互联网与传统产业融合起着核心作用。二是借助软件厂商的行业客户基础，深入企业级市场发展。金蝶、用友等优秀企业长期专注于遍布不同行业的企业客户，拥有丰富的行业客户资源以及对行业知识的深入认知，有助于互联网企业提升服务的针对性和有效性。

软件企业转型步伐亟待加快。信息网络技术与各领域的深度融合，不断衍生出附加值更高的服务化新模式和新业态。这不仅推动了各行业企业的流程再造，也为企业级软件不断带来新的机遇和挑战。互联网的快速发展成就了一批云软件公司，移动互联网的普及进而为更多新兴企业带来发展机会。在此最为关键的转型时刻，与互联网企业达成合作，有助于软件厂商巩固已有行业优势基础的同时加快自身业务的转变。一方面，软件厂商通过对接互联网企业的信息资源和技术支持，推动应用软件加快适应移动互联网时代用户需求，打通企业客户生产管理服务与行业互联网服务，为客户创造出聚合效应和全新价值，进一步巩固软件平台的优势。另一方面，互联网在催生和培育新市场方面具有巨大的潜力与影响力，软件厂商联手互联网企业为其提供互联网业务的软件及解决方案支撑，对提升自身管理软件市场的增长空间具有积极作用。

"互联网+软件"有望迸发产业新活力。互联网具有分布式、平台化、开放性的特点，使得相关参与者能够聚集到一起，从而形成"互联网+"的协同共享效应。这进一步凸显合作伙伴的重要性，催生了互联网企业与软件企业的强强联手。对于互联网企业，确保以平台建设为主的业务重心不变，进行广泛联盟；对于软件企业，已经在某领域形成核心竞争力并聚集较大的用户群体，需求通过发挥领先优势推动自身转型。例如，用友多条业务线将以阿里云为基础构建向企业提供 SaaS 服务，这既助力互联网企业平台战略的实现，同时有利于软件企业更专注于产品业务形态的研发。此次两大企业级 ERP 厂商与互联网领军企业的合作，推动了互联网与软件两大产业生态融合，势必加速企业互联网服务在各行业的深度应用与协同创新。

## 五、国内首个工业云创新服务试点项目通过验收

### （一）事件回顾

2015 年底，"北京市工业云创新服务平台"通过工信部工业云创新服务试点项目专家组的评审和验收。"北京市工业云创新服务平台"主要面向中小企业提供涵盖企业设计、制造、营销和服务等产品创新全流程所需要的各种自主产权的工具和服务，建设并依托工业云体验中心，建立起了完善的推广服务和工程服务体系，形成了从销售、设计、制造到服务的全流程一站式服务内容。

北京市工业云创新服务试点工作在全国取得了较好的带动和影响作用，内蒙古包头、贵阳市、江苏扬州、天津、哈尔滨、辽宁大连、山东威海、宁夏银川、唐山等 20 多个省市经信部门赴北京市参观交流，并与北京市工业云服务平台建立了合作关系。

### （二）事件评析

我国发布《中国制造 2025》，积极推进智能制造发展，加快制造强国战略实施，打造先进的制造业体系。智能制造是实现制造强国的必然路径，工业云通过云计算模式为企业提供优质、高效、低成本的信息资源，能够快速推进制造各环节信息化应用，帮助生产经营各环节智能协同，促进数据、产能等制造资源的共享，推动制造企业智能化生产、个性化定制、精益化管理、服务化转型、网络化协同，是实现智能制造的重要手段。

前进社会，如何利用信息技术提高企业运行效率、创新能力，降低内部管理与运营成本，提高企业的竞争力，拓宽企业的生存与发展空间，成为全社会普遍关注的问题。工业云的上线运行，能够在信息资源协调管理、个性化需求、科学

管理等方面起到重要的推动作用。

一是降低信息化建设成本，加快制造各环节信息技术应用。中小型工业企业在信息化建设方面面临信息化基础差、无力支付高昂的建设维护费用、信息化需求随时改变等问题。大型工业企业信息化建设则呈现分散化的特点，信息资源无法统一整合和协同管理，IT设施利用率不高。通过将大规模分散的IT资源整合为可以按需提供服务的资源，使计算、存储、工业软件等IT资源成为社会化的服务，工业云能够大幅度降低工业企业实施信息化的成本，帮助企业建设更灵活、更高效的信息化基础设施，加速研发、设计、生产、产品等制造各环节的信息化和智能化。

二是推动建立先进生产体系，实现智能生产和个性化定制。工业云在推动工业软件等IT资源在研发设计、工艺流程、生产装备、过程控制等各环节深度应用的同时，能够将生产制造各个环节的数据整合集聚。通过对各环节制造数据的集成分析，推动对制造生产全过程的自动化控制和智能化控制，促进信息共享、系统整合和业务协同，实现制造过程的科学决策，最大限度实现生产流程的自动化、个性化、柔性化和自我优化，从而降低生产成本、提高生产力，实现提高精准制造、高端制造、敏捷制造能力，加速智能车间、智能工厂等现代化生产体系建立，实现智能生产。同时，通过云平台，企业能够收集用户的个性化产品需求。通过利用柔性化、个性化和自我优化的生产流程，为用户生产出量身定做的产品。这样，就能够改变传统固化的供需模式，促进"个性化"和"规模化"的相辅相成，实现个性化定制。

三是优化经营管理体系，实现精益化管理和服务化转型。加快推进企业上市融资。以工业云为基础的业务系统，能够串联企业生产、采购、销售、管理、人力资源、安全等各个环节，整合企业生产数据、财务数据、管理数据、采购数据、销售数据和消费者行为数据等资源，使企业通过数据挖掘分析，找到生产要素的最佳投入比例，实现研产供销、经营管理、生产控制、业务与财务全流程的无缝衔接和业务协同，促进企业组织扁平化、决策科学化和管理精益化。基于工业云平台，通过生产、管理、服务等环节的无缝衔接和业务协同，企业能够开展故障预警、远程监控、远程运维、质量诊断等在线增值服务，扩展产品价值空间，使得以产品为核心的经营模式向"制造＋服务"的模式转变，实现制造业服务化转型。

四是促进企业间制造资源整合共享，实现网络化协同。工业云平台集聚不同企业的数据资源、设计资源、产能资源和工艺知识库等制造资源，能够促进不同企业间制造资源的交换和共享，解决制造企业普遍存在的创新力低、成本高、产能过剩等问题。云制造模式帮助企业内部或区域集群企业之间，实现产能资源共享、工艺知识库共享和数据资源共享。基于工业云平台的众包研发，帮助企业利用社会化创新资源提高自身研发能力。供应链协同云平台，打通供应链企业间的端到端信息流，加强供应链企业间的配合和协作。中小企业则可利用云平台加强与龙头企业的合作，并通过发展众包众筹，打通与社会创意和资金的合作通道，提升自身创新设计和成果转化能力。

# 六、华人成为推动 Linux 的重要力量

## （一）事件回顾

作为一个开源软件，Linux 内核处在不断的更新和完善之中，新版本中补丁的贡献度反映出参与者在软件发展中的影响力。2015 年 11 月，Linux 内核已更新至 4.3 版本，根据国籍可标识的改进补丁统计（图 4-1），华人贡献度已经达到了 9.77%，位列国籍排行榜的第一位，超过了传统贡献大国美国和德国。这一数据表明，华人在 Linux 发展中的影响力已经非常强大。但从个人统计信息中也可以发现，做出大量贡献的华人大多来自国外企业，而国内企业在 Linux 内核发展中的贡献度仍然较少。

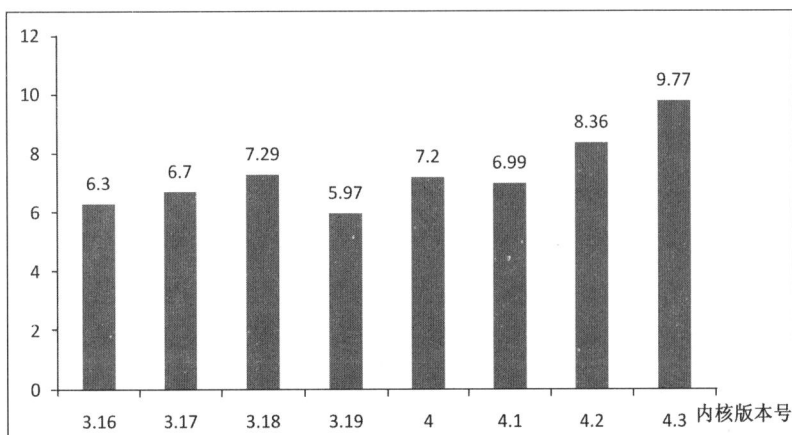

图 4-1　华人在 Linux 内核各版本中的贡献度（单位：%）

资料来源：remword，2016 年 1 月。

在国内企业中，华为是在 Linux 内核发展中的标杆企业。根据 2015 年 Linux 基金会发布的《Linux 内核开发者报告》，一年以来，华为在内核开发贡献度排名中，位列所有企业和组织的第 19 位，也是报告中唯一上榜的中国企业。除华为以外，近年来我国其他企业在 Linux 基金会中的参与度也在逐步提升，对 Linux 项目发展的影响力也在不断升级。2015 年 8 月，深度科技正式成为 Linux 基金会的银级会员，成为了 Linux 基金会中唯一一个研发 Linux 操作系统的中国企业。同期，阿里巴巴集团也宣布正式加入 Linux 基金会，成为 Linux 基金会中首个来自中国的互联网公司。华为更是凭借对 Linux 项目的大量贡献，升级成为 Linux 基金会的白金会员。随着企业力量的不断投入，未来我国在 Linux 内核发展中的影响力必将持续提升，这为我国发展各类 Linux 操作系统奠定了坚实技术基础和产业优势。

## （二）事件评析

当前，开源已经成为软件领域技术、产品创新的重要模式，也是驱动信息产业变革、强化信息产业基础的关键要素。全球如 Google、Facebook 等互联网巨头纷纷基于开源提升其软件技术能力、开发新的软件功能及产品，一年以来传统商业软件巨头微软也加大了对开源世界的贡献，全面投入了开源的怀抱。在云计算、大数据等新兴领域，基于开源模式的技术创新对产业发展的影响力日益提升，例如 Docker 深刻改变了云应用的部署和迁移方式。同时，开源世界中也是软件基础技术的聚集地，大量的开源软件成为夯实产业发展基础的重要保证。

基础软件是我国软件产业发展的重要领域，其中操作系统是关键和难点。在操作系统软件发展中，Linux 是当前全球影响力最大的开源基础软件，也是我国发展操作系统软件的重要基础。我国企业研发的桌面、服务器以及智能终端操作系统中绝大多数都是基于 Linux 内核开发而来。根据《中国制造 2025》规划，未来我国将着重发展工业操作系统，其基础仍将会是 Linux 内核。因此，在开源的大世界中能否掌握 Linux 内核的关键技术，提高对 Linux 内核发展的影响力对我国产业的发展至关重要。为了让我国基础软件更快更好发展，政府和相关企业应该在开源意识、运营模式、政策引导、人才培养等方面采取积极措施。

一是提高开源认识，完善开源生态。进一步提高对开源世界基本规则的认识，明晰开源软件产业发展的路径和方向，强化对开源软件开发模式和商业运营模式的理解，理清开源软件开发及应用模式和自主知识产权的关系，组织研究开源软件中保障信息安全的方式和途径。健全知识产权法律法规，对开源软件许可证协议进行司法界定，提供对违反许可证协议具体行为的解释说明。继续推进中国通用开源软件许可证协议的制定和推广。加大对软件产业知识产权的保护力度，严肃处理各类侵权案件。继续推进软件正版化工作，严厉打击各类盗版软件。

二是培育龙头企业，组建企业联盟。鼓励企业在遵守开源软件许可证协议的基础上开展商业运营模式创新，借鉴红帽、谷歌等开源软件企业的成功经验，大力推广订阅服务、集成应用等商业模式。对遵守开源规则、积极与开源社区互动的开源软件企业提供资金扶持，面向本国开源软件企业开放政府市场，提升我国开源软件企业特别是国产操作系统等基础软件企业和云计算等新兴领域企业的综合实力。牵头组建开源软件企业联盟，建立开源软件企业与产业链上下游的协同发展机制，鼓励企业通过合并、收购等方式做大做强。

三是鼓励贡献项目，提升业界影响。培养我国企业的开源精神，指导企业制定开源软件发展规划，激发企业开源其自身项目和提供代码反馈的积极性，针对重点开源项目定期公布企业贡献统计，对贡献度大的企业给予奖励。加强对全球开源软件发展的跟踪研究，鼓励我国企业通过资金赞助等方式参与国际著名开源软件项目。加快建设我国开源社区，整合各方力量重点建设一到两个综合性的、功能完善的、面向全球用户的开源社区，全面提升社区的代码托管、项目迁移、代码审查等能力。

四是培养开源人才，加强人才储备。在高等院校中普及 Linux 操作系统，组织其设立开源软件相关课程。鼓励高校开设与主流开源软件如 Openstack、Hadoop 等相关的课程，组织各类校内开源兴趣小组。建立开源软件人才认证体系，设定多层分级的认证称号及标准，建立基于国家人才认证标准的人才推荐机制。鼓励企业积极吸收开源软件开发和管理人才，对企业成功引进重点开源项目核心技术人才提供资金奖励。

五是加强应用推广，促进交流合作。推广技术成熟的开源软件，建立开源软件应用服务平台，提升社会各界对开源软件的认识和兴趣度。提高开源软件在政府软件采购中的比例，在金融、教育、医疗等领域开展开源软件部署试点，总结经验并在企业领域开展应用推广工作。加强开源软件领域的国际交流，总结开源中国开源世界高峰论坛及东北亚开源软件推进论坛的成功经验，继续积极推进国际化高水平开源软件相关会议的组织。加强信息系统基础设施建设，在对代码托管等开源软件相关的网站加强监管的同时加大开放力度，为我国开发者参与国际开源项目发展提供条件。

# 七、浪潮启动"云图计划"构建云生态系统

## （一）事件回顾

2015 年 12 月，浪潮启动面向云计算生态的"云图计划"，从技术整合、解决方案开发和本地安全服务三个领域入手，通过平等、开放的合伙人框架，构建融合、开放、安全、共赢的云生态版图。云图计划的实施，能够将不同领域的合作伙伴联合起来，为用户提供更完善的 IT 系统支持、更灵活的投资模型、更开放的 IT 环境。"云图计划"的启动体现了浪潮致力于构建更开放、更完善的云计算生态圈。为此，浪潮将推动技术、方案和服务三大"合伙人"制度，计划联合 50 家以上的技术伙伴、100 家以上的解决方案伙伴和 1000 家以上的服务伙伴，共同为用户提供开放、融合、安全的云计算服务。首批加入浪潮"云图计划"的合作伙伴有 19 家，包括 Mirantis、亚信安全、阿里、七牛、VMware、Citrix、RedHat、Intel、中国电信天翼云、锐捷、深信服、荣之联、天融信、北明、长虹佳华、爱数、UniteStack、EasyStack、九州云。

## （二）事件评析

云计算生态系统（简称"云生态系统"）由从事云计算产业的组织和个体组成的经济活动集合。集合由一个或多个核心企业引领，每一个成员承担不同的功能，这些成员相互作用、共同发展，形成互惠互赖、共生共创的生态体系。

云计算生态圈的产生是经济形态发展的必然趋势。首先，经济组织会随着产业趋势改变，由工业时代传统的层级式垂直整合，演进到信息时代扁平式的授权分工整合阶段，再到超分工管理模式，使得许多公司的命运被绑在了一起，为了发展，它们组成一个相互依赖的网络，形成一个拥有整体优势的组织。其次，分工整合的发展导致单个企业无法独立为消费者提供全套产品，所以为了满足消费者的需求，企业必须与相关的企业更加紧密地合作。消费者的需求推动了企业间的联合，并最终走向一个更高水平上的合作，即生态圈。再次，对于某个企业来

讲，领导或参与某个生态圈，将使它所拥有的资源超出它所在的公司和组织的边界之外，因此，领先的企业懂得如何引导这股力量，集合这些社会化、产业化资源为他们的目标服务。最后，生态圈打破了传统的行业界线，使不同领域的企业走到了一起，从而增加各自的市场机会。

# 八、海尔收购 GE 家电业务

## （一）事件回顾

2016 年初，海尔集团与通用电气（GE）签署合作谅解备忘录，海尔将以 54 亿美元收购 GE 的家电业务。双方还同步签署了战略合作协议，海尔将成为 GE 工业互联网平台 Predix 的最大客户，双方将共同在工业互联网、医疗、智能制造等领域长期合作。本次并购大大超出了传统意义上的全球产能整合以及国内品牌全球化的范畴，引起了制造业界、互联网界、投资界的广泛关注。

## （二）事件评析

海尔与 GE 的合作充分显示出我国传统优势制造业"走出去"和服务化转型的迫切需求。海尔 1999 年就在美国设立工厂，是最早进入北美发展的中国家电企业，也是全球范围内曝光率最高的中国家电品牌，但其在海外市场的主要产品多是小家电，与惠而浦、伊莱克斯、三星等全球主流家电品牌存在显著差距。随着我国经济增速放缓和国内消费下滑，以海尔为代表的传统优势制造企业在我国市场继续寻求内生式高速增长已经较为困难，拓展海外市场寻求新增外延式增长的需求日益迫切。此案收购对象——GE 家电，其在北美地区市场占有率第一，全球范围内市场地位仅次于惠而浦，是海尔在全球范围内继续强化研发制造、质量控制和渠道效率三大规模化优势的理想收购标的。同时，也应看到家电行业整体上属于技术附加值不高、更依赖劳动力成本的行业，经过未来三五年演进后，新型制造企业的竞争核心可能从单纯规模化竞争向综合服务能力竞争转变。海尔此案出价远远高出两年前伊莱克斯的参考出价，也包含了与全球主要工业大数据平台结盟，基于工业互联网加快服务化转型的战略考虑。

本事件再次凸显出先进制造业以软件能力为突出特征的发展趋势。较早完成工业化进程的西方发达国家，近年来的发展重点聚焦于软件能力的提升。不仅是

IBM、SAP 等信息技术公司在积极发展通用软件技术，波音、空客、GE 等工业企业也在不断利用软件将工业知识和技术进行固化，提升软件能力。从代码行数看，洛克希德·马丁公司已经超过微软成为世界最大的软件公司，而 GE 也已提出五年后要成为全世界最大的软件公司。此案中 GE 如愿高价售出家电业务，是其沿既定战略转型方向又迈出的一大步。2016 年 1 月的 CES 消费电子展上，全球最大的白电制造商惠而浦公司宣布将与 IBM 合作推出搭载人工智能系统"沃森"的家电产品，下一代家电能够和用户交流并自主学习。西门子也于 2015 年底宣布将增加研发投入 3 亿欧元搭建跨业务新数字化服务平台 Sinalytics，能对机器产生的大量数据进行整合、保密传输和分析，通过数据分析和反馈提升对燃气轮机、风力发电机、列车、楼宇和医疗成像系统的监控和优化能力。可见，全球工业和信息技术领域的领先企业已在加紧布局，抢占未来先进制造业软件平台和产业生态的制高点。

本事件提醒我国企业认真思考智能制造形态下的制造业核心竞争力要素。国外企业纷纷出清低端制造产能，聚焦新兴工业数字化平台、服务和综合解决方案，提醒我国制造企业重新审视自身业务的核心竞争力要素。下一代制造业必将构筑在工业互联网的平台上，云计算、大数据和物联网对企业业务的颠覆性影响值得我国企业立足自身能力深入判读。在此基础上，我国企业是追随国际巨头，还是自建平台，将是一个考验眼光、能力、决心与意志的战略选择。

# 行业篇

# 第五章　基础软件产业

基础软件主要包括了操作系统、数据库、中间件、办公软件和语言处理系统。基础软件在软件产业体系中发挥着基础性、平台性的作用，是当前应用范围最广的软件类型，同时也是保障信息安全的主体。

操作系统根据硬件平台的不同可以分为桌面操作系统、服务器操作系统、智能终端操作系统、云操作系统、工控操作系统等。操作系统是信息处理领域中最为核心的软件，是信息产业的核心环节。操作系统是信息产业产业链核心环节，是构建现代信息产业生态体系的重要基石，是信息技术创新发展的基础平台。操作系统发展的重心已从 PC、服务器，转向智能手机和平板电脑，并正在转向可穿戴设备、智能电视、汽车控制系统和智能家电等新兴平台中。

数据库是按照特定的数据结构对数据进行整理、存储和管理的仓库，根据数据的管理模式可分为层次型数据库、网络型数据库和关系型数据库。在基础软件领域，数据库系统是重要的软件类型，是信息处理中演进速度最快、备受各方关注的软件，也是我国软件产业结构体系中较为薄弱的环节。数据库在我国信息系统建设进程中需求量极大，应用领域极为广泛。发展国产数据库，推广国产数据库的全面应用，对推动我国两化融合进程，确保国家信息安全，降低国内企业信息管理成本等方面均发挥着积极的作用。

中间件处于操作系统软件和应用软件之间，可分为终端仿真／屏幕转换中间件、消息中间件、远程过程调用中间件、交易中间件、数据访问中间件、对象中间件等。中间件作为基础软件具有标准化产品的特点，并具备一定的通用性。中间件在 IT 架构中处于系统软件之上和应用软件之下，对软件产业的整体发展起到"催化剂"作用。中间件产品主要应用于企业级应用系统的开发、运行于管理，存在对客户提供全方位服务的需要。中间件产品总体上不存在盗版现象，市场秩序较为规范，企业利润空间得到市场保障。国产中间件是业界公认的发展最好、最能实现突破的领域。

办公软件是满足用户办公需要的软件类型，包括文字处理软件、电子表格软件、幻灯片制作和放映软件、初级图片处理软件等。办公软件（也称 Office 套件）是人们最广泛使用的软件之一，在我国它被视为同操作系统、数据库、中间件等一样是基础软件的重要组成，是国家重点支持的软件。与其他基础软件不同之处在于，办公软件属于直接面向用户的应用软件，其性能直接关系到用户的使用体验。

语言处理系统是软件产品生成的基础，包括编译程序、解释程序和汇编程序。

# 一、发展情况

## （一）操作系统领域

当前，在国内操作系统市场中，国外品牌仍然占据着绝对的主导优势。在服务器操作系统领域，Linux、Unix 和 Windows 三大体系呈三足鼎立之势，我国品牌主要基于 Linux 开发，随着近年来市场拓展力度的不断加大，国产品牌市场份额逐年提升；在桌面操作系统领域，Windows 一家独大，Mac OS 和 Linux 的市场份额均比较小，国产品牌重点围绕安全性能的加强不断推新，具有一定的发展潜力；移动智能终端操作系统领域，Android 和 iOS 两强争霸，经过多年的积累和发展，阿里 YunOS 已经具备了较强的市场推广基础，发展潜力巨大，有望成为全球第三的移动智能终端操作系统，其他国产品牌主要基于 Android 进行深度定制，存在被牵制的风险；在云操作系统、智能穿戴操作系统、嵌入式操作系统领域，市场正处在变革期，国产操作系统厂商拥有宝贵的发展机遇和广阔的市场空间。

在国家政府专项支持下，国产服务器 / 桌面操作系统完成了自主可控的相关产品的研发与技术升级，研发了中标麒麟安全操作系统、中标麒麟服务器操作系统、方德高可信服务器操作系统、红旗 Linux 桌面操作系统等，中标麒麟操作系统可支持龙芯、飞腾等 5 款主流架构中央处理器，并得到 VMware 等主流平台的认证，普华操纵系统在航天、电力、医疗等领域已进行了应用部署。在嵌入式操作系统领域中，一汽等汽车厂家完成了"汽车电子控制器嵌入式软件平台研发及产业化"课题，海尔等厂家研发了数字电视嵌入式软件平台，华为开源了 LiteOS

构筑物联网体系核心要素；在移动终端领域，多家企业结合自身优势不断进行研发创新，元心依托新兴架构正在大力研发元心 OS，扎根本土市场阿里 YunOS市场拓展迈上了新的台阶；新型网络操作系统研发中，无锡江南计算所研制了vStarCloud 新型网络操作系统参考模型，包括云端操作系统 vStar 操作系统、分布式操作系统环境 vStarEnv 和云端网络服务平台 vStarService。

在桌面及服务器操作系统领域，国产品牌在政府、国防、金融、公安、审计、财税、教育、制造、医疗、交通等行业得到广泛应用，应用领域涉及我国信息化和民生多个方面，2015 年，普华操作系统在医疗、电力等领域持续发力，凝思磐石服务器操作系统凭借其安全性、实用性和可靠性，占有电力调度自动化操作系统市场份额的 70% 以上，普华、深度等国产操作系统在金融领域终端服务系统中得到较为广泛的应用；在大众消费领域，Deepin 操作系统和阿里 YunOS 受到了广泛关注，其更新换代也在持续加速。

## （二）中间件领域

当前，随着各行业特别是电信、金融、政府和能源等领域信息化水平的不断提升，对中间件的需求也日益突出，我国中间件市场尚存广阔的发展空间。同时新兴行业如物联网、云计算等的额外增长需求使得国内中间件市场能保持高速增长状态，预计未来 5 年内我国中间件市场的年复合增长率达 18%，2016 年市场规模将超过 50 亿。

我国中间件厂商市场扩张不断加速，金蝶在国内已经拥有大量的分支机构，客户遍及中国大陆、中国香港和中国台湾地区。东方通中间件产品已经广泛应用于金融、电信、电子政务、交通等多个行业。在交通行业，东方通消息中间件TongLINK/Q 就占据了高速公路信息化数据传输通道领域 80% 的份额。当前，东方通、金蝶等公司不断加大转型发展力度，持续扩大中间件产品的应用领域和应用模式。大量云计算公司均开始研发云服务中间件软件，为中间件市场开辟新的蓝海。

企业合作方面，金蝶与京东达成战略合作协议，面向互联网应用不断拓展业务，此外，金蝶也与科凡家居、国信证券、计世资讯、360 等建立了合作关系，市场综合竞争力大幅提升。2015 年，金蝶中间件得到太极软件的战略投资，市场前景被行业认可。东方通通过战略合作、OEM 合作、行业合作等多种方式，与操作系统、数据库厂家构建技术融合和市场资源共享平台来增强其基础软件的整体竞争力，东方通与浪潮、中软等知名企业建立了深度合作关系，进一步提升了其为用户提供更加完善的自主一体化解决方案的能力。

市场开拓方面，中间件厂商普元正积极向云计算的 PaaS 服务商转变。金蝶已经发布了 Apusic 智慧云平台，并携手浪潮拓展云计算市场。东方通通过整合云计算、大数据、移动互联网等新技术领域的资源，提出打造新一代软件基础设施，打通产业链上下游，2015 年，其开展了 Tong PPP 计划，通过联合相关政府和企业用户共同组建实验室，开展按需定制的大数据融合应用创新，极大拓展了企业业务空间。

### （三）数据库领域

近年来，我国数据库市场仍以国外平台为主，主要厂商包括了 Oracle、IBM、微软、SAP 等，国外品牌的市场份额一直在七成以上。在国家政策引导和支持下，国产数据库产业发展迅速，技术不断进步，应用不断扩展，竞争力不断提升。同时，大数据、云计算带来的技术变革使我国数据库厂商迎来了发展机遇。紧抓机遇，加快技术、服务创新已成为国产数据库厂商赶超国外品牌的关键。

市场化手段已成为国产数据库厂商加快发展的重要抓手，部分龙头企业通过业务拓展、企业收购、与其他企业开展深度合作来提升其实力，人大金仓等优秀企业已具备上市条件。人大金仓交易型数据库 KingbaseES 具备高兼容、高可靠、高性能、高扩展、高安全、易使用和易管理的特点，广泛应用于国家级、省部级实际项目。为顺应大数据时代海量数据分析处理及移动设备数据分析需求，人大金仓推出了新型的分析型数据库 KingbaseDBCloud 和嵌入式数据库 KingbaseReal。当前，以人大金仓为代表的国产数据库已经在医疗卫生、医院、教育、金融、通信、政府部门、军工国防等十多个业务领域实现了规模化应用。基于深厚的数据存储、处理和分析技术，国产数据库企业正在不断寻求业务拓展空间，在云计算、大数据等领域持续发力。

### （四）办公软件领域

当前，基于先发优势和完善的产品配套体系，国内市场中办公软件领域国外企业仍占据了较大的市场份额。微软 Office 是当前的主流办公软件套件，在 PDF 文件阅读中 Adobe 的份额还是居于首位。但随着我国政府采购政策的出台，国产办公软件的发展步入快车道。在 Office 领域，金山 WPS 是国产品牌的领跑者，永中和普华也占据着一定的市场。在阅读器领域，福昕在业内享有不错的声誉，一些专用的阅读软件在如文献查找等专有领域占有一席之地。

质量方面，国产办公软件在功能和性能等多项质量特性上已经与微软 Office 相差无几。国产办公软件的主要特点包括：支持开放文档标准 ODF 和国产文档标准 UOF；加入大量的合同范本、公文模板和中文拼写检查功能等，更符合中国人的思维和使用习惯；国产办公软件相对于微软 Office 体积小、内存占用少，运行速度快，资源消耗少。

市场方面，国产办公软件在政府采购中的份额较高，达到 2/3，政府的办公设备中，办公软件的国产化率亦超过 50%。金山 WPS 在我国政府、央企、金融、能源能行业大型企事业单位得到了大规模的应用，占领了 60% 的央企市场。至今，WPS 已协助国家 70 多个部委和全国各省区市完成了办公应用软件的正版化工作。当前国产办公软件在金融领域已拥有约 40% 的市场份额。福昕和普华也在积极进行市场运作，扩大市场份额。

加强与互联网或移动互联网元素的有效融合成为发展国产办公软件的重要途径。以国产办公软件金山 WPS 为例，为了帮助求职者找到理想的工作，金山推出了"在线简历模板"，其受到了用户的广泛欢迎，下载简历模板和实时网络互传让办公软件人气激增。金山 WPS 的移动版仅仅用了两年时间就在全球累计超过 7000 万用户。2015 年 7 月，WPS 安卓版获得了 Google Play 和华为应用市场的特别推荐。至 2015 年底在 Windows、Linux、Android、iOS 等众多主流操作平台上，全球范围内已经有超过 6 亿用户在使用金山办公软件进行日常学习和工作。

海外市场开拓方面，金山在全世界各国都拥有较高的知名度，曾在日本周期销售排行榜中荣登榜首。福昕软件深受欧洲和北美以及日本等地用户的喜爱，赢得了谷歌、亚马逊、印象笔记、纳斯达克、摩根大通等一大批国际知名的客户。2015 年，福昕软件宣布与微软实现合作，将在福昕阅读器企业版中集成 Microsoft Intune 解决方案。

## 二、发展特点

操作系统领域：一是国家政府专项力促产业创新发展。长期以来，我国高度重视对国产操作系统的研发，通过 863、发展基金对操作系统研发进行支持。仅核高基专项在操作系统方面共支持了 26 个相关课题，方向包括服务器 / 桌面操作系统、嵌入式操作系统、国产操作系统参考实现、Linux 内核分析及新型网络化操作系统等。二是企业参与积极性持续提高。在国家倡导和企业自身发展需求推动下，大批企业纷纷加入到操作系统研发的队伍，在桌面服务器领域，中标软件、中科方德、广西一铭、武汉深之度等公司都开发了自己的操作系统，在移动终端领域，阿里 YunOS 通过与运营商和手机厂商的合作不断开拓市场，在云计算领域，华为、浪潮等公司都致力于开发自身云操作系统。三是国产化替代促进产品应用扩张。近年来，国产操作系统在电子政务及国民经济要害部门得到了一定的应用和推广，产品替代作用日趋明显，市场占有率不断扩大，在部分行业已居于领先地位。

中间件领域：一是国内市场扩张步伐明显提速。国产中间件产品的性能不断提升，类型不断丰富，已形成了以东方通、金蝶为龙头，中创、普元等企业为主体的产业格局。二是企业合作机制不断深化。为了弥补由于起步晚带来的产品、技术、品牌效应等方面的劣势，我国中间件厂商在加快"国产化"进程中，更加重视与其他企业的联动合作。同时，国家在项目支持上也更加侧重协同发展，各企业也根据自身情况开创了各种合作新模式。三是新兴领域拓展步伐加快。我国中间件厂家借助云计算、物联网等新型技术和智能家居、大数据、智慧城市等创新业务，不断开拓市场新兴领域。

数据库领域：一是加强产品创新提升市场份额。我国数据库企业在现有数据库产品的基础上不断研发创新，围绕云计算、大数据、移动互联网等新型信息系统环境不断推出新型产品，市场份额逐步提升，形成了以人大金仓、南大通用、神州通用和武汉达梦为主体，山东瀚高等中小型数据库厂商为辅的产业格局。二是强化安全功能加快应用推广。安全性高是我国数据库产品的主要特色，对保障国家信息安全起到重要的积极作用。三是以大数据为方向加快产品创新。大数据带来的技术变革为我国数据库企业创造了赶超国外品牌的机遇，国产数据库企业如人大金仓正在积极布局，依靠科技创新开发新的产品。

办公软件领域：一是依托政府采购逐步扩大市场份额。政府市场是办公软件的重要应用环境，由于我国办公软件的安全性能较高，基本功能较为完善，在政采的牵引带动之下，国产办公软件的市场份额正在不断加大。二是面向移动办公、云办公积极开展产品和业务创新。企业不仅利用互联网思维拓展思路，同时积极研发移动平台办公软件、基于云平台的办公套件，率先抢占市场"蓝海"。三是加快"走出去"步伐。在国内取得一定成绩的基础上，国产办公软件也在积极寻求更大的突破，海外市场成为国产办公软件提高影响力和获取收益的重要疆场，主要产品在部分国外市场中已具备了一定的竞争力。

# 第六章　工业软件产业

## 一、发展情况

### （一）产业规模

工业软件（Industrial Software）主要指应用于工业领域的各种应用软件和解决方案，按照功能用途特点，可分为研发设计、生产过程控制、经营业务管理三大类别。其中，研发设计类软件及解决方案主要包括计算机辅助设计（CAD）、辅助分析（CAE）、辅助制造（CAM）、辅助工艺规划（CAPP）、产品数据管理（PDM）、产品全生命周期管理（PLM）等工具软件，以及各类面向行业的研发协同管理平台等解决方案，帮助企业提升研发能力和效率。生产控制类软件及解决方案主要包括制造执行系统（MES）、工业过程控制系统、工业互联网应用解决方案等，可帮助企业提高对生产制造全过程的监管和协调能力，降低工业设施运转能耗，提升资产运营效率和利用率。业务管理类软件及解决方案主要包括企业资源计划（ERP）、供应链管理（SCM）、客户关系管理（CRM）、人力资源管理（HRM）、企业资产管理（EAM）等，以及企业定制的集成办公管理平台系统等，可帮助企业改善管理公司治理水平和运营效率。

2015年，在我国宏观经济发展"换挡"与工业产业转型升级"阵痛"的双重影响下，我国主要工业领域投资放缓、IT支出下滑，影响工业软件产业规模增速趋缓。据测算，2015年我国工业软件产业规模接近1150亿元，同比增长约15%，增速略低于全年国内软件和信息服务业平均增速。但从全球范围看，受益于我国制造业体量优势和转型升级过程中对软件服务应用，特别是高端工业软件应用需求的进一步释放，我国工业软件市场规模增速仍远高于全球企业级软件市场的平均增速。因此，从工业软件市场规模增长速度和潜力两方面看，我国仍是全球工业软件最重要的高发展潜力市场。与此同时，我国经济发展增速放缓的严峻形势更加剧了国内工业转型升级的迫切程度，加之宏观层面先后出台了《中国制造2025》《国务院关于积极推进"互联网+"行动的指导意见》《促进大数据发展行动纲要》等战略性文件，均重点提及工业与新一代信息技术的融合，大大提升了业界对我国工业软件市场即将迎来快速增长时期的预期。在此形式下，全球主要工业软件企业普遍加大了对我国市场的投入和拓展力度，主要企业中国区2015年经营业绩指标也出现了普涨的局面。

表6-1　2013—2015年中国工业软件市场规模（单位：亿元）

|  | 2013年 | 2014年 | 2015年 |
|---|---|---|---|
| 市场规模 | 855 | 1000 | 1150 |
| 同比上一年增长 | 17.5% | 16.9% | 15% |

资料来源：赛迪智库整理，2016年3月。

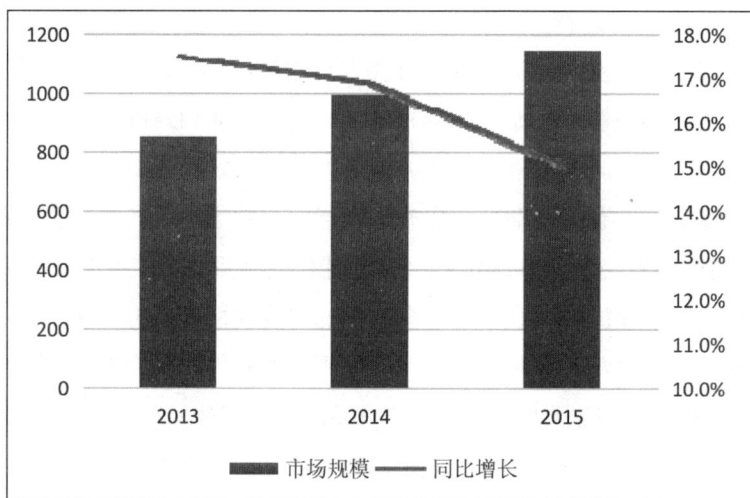

图6-1　2013—2015年中国工业软件市场规模（单位：亿元）

资料来源：赛迪智库整理，2016年3月。

## （二）产业创新

2015年，我国IT支出行业分化的特征更加明显，在重点行业加快智能化改造提升需求的带动下，工业软件产业发展从整体上看，面向行业的成套解决方案研发和应用发展较快，比如机械、航空、纺织等行业对设计、分析、测试等服务的集成和综合数据管理分析的需求，逐渐成为新一代工业软件创新的源头动力。在计算架构上，面向垂直行业的综合服务平台快速发展，软件技术架构和数据结构向云计算架构的技术升级进一步加快，工业大数据等新业态模式逐渐兴起。

工业云创新发展。但对于工业领域的 IT 应用而言，根据不同工业云服务应用场景对计算设施要求的不同，工业云按功能特征大体可分为两种：一是计算处理资源密集型应用，即软件服务对 CPU/GPU 计算处理能力有较高要求，以公共超算中心或企业私有计算中心为依托的计算型工业云。其上通常可提供计算机辅助设计（CAD）、计算机辅助工程（CAE）等对数学建模、求解分析、三维图像处理等计算能力有较高要求的软件服务。计算型工业云的应用场景一般对应于工业领域的研发设计环节，特别是企业从事大型研发项目，有多个子系统研发工作同时推进，并都需要 IT 资源支持的时候，使用工业云可根据各项目团队的动态进度和需求，灵活调度企业 IT 资源，实现研发资源的最大化配置。计算型工业云一旦在企业部署应用，就会自然从 IT 资源配置调度平台，加速演变为产品研发不同工序间的协同合作平台，继而成为企业管理层统筹全局研发活动的集中管控平台。如商飞公司已经部署的全球协同研发云平台，已经成为能够集中管理供应链上跨地域的合作伙伴的各类研发活动的调度中心，全部设计、测试数据在平台上可实现高速交换和共享，促使在研产品的成熟周期大大缩短，综合研发成本成倍降低。二是存储资源密集型应用，即软件服务对数据存储系统的容量和处理速度有较高要求，以公有或私有数据中心为依托的存储型工业云。其上通常可提供企业资源管理（ERP）、供应链管理（SCM）、客户关系管理（CRM）、财务管理等对大规模结构化数据的访问和处理性能有较高要求的软件服务。存储型工业云的用户非常广泛，特别是可提供软件租用服务的工业云，能够允许企业以低成本使用 ERP、SCM、CRM 等原本实施成本高昂的软件服务，尤其受到中小企业用户的欢迎。移动互联网兴起之后，特别是电子商务和网络支付工具爆发式增长以来，大量中小企业主从移动端"触网"，他们所接入的正是已经演变成为电子商务平台的存储型工业云。在云平台的支持下，企业管理人员可以通过手机实现企业的人员管理、订单管理、财务管理、物流管理等工作，并可以与交易合作伙伴在线结算。如创捷通公司在深圳运营的供应链管理云平台，可以帮助智能手机投资人在线与全球范围内的手机设计公司、零部件供应商、组装代工厂等有关上下游企业建立业务合作，并提供电子结算、供应链金融、跨境报关/报税等增值服务。随着部分工业互联网应用开始落地，相应出现了集成处理各类工业传感器回传数据的云平台，就其应用形态而言，应仍属于存储密集型工业云一类。

工业大数据应用生态逐步兴起。工业云在企业的落地应用，为工业企业打通信息化建设中遗留的信息孤岛提供了新手段。云平台在数据集成方面具有天然优势，推进建设和应用工业云平台，就是推进建立企业统一数据标准和共享机制，虽有重重阻碍，但平台一旦建立，即可极大加速工业企业数据的积累，一些面向行业应用的大型工业云平台还能加速行业共性数据的积累，这为工业大数据的进一步发展和成套解决方案的成熟提供了重要的资源池和测试床。如三一重工、中联重科、海尔等企业已经初步建成的工业互联网云平台，已经可以通过对产品实时工况监控数据的分析挖掘，优化产品的维护保养计划并反哺新品研发。在这些工业云平台上，产品制造商、维护服务商、产品最终用户、平台运营商等各方面各取所需、合作共赢，形成了以数据和服务为核心的产业生态。随着示范作用的发挥，平台会吸引更多应用服务商和用户加入其中，新的服务商从数据中能够挖掘创造出更多价值，而用户的加入使得数据规模成倍增长，平台在不断的自我成长过程中，成为工业大数据创新创业的重要孵化器。

# 二、发展特点

## （一）规模特点

"十二五"以来，受益于我国工业发展技术、质量和创新水平提高过程中对信息服务的应用需求不断释放，以及两化融合发展战略的不断推进，我国工业软件产业规模多年来都保持了快速增长的态势，已经成为全球范围内最重要的新兴市场。"十二五"期末，我国经济发展进入换挡升级的关键时期，国家下决心出清落后剩余产能，将创新发展摆在首要位置，加快推动工业发展转型升级。在此形势下，2015 我国工业发展正值转型升级的阵痛期，整体上工业企业平均利润增长同比下滑，特别是投资下滑拖累企业总体 IT 支出增长停滞，影响工业软件产业规模增速有所放缓。但与此同时，工业领域中技术密集行业对信息技术的理解和应用逐渐加深，特别是轨道交通、航空航天、能源电力、装备制造等重点领域把新型信息技术的应用和融合作为转型升级的主要驱动力，纷纷加大了对智能制造、协同管理等软件服务和平台等的投入，对工业软件市场规模增长形成了有力支撑。

## （二）结构特点

市场结构方面，研发设计类软件市场迎来快速增长期，特别是在军工、航空航天、轨道交通等重点行业的带动下，高端设计和分析软件市场规模增长加速，同比增长超过25%；传统占据工业软件市场主要份额的ERP、CRM等管理软件加快向基于云平台的轻量化服务模式转变，带动用户数量和行业覆盖面大幅拓展，尤其是大量中小企业开始通过智能手机等移动智能终端接入和使用各类管理软件服务，市场长尾效应初步显现；工业控制类软件和系统解决方案在电力、轨道交通、装备制造等行业实现稳定增长，工业互联网、智能工厂解决方案等新兴领域快速崛起。

## （三）市场特点

以重点行业应用为导向，工业软件行业解决方案带动工业企业加快服务化转型。工业云等新型工业软件解决方案在重点行业企业成功落地应用后，数据在软件平台上的快速流动使得企业对市场、研发、生产等业务和资源的全局控制能力大大提升，企业决策和执行变得更加准确和敏捷，市场地位存在既有优势的企业甚至可以借助工业软件平台和云计算技术，增强对社会化资源的掌控和影响力，催生出更多有趣的商业模式。如海尔通过出售带有智能APP交互功能的烤箱产品（后台是工业云平台支撑），在原有的商品售卖盈利模式之外，开拓出烘焙社交、烘焙菜谱和食材电商等新商业模式。青岛红领利用软件平台打通零售端、工厂和供应链，发展出平民百姓可定制服装的新模式，使得服装定制不再是少数高端人群独享。三一重工自身实现了工业互联网应用后成立了子公司三一智能，向其他制造企业提供工业互联网集成和咨询服务，从制造业拓展业务进入信息服务业领域。设计软件企业数码大方则与数控家具生产设备厂商铭龙科技合作推出可在手机上定制板式家具的移动APP"智慧工匠"，后台利用云平台接受订单并生成可执行的加工文件后传送至专用自动化生产设备加工，由此实现用户定制化需求和家具工厂的对接，两家分别来自软件和装备制造领域的企业，合作拓展出撮合提供定制家具的新服务模式，将来还可能踏入更多行业。

各类管理软件用户覆盖面拓展至广大中小企业。随着移动互联网和智能手机的应用逐渐普及，我国大量中小企业积极从移动端接入应用各类企业管理工具，包括订单管理、人员管理、财务管理、物流信息查询等，这些服务大多以云服务模式提供，部署灵活，企业支付的租用费用低廉，并且与移动电商和移动支付有机融合，受到我国大量小型加工企业和跨境贸易企业的欢迎。管理软件的广泛应用有力提升了中小企业的精细化管理水平，特别是在当前整体出口形势低迷的大背景下，我国中小企业借助信息技术的应用更加提升了自身适应市场变化的敏捷能力，充分发挥船小好掉头的优势，在 2015 年出口贸易方面超过国企和外资企业，在我国 2015 年对外贸易总额中的占比超过一半。

## （四）技术特点

面向智能工厂的 ERP 与 MES 集成成为工业企业整合各信息系统的切入点。按照传统信息化思路，企业资源管理 ERP 和生产执行系统 MES 分属不同管理层面，其中 ERP 主要应用于企业上层的全面经营管理，如控制企业行政管理和商务流程等，而 MES 则是面向车间和生产线的生产制造管理系统，可记录生产过程信息与技术参数，并优化生产执行。与 ERP 相比，MES 的数据具有更强的动态特性，反映了不同时间内生产线的工作状态，如生产产品的数量、质量情况，生产机器和设备的状态、故障及其原因等。随着企业信息化程度的提高，特别是智能制造的发展，企业打通管理和生产全数据链的需求日益迫切，将 MES 数据集成反馈到 ERP 能够有效提升企业管理的动态响应水平，提升市场响应能力。数据集成驱动功能集成，在智能制造发展的需求推动下，ERP 和 MES 系统区别正在逐步淡化。在近期推出的平台类管理软件产品中，企业层面 ERP 管理的功能也开始用于车间的生产管理，而原来 MES 系统的部分典型功能将在 ERP 系统中执行。如，ERP 系统在制定整个企业计划报表过程中，如果产能有约束，MES 则可提供根据有限能力的生产计划方案供 ERP 选择。总的来说，MES 系统对生产过程的管理更加精细，与 ERP 粗线条的管理与有很强的互补性，相互协调的且根据具体应用要求量身定制的集成软件平台已经受到市场的欢迎。

更多企业采用云计算技术部署工业软件服务和数据服务。大型工业企业重视云计算平台在跨部门、跨区域、跨供应链伙伴间的协调作用，对于基于私有工业云的业务资源协同平台的部署步伐加快。同时，在重点产业聚集地区，面向中小企业的公共服务云平台加速推广，成为管理软件市场交付的重要方式。云平台的落地应用正在加速工业数据的集成汇总，为工业大数据发展提供了重要的资源池和测试床。

# 第七章 信息技术服务产业

## 一、发展情况

信息技术服务产业是软件产业和信息技术服务业的重要组成部分，可分为信息系统集成服务、信息技术咨询服务、数据处理和运营服务、集成电路设计及其他信息技术服务等。

### （一）产业规模

2015 年，在国家政策、社会需求和产业资金不断改善和发展的驱动下，国内信息技术服务业保持平稳较快发展，增速高于软件产业整体增速。根据工业与信息化部数据，我国信息技术服务业实现业务收入 2.2 万亿元，占软件产业比重达到 51.4%。

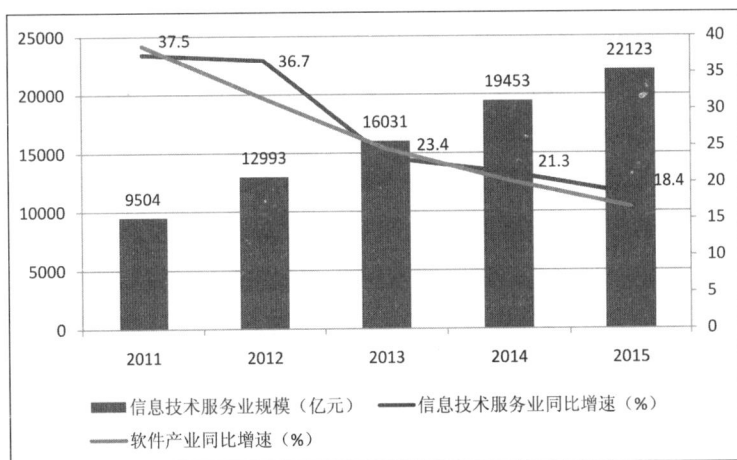

图7-1 2011—2015年我国信息技术服务业规模及增速

资料来源：工业和信息化部运行局，2016 年 2 月。

## （二）产业结构

2015 年，在产业规模持续较快增长的同时，产业链向高端不断延伸。新兴业态和模式创新推进电子商务消费需求与跨领域业务的增长，电子商务平台服务（包括在线交易平台服务、在线交易支撑服务在内的信息技术支持服务）成为产业增势最突出的细分领域，收入增长 24.7%，增速高出全行业 7.2 个百分点。受运营互联网化的带动，运营相关服务（包括在线软件运营服务、平台运营服务、基础设施运营服务等在内的信息技术服务）保持快速增长态势，收入增长 19.1%。集成电路设计实现收入 1449 亿元，同比增长 13.3%。其他信息技术服务（包括信息技术咨询设计服务、系统集成、运维服务、数据服务等）收入增长 17.8%，增速较软件产业整体高 1.2 个百分点。

## （三）产业创新

2015 年，信息技术服务业创新能力持续增强，企业服务能力不断提升。骨干企业不断加大科研投入，在技术创新和服务研发方面取得不错的进展和突破。新兴技术专利领域，虽然国际 IT 巨头依据其传统 IT 优势占据领导地位，国内企业积极跟进，专利申请量高速增长，在云计算分布式技术、云资源管理等领域形成较多积累。平台化和众包研发成为重要服务模式创新，如中软"解放号"IT 服务众包平台等。

信息技术服务扎根于传统行业信息系统建设，加快向更多领域深度渗透，促进传统工业、现代服务业等改造升级，为提升社会管理和公共服务水平提供了技术支撑。移动医疗、电子政务、车联网等服务平台不断涌现，深刻变革大众消费领域传统业务模式和商业模式，加速推进了各类服务资源均衡化和便利化。

表 7-1　2015 年信息技术服务领域主要技术与产品创新

| 序号 | 企业 | 主要技术/服务创新 | 主要特点 |
|---|---|---|---|
| 1 | 百度 | 车联网解决方案 CarLife | 以百度地图为核心，为用户提供路线规划、实时停车位查询、电子狗、实时路况、室内外无缝导航等服务。 |
| 2 | 东华 | 东华云管理系统 | 该系统是东华软件自主研发的企业云管理平台，可实现云资源交付管理及云服务交付管理。 |

（续表）

| 序号 | 企业 | 主要技术/服务创新 | 主要特点 |
|---|---|---|---|
| 3 | 东华、华为 | 数字化医院解决方案 | 该方案以华为服务器、FusionSphere云平台、OceanStor融合存储双活方案为ICT基础平台，搭载东华iMedical应用系统。经测试，在任何部件故障的情况都可以进行自动切换，业务不中断，保障医院业务连续性。 |
| 4 | 中软 | "中小企业互联网+加速器"产品服务模式 | 基于"解放号"IT服务众包平台资源支撑，为中小企业提供基于腾讯微信企业号的公共服务直达、企业IT轻应用、企业IT需求定制开发、政府企业服务等一系列信息化产品和服务。 |
| 5 | 软通动力、华为 | 智慧广场及能效管理解决方案 | 智慧广场方案整合了华为室内数字化小蜂窝解决方案、网络业务能力开放平台及软通动力基于开放平台开发的智慧广场应用，提供室内导航、精准信息推送、客流统计与分析等增值业务。能效管理方案通过部署各类传感器设施，并应用统一的能效管理平台，为楼宇、路灯等城市场景提供能耗统计和策略控制。 |
| 6 | 中软、华为 | 中软国际—华为烟草云平台解决方案 | 该解决方案将烟草行业原有的数据处理方式与云计算等新技术相结合开发完成，包括系统集成和虚拟化环境建设、开发与实施行业云管控平台、完成相关行业决策管理系统的迁移以及相关标准规范的制定工作等。 |

资料来源：赛迪智库整理，2016 年 2 月。

### 表 7-2　2015 年信息技术服务领域重要应用情况

| 序号 | 重要应用 | 主要内容 |
|---|---|---|
| 1 | 宁波云医院 | 宁波市政府与东软合作共建本地医疗基础设施平台。首批接入平台的基层医疗机构共100家，签约的专科医生、家庭医生226名，首期线上开设高血压、糖尿病、心理咨询、全科医生等4个"云诊室"。平台与宁波本地连锁药店等第三方机构实现互联。 |
| 2 | 沈阳社保卡网上购药结算平台 | 全国首个面向社保卡网上购药的解决方案。通过该平台，本地居民可以享受网上购药、配送中、社保卡移动结算的便捷服务。 |
| 3 | 北京政务云 | 政务云平台将为用户单位提供六类服务，包括基础设施服务、互联互通服务、应用支撑服务、业务应用服务、安全服务和运维服务。此次政务云建设采用2家云服务商竞争、互备模式，是政府内部大规模应用云服务的新尝试。 |
| 4 | "新北京网"城市综合信息服务平台 | 该平台采取公司化运营、民办公助的PPP模式，由北京市经信委指导，神州数码负责建设和运营。支持通过多平台获取100项融合政务服务、1000项基础政务服务。 |

（续表）

| 序号 | 重要应用 | 主要内容 |
|------|----------|----------|
| 5 | 智慧无锡一中心四平台 | 该顶层设计架构模式由城市大数据中心和基于中心实现信息采集、数据存储、业务应用等业务的四平台组出。截至2015年底，已入库37个部门的1.78亿条数据。在政务数据共享及应用创新、服务提升及管理精细化方面，具有开创性和领先性。 |
| 6 | 北京军区总医院电子处方 | 国内首家医院实现电子处方社会化，用户可以通过阿里健康APP平台进行电子处方同步、询价购买等操作。 |

资料来源：赛迪智库整理，2016年2月。

# 二、发展特点

## （一）规模特点

业务收入保持较快增长，产业地位及作用进一步凸显。2015年信息技术服务业实现业务收入2.2万亿元，同比增长18.4%，增速相较传统软件产品和嵌入式系统软件分别高出2和6.6个百分点。产业保持平稳较快增长，基于移动互联网、物联网、云计算、大数据的新业态、新业务、新服务快速发展，带动产业链向高端不断延伸。市场空间潜力巨大，已成为市场需求热点和企业业务拓展的重要方向。随着信息技术服务业与社会各行各业间的跨界渗透的广度不断扩大，产业对国民经济社会发展的引领和支撑作用进一步凸显。

## （二）结构特点

电商平台服务收入增长突出。在我国电商强劲增长的驱动下，围绕电商平台的各类服务发展迅速。面向客户体验、企业效率和价值提升，电商平台服务（包括在线交易平台服务、在线交易支撑服务在内的信息技术支持服务）充分运用新一代信息技术，如移动技术、大数据分析、云技术等等提供集约化、一体化服务。如用友"电商通"服务作为一款面向电商卖家提供订单和仓管发货管理的服务，上市一个月内客户数已经达到数百家，"双11"日中日处理订单量接近百万。同时，电商企业纷纷投资收购相关技术及产品服务，为自身移动电商及数据分析提供补充，提升电商服务水平，力争把握当前不断膨胀的线上线下融合机遇。

公有云服务迎来高速发展时期。2015年，公有云服务步入务实发展的关键阶段，业务发展快速，云市场总体规模直线攀升，逐步覆盖消费市场、企业级市场和政府公共行业。2015年第三季度，阿里云营收6.49亿元，增速达到128%，成为阿里巴巴集团内增长最快业务。国内公有云市场竞争不断升级，微软、IBM、亚马逊AWS等国外巨头接连落地，国内的阿里云、腾讯云等云服务提供商和三大电信运营商纷纷发力。公有云服务逐渐成为经济社会发展过程中信息技术应用的重要基石，催生工业云、政务云、医疗云等细分领域服务，同时带动产业链其他应用服务加速发展。

## （三）市场特点

系统集成业务加快向云转型。随着云计算、大数据技术和商业模式的进一步成熟，相关服务应用快速普及，系统集成服务全面转向云端发展，以响应企业客户互联网转型需求，降低企业IT运营成本。越来越多的行业信息技术解决方案采用云平台作为IT基础平台，进行系统集成和平台搭建，并提供系统迁移业务，保障用户业务连续性。骨干企业纷纷加速业务转型，结合自身在特定行业多年的经验，强化其定制能力和云计算、移动互联网相关的研发能力，加强与产业链上下游开展合作。同时，在网络化、移动化席卷产业的当下，信息安全成为企业最为关注的焦点。

线上线下融合（O2O）服务受到广泛关注。云计算、大数据、物联网、移动互联网等信息技术相互交叉融合，为信息技术服务打开全新的业务领域，产生了基于位置服务（LBS）、移动社交等综合性应用。在信息技术应用创新的支撑下，智慧交通、智慧医疗、跨境电子商务等一系列O2O服务受到广泛关注，地理信息、车联网等相关支撑技术成为市场投资热点。高德推出"LBS+"战略，主要包括互联网地图基础服务、位置云服务、基于位置大数据的分析及决策。

服务外包面临机遇与挑战。2015年，我国外包服务出口增速连续多月下降，前三季度同比增长2.5%，增速低于上半年2.4个百分点，低于去年同期17.1个百分点。在结构调整和成本上升的压力下，服务外包业面临新的机遇和挑战。2015年上半年，来自"一带一路"沿线国家和地区的大额合同总体保持上升趋势，服务市场成长较快。随着国家"一带一路"战略推进，信息技术服务作为企业实现全球化战略的重要配套，也将为中资企业出海以及国际化研发经营网络的建设提供支撑，这对服务外包企业开发技能、管理水平等各方面有更高要求。同时，新一代信息技术的发展极大拓展服务外包的业务领域和层次，也倒逼更多的信息技术服务外包企业加快互联网转型。

## （四）企业特点

生态系统建设成为产业制高点。伴随信息技术产业融合化、一体化深入发展，生态系统建设的重要性凸显。开放平台是生态系统的重要组成部分，IT企业竞相通过开放平台建设积极布局生态系统建设，增强自身核心竞争力。华为、阿里云等龙头企业积极构筑基于云计算的信息技术生态系统，强调协同合作和开放共享，基于开放平台集聚企业和服务资源，建设由云运营商、企业客户、服务商组成的多边市场。

国际开放合作进一步强化。随着国家自主安全可控战略不断推进，国外IT巨头积极与国内企业开展战略合作，以期进入中国市场。甲骨文与腾讯云达成合作，依托后者将其企业级云解决方案引入国内，推动两者产品服务的融合与联合创新。亚信科技收购趋势科技在中国的全部业务，包括核心技术及知识产权100多项，同时建立独立的网络云安全技术公司，整合亚信原有的通信安全技术与趋势科技云安全、大数据安全技术。

表7-3　2015年信息技术服务领域主要投融资情况

| 序号 | 企业 | 并购/投资金额 | 并购/投资企业 | 并购/投资细节及可能的战略目的 |
|---|---|---|---|---|
| 1 | 阿里巴巴 | 未公布 | Visualead | 阿里巴巴参投以色列企业Visualead。Visualead能够帮助小型企业通过其在线服务生成QR码，而且相比于普通的黑白QR码，Visualead能够将图像嵌入到QR码之中。该企业QR码技术将为阿里巴巴移动营销服务提供补充。 |
| 2 | 京东 | 13.3亿港元 | 金蝶 | 京东出资认购金蝶约10%股份。两者达成战略合作伙伴关系，共同为中小企业提供基于云服务的ERP整合解决方案。重点向两方面加快创新发展，一是电子商务及仓储物流解决方案，京东的电子商务和物流IT方案与金蝶领先的ERP解决方案相集成，提升京东电商服务水平；二是云服务业务，双方将推动企业解决方案向云平台迁移，加快企业级移动应用发展。 |
| 3 | 太极 | 5880万元 | 金蝶中间件 | 太极战略投资金蝶中间件，将有助于实现公司在通用中间件产业上的布局，完善自主可控产业体系。通过金蝶中间件与太极行业应用解决方案的集成适配，能够提升整体竞争力，并有效提高太极平台软件支撑能力，有助于提升应用解决方案开发部署效率和稳定性。 |

（续表）

| 序号 | 企业 | 并购/投资金额 | 并购/投资企业 | 并购/投资细节及可能的战略目的 |
|---|---|---|---|---|
| 4 | 阿里巴巴 | 60亿元 | 阿里云 | 阿里巴巴对其旗下云计算平台阿里云增资用于国际业务拓展，云计算、大数据领域基础和前瞻技术的研发，以及DT生态体系的建设。截至2015年，阿里云在中国香港、美国硅谷和新加坡设有数据中心，未来将在日本、欧洲、中东等地设立新的数据中心。 |
| 5 | 腾讯 | 未公布 | Sensewhere | 腾讯对室内定位初创企业Sensewhere战略投资，并获得使用后者室内定位风月无涯的许可，将其用于腾讯地图定位SDK中，服务腾讯旗下众多移动平台。Sensewhere能够通过WiFi或者蓝牙，提供GPS卫星定位所无法精确定位的位置数据，并利用众包模式，能够实现低成本高效的定位。 |
| 6 | 腾讯 | 9000万美元 | Practo | 腾讯领投印度医疗信息提供商Practo。Practo为用户提供医生等专业信息的在线搜索工具，并根据用户的地理位置、咨询费和其他指标筛选信息。同时为医生提供Practo Ray付费服务，帮助诊所对排班、库存、账单和各类服务进行数字化处理。 |
| 7 | 华为 | 2.4亿港元 | 中软 | 中软与华为签订股份认购以及收购协议。中软国际是华为最大的外包服务供应商，华为的入股使得双方由合作伙伴升级为战略协同关系。此前，中软的华为业务主要集中于企业的外包层面，随着华为战略入股，双方合作深入到IT外包、企业云、行业联合创新、工业4.0、金融大数据等主要新服务领域。 |
| 8 | 飞利信 | 22.5亿元 | 精图信息、杰东控制、欧飞凌通讯 | 2015年中关村十大并购案例之一。飞利信收购三家公司各100%股权。其中，精图信息主要业务是为智慧城市领域提供空间信息平台，取得领先地位的智慧城市细分领域包括数字地名综合系统、应急管理指挥系统、综合地下管线管理信息系统等。 |
| 9 | 太极 | 20.9亿元 | 宝德计算机、量子伟业 | 太极分别以16.7亿元和4.2亿元收购两家公司各100%股权。宝德计算机是云基础架构提供商，主要从事服务器、存储及私有云产品研发生产、销售和服务。量子伟业是档案管理软件和档案数据服务提供商，主要为大型企业、金融保险、政府部门等提供档案管理软件及档案管理业务流程外包（BPO）等服务。 |

资料来源：赛迪智库整理，2016年2月。

# 第八章　嵌入式软件产业

## 一、发展情况

### （一）产业规模

由于智能终端全球出货量增速放缓，物联网、智能硬件等新兴领域尚未形成成熟产品形态等不利因素影响，根据工业和信息化部发布的统计数据，我国嵌入

表8-1　2013—2015年中国嵌入式软件市场规模（单位：亿元）

|  | 2013年 | 2014年 | 2015年 |
| --- | --- | --- | --- |
| 市场规模 | 4680 | 6457 | 7077 |
| 同比上一年增长 | 17.2% | 24.3% | 11.1% |

资料来源：赛迪智库整理，2016年3月。

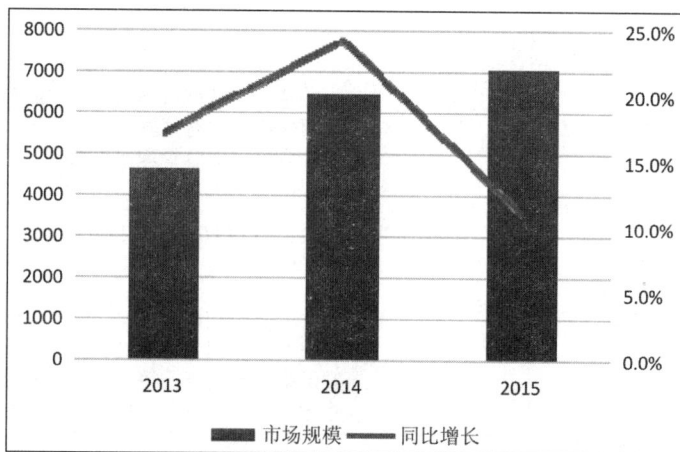

图8-1 2013—2015年中国嵌入式软件市场规模（单位：亿元）

资料来源：赛迪智库整理，2016年3月。

式系统软件 2015 年总共实现收入 7077 亿元，同比增长 11.8%，增速比上年同期大幅回落 13 个百分点，并且低于软件和信息服务全行业 16.6% 的平均增速水平。考虑到全球通缩压力消费放缓的大趋势，以及智能手机、平板电脑等产业经历爆发后进入平稳缓降区间，我国嵌入式软件系统产业规模保持上述增长速度已属不易。

### （二）产业创新

移动智能终端操作系统保持快速迭代创新，应用范围不断拓展。2015 年，谷歌安卓和苹果 iOS 两大阵营继续占据全球市场主导地位，两家合计占有市场份额高达 97.7%，其余 2.3% 为阿里 YunOS、微软 WP 等操作系统。安卓系统仍是全球应用范围最广的操作系统，根据谷歌公司最新公布的法律文件，安卓系统已经为谷歌公司创造营收 310 亿美元，其中利润高达 220 亿美元。从我国市场的情况看，国产移动智能操作系统也有长足发展。据统计，2015 年我国智能手机市场，安卓系统份额约为 81.36%，苹果 iOS 系统份额约 11%，阿里 YunOS 份额约为 7.10%，说明 YunOS 已经成为国内第三大移动操作系统，根据阿里公开宣布的数据，截至 2015 年 12 月，阿里 YunOS 操作系统安装量累计突破 4000 万部终端，并与运营商、国内手机厂商等建立了不同程度的合作关系，生态体系正在加速扩展当中。同时，主打安全功能的元心 OS 也宣布联合芯片厂商展讯推出"紫潭"安全手机方案，相关的手机已经量产。元心 OS 基于 Linux 内核研发，符合 EAL4 级国际安全标准，支持虹膜识别、国产身份认证体系、数据隔离等安全防护技术，并采用展讯自主研发的安全芯片，从而在软硬件方面均实现国产化的安全支持。另一方面，移动终端操作系统的应用范围也从智能手机、平板电脑向智能汽车、可穿戴设备、智能硬件等新兴领域拓展，谷歌先后推出 Android Auto 和 Android Wear，苹果推出 Car Play 等，国内阿里巴巴也与上汽集团围绕基于 YunOS 在网联汽车方面的应用和生态开展战略合作。

物联网应用创新活跃，但仍处在试错阶段。2015 年，苹果、华为先后发布智能手表产品并获得好评，带动智能手表和手环市场回暖，其中轻量化的操作系统和应用生态是创新的关键领域。从 2015 年的总体情况看，硬件发展迅速而软件仍需试错积累等待爆发，但大多数智能可穿戴设备功能简单。新型的智能手表虽然性能强劲，但基本还是作为智能手机的附属品而存在，市场上还没有出现针对可穿戴应用场景的杀手级应用。即使是作为业界旗舰的苹果 Apple Watch，其应用体验也尚未成熟，同时价格较高。苹果公司的市场姿态倾向于将智能手表打造成时尚奢侈品，也侧面印证了手表作为新型智能终端的应用场景还不清晰。华为后来发布的华为Watch同样引起较多关注，但也面临价格偏高，应用场景较少的局面。我国市场上还出现了一些面向特定应用的可穿戴产品，如可接打电话的儿童手表、带有社交分享设计的计步手环等，显示出大批厂商的试错心态。总体看，物联网在2015年发展大幅提速，硬件产品纷纷落地，软件创新活跃，新的突破正在孕育之中。

虚拟现实技术进入普通消费市场。虚拟现实2015年成为业界关注的热点概念，国外IT巨头围绕虚拟现实技术的大手笔投资并购可能是催生关注热度的重要原因之一。从市场发展的角度看，虚拟现实设备已经进入消费市场，各式眼镜、头盔纷纷面世。仅我国市场上，就出现了蚁视ANTVR推出全兼容虚拟现实套装，奥图科技发布增强现实智能眼镜，上海视辰信息发布免费AR引擎，暴风科技推出配合影音播放器使用的魔镜，乐视推出VR头盔等，一时间VR成为市场年度热词，据说小米、华为等主流手机厂商以及腾讯、优酷、爱奇艺等主流视频网站也已宣布有计划推出VR设备。但与物联网应用在我国的现状及其类似，虚拟现实领域也出现了软件落后于硬件发展的局面，支持硬件设备的操作系统和应用生态尚未形成，各厂家的设备只能与自家播放器兼容，其上支持的游戏及影视内容也较少。相比于国外着眼于布局下一代计算平台而高度重视虚拟现实技术而言，国内的虚拟现实厂商围绕硬件为主的发展正陷于同质化竞争，软件创新将成为突破瓶颈的关键。

智能汽车软件平台迎来发展暴涨。2015年，智能交通发展出现新的局面，从之前由IT企业高调推进转变为汽车厂商主动拥抱。在刚刚结束的CES展上，大众、奔驰、奥迪、福特纷纷推出车联网、无人驾驶等概念车型，芯片领导厂商英特尔也宣布正式推出智能汽车系统，苹果在非官方渠道传出正在开发智能汽车的消息。智能汽车软件平台涉及车载、车控操作系统以及各类嵌入式控制系统，是利用信息技术提升工业产品智能化的典型应用领域，我国车企和IT企业也纷纷积极跟进，如乐视已在美国建厂上马法拉第智能汽车项目，百度与宝马合作积极推进无人驾驶项目，阿里与上汽合作开发网联汽车等，资本正在这一领域加速集聚，刺激技术创新高速发展，市场即将迎来爆发。

智能家居发展提速。据统计，2015年我国智能家居市场规模已经突破1200

亿，巨大的市场中，软件开放平台是竞争的制高点，已经引起 IT 巨头的激烈争夺。如苹果推出了智能家居平台 HomeKit，谷歌推出 Brillo 物联网操作系统，三星旗下 SmartThings 发布了新一代智能家居开放平台，腾讯宣布构建 QQ、微信硬件开放平台的战略，京东推出"JD+ 计划"加速智能硬件的创新，阿里推出云生活馆平台推动 DT 时代 YunOS 的智能生态理念等。这些市场动作显示出智能家居领域的软件创新正在提速。按照互联网行业发展的经验规律，充分的市场竞争和迭代将加快生态体系的建立和标准的统一，当前智能家居产品之间互不兼容，操作体验不一致、无法形成系统性应用的局面有望被打破。

## 二、发展特点

### （一）规模特点

2015 年嵌入式系统软件增速的回调，是嵌入式设备市场正在发生结构性调整的重要标志。传统的嵌入式系统包括各类家电、手机等，这些行业由于全球面临通缩压力加速，出货增速趋缓，同时在互联网化的大潮下，被软件技术武装实现智能化的产品正在形成新的市场和商业模式。新旧转换之间，嵌入式软件系统市场的结构也从传统上以各类控制软件为主，向针对各应用场景的嵌入式操作系统、嵌入式数据库和嵌入式信息服务应用转变。虽然出现了增速的大幅回落，但嵌入式系统的应用范围大幅扩大，与互联网新业态发展更加密不可分，结构调整完成之后必将迎来新一轮高速发展，并成为我国软件产业发展的重要引擎。

### （二）结构特点

移动智能终端领域，Android 继续领先，苹果 iOS 次之，两家合计市场份额超过 97%。国内市场上，阿里 YunOS 累计激活量超过 4000 万，在智能电视和机顶盒上的激活量超过 2000 万，成为仅次于安卓和苹果的第三大移动操作系统。同时，华为和小米等公司根据 Android 系统深度定制各类 UI 随各自品牌的智能手机大规模发行，成为其内容和数据服务的重要载体。

工业控制领域，国外嵌入式软件系统产品仍然占据市场主要份额。风河公司产品占比超过 40%，包括嵌入式 Linux 产品和 VxWorks 等产品。另外，在我国市场上，西门子、ABB、施耐德、和利时、浙江中控等工业设备主流供应商在其销售设备中也打包集成了各类嵌入式系统，无法单独统计。华为、中兴等通信设备厂商也开发有各自的嵌入式软件系统随基站设备出售，并占据国内市场主导地位。

智能汽车电子，车控软件系统与汽车关键零部件紧密集成，基本上以 Bosch、大陆、马瑞利、德尔福等国外产品为主，我国普华软件可以提供符合 OSEK/VDX 和 AUTOSAR 标准的嵌入式软件系统产品，但仅在个别自主品牌车型上实现量产。车载应用软件系统方面，我国软件供应商实力较强，如阿里巴巴、腾讯、百度、科大讯飞、东软、四维创新等均可在移动终端、车载终端等平台上提供各类应用服务。

## （三）市场特点

在消费产品智能化发展提速的大趋势下，嵌入式软件系统涉及数据的入口和生态的掌控权，其重要性不断提升。但从竞争的角度，厂商更倾向于将战略级的嵌入式软件隐性化，即不对嵌入式系统单独计价或者直接免费开放给开发者使用，以此抢占生态体系制高点，谷歌通过安卓系统所收获的巨大盈利，正是各大企业将嵌入式软件系统隐性化谋求战略重大利益的典型体现。

虽然嵌入式软件系统不再单独计价甚至开源，但随着消费产品、各类设备的网络化、智能化水平不断提高，嵌入式软件系统几乎已经无处不在。仅从可知的范围看，其所覆盖的行业领域已经包括可穿戴设备、智能交通设施、智能装备、智能家居、医疗设备等，将来将向更多领域拓展。

## （四）技术特点

开源是嵌入式系统的最大技术特征。Android 和 FreeRTOS 已经分别成为业界最流行的分时和实时嵌入式操作系统，二者快速发展并最终上位的秘诀在于开源。开源使得操作系统能够获得广泛的硬件平台和设备支持，大幅度降低用户在硬件层的开发工作量，同时开源系统更容易形成完善的生态环境，使得用户开发应用功能的难易度大大降低。

嵌入式软件技术与云计算技术结合互补。这一轮嵌入式系统的大发展与云计算的成熟有着密切联系，大量终端功能的丰富都是以云端的计算资源作为重要支持。由此，嵌入式软件系统在技术上与必须重视与云端的连接和交互能力，并开始出现与人工智能、虚拟现实等技术的深度结合，推动了多领域的互联智能发展。

# 第九章  云计算产业

2015年，云计算在我国市场进一步落地，应用程度进一步深化，各环节企业加速创新。随着《促进云计算创新发展  培育信息产业新业态的意见》（国发〔2015〕5号）的出台和落实，我国云计算产业将继续保持快速发展的态势。

## 一、发展情况

### （一）产业规模

2015年，我国公有云市场规模达到100亿元。同时，云计算的发展也带动和促进了上下游电子产品制造业、软件和信息服务业的快速发展，据赛迪顾问预测，2015年我国云计算上下游产业规模超过2000亿元。

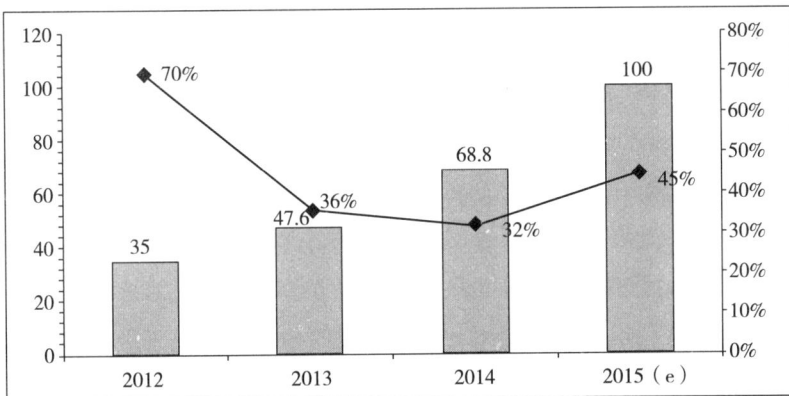

图9-1  2012—2015年我国公有云服务市场规模（单位：亿元）

资料来源：赛迪智库，2016年2月。

## （二）产业结构

据工业和信息化部数据，从公有云服务的三个类别来看，我国软件即服务（SaaS）市场规模最大，占比约为 55.3%；基础设施即服务（IaaS）规模占比约为 42%，是我国云计算市场中增速最快的细分领域；平台即服务（PaaS）市场规模占比最小，约为 5.2%。

# 二、发展特点

## （一）政策特点

2015 年，国务院发布《关于促进云计算创新发展　培育信息产业新业态的意见》（国发〔2015〕5 号）（以下简称《意见》），进一步推动云计算的创新发展，引发社会各界的广泛关注。《意见》从培育新业态、强化产业支撑、加强安全保障 3 个方面提出了 6 项主要任务。培育新业态方面：一是增强云计算服务能力，引导企业采用安全可靠的云计算解决方案。二是探索电子政务云计算发展新模式，鼓励运用云计算实现政务信息系统的整体部署和共建共用，大幅减少政府自建数据中心数量。三是加强大数据开发与利用，出台政府机构数据开放管理规定，开展改革试点和应用示范。强化产业支撑方面：一是提升自主创新能力，突破云计算和大数据关键核心技术，推动产业链协同创新。二是统筹布局云计算基础设施，加快信息网络基础设施优化升级，支持绿色云计算中心建设，避免云计算数据中心和相关园区盲目建设。加强安全保障方面：主要是研究完善云计算信息安全政策法规，加强评估审查和监测，支持云计算安全产品的研发生产和推广应用。

要促进云计算创新发展，培育信息产业新业态，是《意见》要达成的主要目标，也是当前和今后一段时间的重要任务。为此，《意见》提出了一系列操作性和实效性较强的政策措施，包括 7 个方面。一是营造良好市场环境，完善云计算服务的市场准入制度，开展云计算服务质量评估评测，逐步建立云计算信任体系。二是建立健全相关政策法规，完善互联网信息服务管理办法，加快制定信息网络安全法规，制定政府和重要行业使用云计算服务的相关规范。三是加大财税政策扶持力度，完善政府采购云计算服务的配套政策，明确相关适用税收优惠政策。四是完善投融资政策，引导设立创业投资基金，加大融资担保和信贷支持。五是建立健全标准规范体系，研究制定云计算技术、服务、设施和安全保密等方面的标准规范。六是加强人才队伍建设，重点培养和引进云计算领军人才，支持应用人才培训。七是推进国际合作，加强国际创新资源整合，积极参与国际标准制定。

## （二）布局特点

我国云计算产业已经初步形成京津冀区域、长三角区域、珠三角区域、西部区域、东北区域和中部区域等六大区域集聚发展的格局。

京津冀区域在云计算发展方面拥有区位、经济、信息产业基础、科技人才等优势。2015年，北京和天津、河北等地积极开展合作，依托中关村—滨海大数据创新战略联盟，加快打造"中关村数据研发—张北数据存储—天津数据装备制造"等上下游环节贯通的"京津冀大数据走廊"，成立中关村科技园区咨询投资有限公司，为合作共建园区提供规划咨询、开发建设支撑。设立中关村协同创新共同体合作基金，引导社会资本参与京津冀创新合作。通过品牌输出及运营管理经验输出，合作共建保定中关村创新中心，软通动力、华北电力大学等14家创新主体签约入驻。

长三角地区云计算产业发展呈现以上海为龙头，带动江苏、浙江两省重点城市快速发展态势，其中，上海、杭州、无锡代表长三角地区入选国家云计算五大试点城市。上海利用首批试点城市的先发优势，注重顶层设计，在组织协调、配套政策、资金支持、融资渠道、合作交流等多方面给予全面保障，并先后在产业基础较好，政策资源集聚的重点区域，布局云计算产业基地。无锡市通过建设10个云计算技术创新中心，建设10个云计算应用示范重点工程和服务平台，力争到2020年培育50家年收入上亿元云计算骨干企业和1000家"专、精、特、新"的云计算中小企业，云计算及相关产业规模达到1000亿元，打造云计算完整产业链。

珠三角地区物流商贸体系发达，信息基础设施比较完善，信息技术创新实力强，且信息化应用需求较高，是国内云计算产业比较发达的地区。广东省布局建设中国电信华南最大云计算数据中心、汕尾腾讯云计算数据中心、浪潮集团南方中心等大项目，实施云计算应用示范工程，制定云计算应用标准。全省形成了较为完备的云计算产业链条，在全省网上办事大厅、电子政务、智能交通、智能制造、健康管理等领域探索了一批较为成熟的云计算应用。

西部地区具有很大的发展容量和潜力，各城市正在积极布局云计算产业发展。

陕西省形成了以西安软件园、西咸新区大数据产业园为代表的云计算发展集聚区，推动软件信息服务产业始终保持每年 25% 以上的高速增长。重庆市的"云端计划"已初步形成了"数据处理 + 终端制造 + 研发设计"的产业格局。成都坚持以"中国软件名城"建设为产业发展抓手，规划先行，创新为本，加快园区与公共服务体系建设，提升产业发展的支持能力，为云计算、大数据、移动互联网、物联网、数字内容及娱乐等新业态发展提供良好的发展环境。

东北区域位于东北老工业基地，传统行业对云计算应用的市场需求广阔。黑龙江省重点推进云计算在电子政务、电子商务、智能交通、智能电网、公共安全、医疗、教育、科研、环保、社区服务、数字家庭等方面的示范应用，已取得初步成果。哈尔滨等城市积极发展数据中心业务、政务云应用、城市云应用等领域，正在带动东北地区云计算产业整体发展。

中部地区的科技、经济以及基础建设为云计算提供了良好条件，制造业等传统行业为云计算应用提供了广阔空间，云计算产业发展潜力巨大。武汉已经建设了云存储产业园区、云安全产业园区、云计算服务园区等云计算产业基地和创新基地，成为中部区域的领头羊。河南省从基础网络、数据中心、数据资源和行业应用等四个层面推动推进云计算大数据开放合作，有望成为中部云计算新的引领区。

## （三）市场特点

各省市加速推进云计算产业发展和政务应用。全国各地都在投身云计算和大数据的发展，并且普遍把智慧城市和民生应用领域的应用当作抓手，大力发展政务云、城市云和教育云、医疗云等，上马一系列相关项目。2015 年，各省市对云计算产业和云计算应的推动进一步加速。

表 9-1　2015 年我国各省云计算发展主要举措

| 省份/城市 | 举措/应用 | 简要分析 |
|---|---|---|
| 成都 | 云计算等项目将获专项补助 | 申报云计算、大数据及下一代互联网示范应用项目补助专项资金的项目，须是非政府资金建设且已投入运营的项目，或具有一定创新性的项目，或是按照下一代互联网标准实施的公众基础网络（含重要商业网站）升级改造的项目，或是有较高推广价值和较好商业发展前景的项目。成都市将按项目实际投入的 5% 给予一次性资金补助，单个项目补助金额最高不超过 100 万元。 |

（续表）

| 省份/城市 | 举措/应用 | 简要分析 |
|---|---|---|
| 内蒙古 | 用云计算治理城市病 | 内蒙古自治区政府与中国电信公司签署战略合作协议，将通过云计算治理"看病难、上学难、办事难"等城市顽疾。 |
| 福建 | 数字福建云计算数据中心开工建设 | 数字福建云计算中心一期（土建）工程日前在数字福建（长乐）产业园开工建设。该项目总投资7500万元，建筑面积1.23万平方米，建成后能容纳约1200个标准机柜，可满足未来10年所有省直部门所有应用系统的部署需求。项目计划明年1月底竣工，2017年上半年除涉密系统外，省直部门数据中心将全部迁入。 |
| 上海 | 利用云计算推动"互联网+"在沪加速落地 | 在"互联网+政府服务"方面，云计算和大数据可大大增加交通、旅游、商业、教育、社区、文化、公共事业缴费等领域的互联网应用场景，提升上海的智慧城市建设水平。上海市政府与阿里巴巴集团签署战略合作框架协议，双方将利用云计算技术，在数字化政府服务平台建设、金融创新、产业升级上发挥作用。 |
| 青岛 | 青岛海关云计算环境在全国海关首次实际落地 | 青岛海关成功在青岛建设北京、上海、广州3个云计算中心模拟环境，完成云计算环境在全国海关首次实际落地。该关全面梳理海关现有信息化资源存取模式，按照国际标准建设云计算平台访问工作流程，并规范软件开发和系统建设，汇总云计算建设技术指标，为海关应用系统在云端顺利部署、运行奠定基础。 |

资料来源：赛迪智库整理，2015年12月。

　　企业加速生态系统建设。信息技术产业的竞争正从单一企业竞争演进到以聚合生态圈协同效应的全产业链竞争，云计算商业模式也正在从"二维链"向"三维网"升级，形成数据驱动、价值互补、共创利他的多边平台型生态体系，这使得各环节企业纷纷开放平台或者战略合作，构建由一个或多个核心企业引领，每一个成员承担不同的功能，这些成员相互作用、共同发展，形成互惠互赖、共生共创的生态体系。

表9-2　2015云计算生态系统构建典型案例

| 企业名称 | 事件内容 | 简要分析 |
|---|---|---|
| 中国电信金山软件 | 双方将在云计算、数据中心、流量经营等领域开展深入合作。在云计算领域，双方将从IDC等底层基础资源合作，逐步上升至上层云产品和应用服务合作，在云主机安全、EBS（弹性块存储）领域及CDN领域加强合作；在流量经营领域，双方将在移动互联网、行业应用等领域深化合作，共同设计面向金山用户的流量合作产品。 | 合作有助于推动中国电信在云计算及移动互联网领域的发展步伐，整合和提升核心能力，也有助于推动金山集团"All-In云服务"战略发展。 |

（续表）

| 企业名称 | 事件内容 | 简要分析 |
|---|---|---|
| 中国移动百度 | 双方达成战略合作，共建新一代移动互联网云计算中心——百度亦庄新一代搜索数据中心（一期）。 | 这将成为业界首个针对移动互联网业务大规模部署的云计算中心。 |
| 腾讯 | 发布"云+计划"，推动"互联网+中国"进程。 | 腾讯提供三方面的连接能力，一是连接资源，腾讯提供众创基地，为创业者提供专业法律的咨询顾问、人才的招聘。二是资源连接，腾讯将把坐拥两个已经超过10亿月活跃用户的平台变成一个连接器的核心，在广点通的传播渠道提供用户精准画像的识别，帮助每个行业的创业者和服务者寻找最精准的客户。三是连接服务，腾讯把包括计算、存储、网络、CDN、音视频的通信能力，人脸识别能力以及安全的防护能力开放出来。 |
| 京东 | 13亿港元入股金蝶 | 京东将以13亿港元现金（约1.71亿美元）认购金蝶约10%股份。二者也将计划达成战略合作伙伴关系，为中小企业提供基于云服务的ERP整合解决方案。 |
| 新浪微博 | 与阿里云联手打造司法云平台 | 阿里云联手新浪微博，宣布推出司法云平台。通过互联网+云计算的方式，面向全国法院提供庭审视频微博直播服务，让全国上亿用户可以在线观看庭审直播过程，以公开促公正，提高司法公信力。微博司法公开业务已扩展至江苏、广东、浙江、湖北、安徽、西藏、北京、海南、吉林、云南、陕西、山东等十余个省份，近300家法院，累计播出案件超过一万场，预计到2015年底，将覆盖全国25个省份，接入法院1000家以上。 |
| 用友、阿里 | 在云计算领域全面合作 | 阿里巴巴与用友全面开展深入合作，聚焦于企业云计算、电子商务、大数据、数字营销等四大领域。云计算方面，用友旗下多款产品将逐步迁入阿里云，在云上向企业提供SaaS化的服务。 |
| 浪潮 | 启动"云图计划"同合作伙伴共同构建生态系统 | 启动面向云计算生态的"云图计划"，从技术整合、解决方案开发和本地安全服务三个领域入手，通过平等、开放的合伙人框架，构建融合、开放、安全、共赢的云生态版图。"云图计划"的实施，能够将不同领域的合作伙伴联合起来，为用户提供更完善的IT系统支持、更灵活的投资模型、更开放的IT环境。 |

资料来源：赛迪智库整理，2015 年 12 月。

# 第十章　大数据产业

## 一、发展情况

### （一）产业规模

2015 年，国务院印发了《促进大数据发展行动纲要》，提出了我国大数据发展的顶层设计，明确指出要全面推进我国大数据发展和应用，加快建设数据强国。随着国家文件出台，各地方省市进一步出台相关政策规划推动大数据发展，大数据在各行业的应用也进一步加快，市场规模增速明显。易观国际数据显示，2015年，我国大数据市场规模达到 102 亿元，同比增长 35.2%。

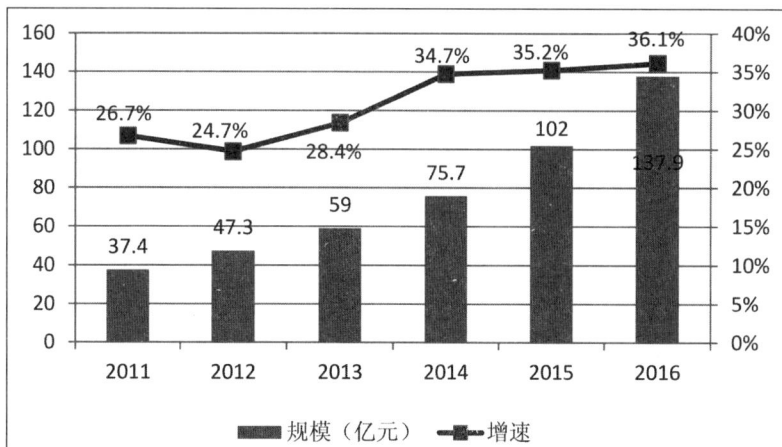

图10-1　2011—2016年我国大数据市场规模

资料来源：易观国际数据，2016 年 1 月。

### （二）产业发展热点

1. 国家政策密集出台推动大数据快速发展

中央和国务院高度重视大数据发展和其对经济转型升级的促进作用，今年相继出台的《中国制造2025》《国务院关于促进云计算创新发展 培育信息产业新业态的意见》《国务院关于积极推进"互联网+"行动的指导意见》《国务院办公厅关于运用大数据加强对市场主体服务和监管的若干意见》等文件，都将大数据作为支撑、引领各行业领域发展水平提升的重要抓手。《中国制造2025》提出促进工业互联网、云计算、大数据在企业研发设计、生产制造、经营管理、销售服务等全流程和全产业链的综合集成应用，实施工业云及工业大数据创新应用试点，建设一批高质量的工业云服务和工业大数据平台，推动软件与服务、设计与制造资源、关键技术与标准的开放共享。《国务院关于促进云计算创新发展 培育信息产业新业态的意见》中提出加强大数据开发与利用，充分发挥云计算对数据资源的集聚作用，实现数据资源的融合共享，推动大数据挖掘、分析、应用和服务。开展公共数据开放利用改革试点，重点在公共安全、疾病防治、灾害预防、就业和社会保障、交通物流、教育科研、电子商务等领域，开展基于云计算的大数据应用示范。

2015年8月31日，国务院正式印发了《促进大数据发展的行动纲要》，成为我国发展大数据产业的战略性指导文件。《行动纲要》的内容可以概括为"三位一体"，即围绕全面推动我国大数据发展和应用，加快建设数据强国这一总体目标，确定三大重点任务：一是加快政府数据开放共享，推动资源整合，提升治理能力；二是推动产业创新发展，培育新业态，助力经济转型。三是健全大数据安全保障体系，强化安全支撑，提高管理水平，促进健康发展。围绕这"三位一体"，具体明确了五大目标、七项措施、十大工程。并且据此细化分解出75项具体任务，确定了每项任务的具体责任部门和进度安排，确保行动纲要的落地和实施。

2. 开源成为大数据技术创新重要模式

大数据自诞生之日起，就表现出"开源"的基因。原有的闭源、专有、整体的硬件存储解决方案还不足以帮助企业用户应对非结构化数据暴增的冲击，而开源软件能够降低大数据带来的种种风险。开源解决方案允许用户利用成百上千的PC服务器，在数秒的时间内实现大数据各种应用服务，而用户只需要支付使用资源的小部分成本。

从大数据技术的发展历程上可以看出，大数据核心技术如分布式存储、云端分布式及网格计算均是依赖于开源模式，即通过开放式的平台，吸引全球开发者通过开源社区来进行代码的开发、维护和完善，从而集全球智慧推动大数据技术的不断进步，当前全球各大企业加大了对开源社区的赞助和智力投入，Hadoop、Storm 和 Spark 等开源技术是现在许多企业大数据策略的支柱。开源社区在大数据技术进步中将占据核心地位，开源模式将成为大数据技术创新的主要途径。

表 10-1　大数据领域典型开源项目及支持企业

| 开源项目 | 支持企业 | 具体内容 |
|---|---|---|
| Hadoop | Amazon Web Services<br>Cloudera<br>Hortonworks<br>IBM<br>MapR科技<br>Pivotal软件<br>Teradata | 能够对大量数据进行分布式处理的开源软件框架。 |
| Storm | 推特<br>雅虎<br>Groupon<br>百度<br>腾讯<br>阿里巴巴 | 用于处理高速、大型数据流的分布式实时计算系统。 |
| Spark | IBM<br>雅虎<br>eBay<br>推特<br>Amazon<br>SAP<br>Tableau<br>MicroStrategy<br>阿里巴巴<br>腾讯<br>百度<br>小米<br>京东<br>华为 | 采用内存计算，从多迭代批量处理出发，融合数据仓库、流处理和图计算等多种计算范式，运行速度比MapReduce快100倍。 |
| Hbase | Facebook<br>谷歌<br>华为 | 大数据管理平台，建立在谷歌强大的BigTable管理引擎基础上，具有开源、Java编码、分布式等多项优势。 |

资料来源：赛迪智库整理，2016 年 2 月。

### 3. 重点行业应用成效明显

2015 年，大数据在行业领域的应用进一步深化，尤其在金融、征信、医疗等领域，大数据应用取得了初步成效。金融风险管控领域，大数据已经成为反欺诈的重要手段。同盾科技、中智诚等企业基于多样化的机器学习模型、大数据关联分析和指标计算等，以云服务的方式为各行业提供网络反欺诈保护，提供更准确更全面的反欺诈服务，得到了资本市场的青睐，2015，同盾科技获得 3000 万美元 B 轮投资。征信领域，2015 年，央行批准 8 家机构进行个人征信业务，其中就包括阿里巴巴、腾讯等大数据企业，此类企业对用户在网上交易的行为数据进行采集、整理，再经过深度挖掘和评估，形成对客户的风险定价。医疗领域，深圳市儿童医院搭建信息集成平台，整合原有分散在多系统中的海量数据，实现各部门的信息共享，同时通过商业智能分析对集成数据进行深入挖掘，为医院各部门人员的科学决策提供全面辅助，提升了医院的服务水平和管理能力。医渡云公司与我国排名前 20 位中的 12 家三甲综合医院开展战略合作，覆盖全国 400 余家医院，打造"医度"这一医疗大数据平台，功能包括：数据获取、大数据存储和计算、机器学习和应用，专注于医疗数据处理和深度挖掘，为医生、医院、顶级科研机构和监管部门提供基于自然语言的病历搜索、辅助诊疗、循证医学科研等大数据技术服务。

### 4. 互联网企业积极参与政府大数据应用

面对大数据浪潮，互联网企业率先进行了大数据探索，对如何应用大数据积累了宝贵的经验。2015 年，互联网企业积极探索同政府部门合作，将这些大数据能力和经验应用于交通、旅游、经济预测等公共服务领域，助力政府服务能力提升。百度与九寨沟、四川旅游局、山东旅游局已达成合作意向，为景区及政企提供智慧旅游大数据解决方案。其中，九寨沟客流量预测能够辅助九寨沟景区进行安全管理、人流疏导，提升游客在景区旅游体验，已经取得良好效果。国家统计局也已与腾讯等互联网企业合作，构建由结构化数据和大数据为基础来源的现代化政府统计，生产更多、更好、更有价值的统计产品，为国家宏观调控、人民生活改善、社会福祉提升提供坚实数据支撑。

## 二、发展特点

### （一）创新特点

与云计算等领域紧密结合。掌握云计算技术的企业在发展大数据业务时体现出的竞争优势尤为明显。随着数据规模的快速增长和大数据应用的增多，在云端提供大数据服务（DaaS）已成为行业共识。谷歌、亚马逊、甲骨文、阿里巴巴、百度、Cloudera 等企业都在依托自身的云计算能力推动大数据发展。不具备云服务能力的大数据初创企业，往往要通过租用云计算企业的平台资源，才能提供大数据应用服务。

企业积极打造生态。开源技术的发展推动以企业为核心的生态向以技术为核心的生态发展模式转变，各类型企业，甚至是竞争对手也都在为打造同一个生态而努力，竞争格局由零和博弈转向竞合互补。例如，谷歌、微软、脸谱等企业都在支持 Hadoop、Spark、Storm 等生态发展，同时也分别与众多企业合作打造大数据垂直生态。

商业模式创新缓慢。大数据商业模式的创新还较多地出现在数据的存储、计算、分析和可视化等已相对成熟的环节，而令人期待的关系挖掘、沉淀价值利用、数据社交和跨界连接等模式尚未成熟。如利用数据关系挖掘，进行商业精准化服务和辅助管理决策的商业模式还缺乏实践。

### （二）政策特点

2015 年，随着《促进大数据发展行动纲要》的发布，我国各省市对大数据的推进力度进一步加强，通过相关政策、项目、技术和应用推动大数据发展。总体来看，各省市的主要举措包括以下五个方面。

建立组织机构。我国已有广东省、辽宁省、四川省、广州市、中山市、沈阳市、黄石市、兰州市、成都市等多个省市成立了大数据管理局等统筹协调大数据发展的机构，以便充分发挥政府领导的统筹决策作用、政府部门的引导带动作用，在整合利用各方资源的同时，突破传统观念、部门利益等限制，快速推进大数据发展与应用相关工作。

建立产业联盟。各省市积极引导建设以企业为主体,科研机构、高等院校、用户单位等参与的大数据产业联盟。联盟作为重要的中介机构和行业组织,其主要目标是加强对行业发展重大问题的调查研究,共同推进大数据相关理论研究、技术攻关、数据开放共享和创新成果应用推广,参与有关产业政策制定。产业联盟在建设大数据平台、推进大数据项目实施时能够发挥牵头推进的重要作用。

表 10-2　我国部分地方大数据产业联盟建设情况

| 序号 | 联盟名称 | 联盟工作内容 |
|---|---|---|
| 1 | 上海大数据产业技术创新战略联盟 | 目标是搭建大数据技术创新及产业应用合作交流平台,建立互利共赢、共同发展的合作关系。"联盟"作为《上海推进大数据研究与发展三年行动计划》的主要实施机构,将围绕产业技术创新的共性、关键和前沿技术开展合作,突破核心技术,形成产业技术标准,提升行业技术水平和综合竞争实力;实现联盟成员的创新资源有效分工、合理衔接,形成公共技术支撑平台;实行知识产权分享,促进国际、国内技术合作与交流,加速创新成果转化;联合培养专业技术人才,增强产业持续创新能力。 |
| 2 | 中关村大数据产业联盟 | 宗旨是把握云计算、大数据与产业革新浪潮带来的战略机遇,聚合厂商、用户、投资机构、院校与研究机构、政府部门的力量,通过研讨交流、数据共享、联合开发、推广应用、产业标准制定与推行、联合人才培养、业务与投资合作、促进政策支持等工作,推进实现数据开发共享,并形成相关技术与产业的突破性创新,产业的跨越式发展,推动培育世界领先的大数据技术、产品、产业和市场。 |
| 3 | 中关村大数据交易产业联盟 | 以推动数据资源开放、流通、应用为宗旨,努力构建中关村乃至全国大数据流通、开发、应用的完整产业链。主要工作包括建立大数据交易规范、制定大数据交易标准、研究建立大数据定价机制、研究建立大数据定价机制、发挥桥梁作用。 |
| 4 | 深圳大数据产学研联盟 | 开展深化产学研交流合作,推动公共服务平台建设、推动重点实验室建设、制定国家技术标准等一系列工作,致力于推动南山区乃至深圳市大数据产业的领先发展。 |
| 5 | 贵州大数据产业和应用联盟 | 汇聚政产学研用各界资源,共同推进面向应用的大数据相关理论研究、技术研发、数据共享、应用推广,形成开发合作、协同发展的大数据技术、产业和应用生态体系。 |
| 6 | 浙江省大数据应用技术产业联盟 | 集合浙江省技术、资源、资金等多方面的优秀力量,形成研发与应用企业间的交流、合作平台,共同解决联盟内企业面临的各种技术与资源的难题,充分保证大数据的科技成果快速有效转化。 |

（续表）

| 序号 | 联盟名称 | 联盟工作内容 |
|---|---|---|
| 7 | 山东大数据产业技术创新战略联盟 | 整合山东省内大数据产业研发的人才、科研、设备、存储、网络、计算、软件、用户等企业及团体的资源优势，形成联合开发、优势互补、利益共享、风险共担的产学研合作机制，推进大数据技术创新、业务模式创新和服务模式的创新，更好地实现大数据技术、应用和市场的整合，促进产业链上下游企业间的协同与合作，共同推动山东省互联网产业和软件与信息服务业的大发展。 |

资料来源：赛迪智库整理，2015年12月。

建设大数据资源平台。大数据资源平台主要用来存储各类可开放的数据资源，并提供资源管理、下载、共享等功能。在实际运作中，大数据资源平台可能表现为公共数据（资源）门户网站的形式（特别是对公众完全开放的大数据资源平台），例如"北京市政务数据资源网"（www.bjdata.gov.cn）、"上海市政府数据服务网"（www.datashanghai.gov.cn）。

表 10-3　国家及部分国家部委的数据资源库

| 负责部门 | 数据资源库内容 |
|---|---|
| 国家基础数据库 | 人口基础数据库、空间地理数据库、宏观经济数据库、组织机构数据库 |
| 工业和信息化部 | 工业行业标准库 |
| 国家工商总局 | 国家经济户籍库 |
| 公安部 | 人口身份信息数据库 |
| 卫生部 | 电子健康档案数据库、电子病历数据库 |
| 国土资源部 | 国土资源数据库 |
| 住建部 | 数字化城市管理信息系统数据库 |
| 农业部 | 种植业数据库 |
| 林业局 | 中国林业数据库 |
| 国家知识产权局 | 中国专利信息数据库 |
| 民航总局 | 电子客票数据库 |

资料来源：赛迪智库整理，2015年12月。

建设大数据交易平台。为促进企业（机构）间数据的流通、进一步发挥数据资源的增值作用，同时保护数据资源生产者、维护者的积极性，各省市纷纷试点数据交易所的建设，推动形成数据资产交易市场，以使得数据资源能够按照市场引导、价值驱动的方式在各利益相关方之间流动。

表 10-4 我国大数据交易中心建设情况

| 时间 | 省市 | 建设情况 |
|---|---|---|
| 2014年12月 | 北京 | "北京大数据交易服务平台"上线 |
| 2015年4月 | 贵阳 | 全国首个大数据交易所"贵阳大数据交易所"挂牌运营 |
| 2015年7月 | 武汉 | 东湖大数据交易所正式启动 |
| 2015年7月 | 武汉 | 长江大数据交易所揭牌 |
| 2015年10月 | 徐州 | 徐州大数据交易所挂牌成立 |
| 2015年12月 | 河北 | 河北京津冀数据交易中心成立 |

资料来源：赛迪智库整理，2015 年 12 月。

实施应用示范项目。开展应用示范是各省市推动大数据发展的有力抓手。上海市重点选取了金融证券、互联网、数字生活、公共设施、制造和电力等行业，提出建设金融大数据分析与智能决策支持系统、面向互联网的大数据分析和服务系统、数字生活大数据服务系统、公共设施大数据服务系统、制造业大数据系统，开展大数据行业应用研发，探索"数据、平台、应用、终端"四位一体的新型商业模式，促进产业发展。重庆市提出要在民生服务、城市管理和电子商务、工业制造、交通物流、商贸零售、金融、电信、能源、传媒等数据量大的行业，以及外包服务等重点领域开展大数据示范应用。北京中关村则提出，在科学计算、资源勘查、卫星应用、重大装备制造、现代农业等领域应用大数据，服务国家战略需求。鼓励在治理大气污染、缓解交通拥堵等方面探索基于数据驱动的精细化管理模式，促进首都经济社会发展。围绕现代服务业发展需求，推动大数据与商业、金融、文化、教育、医疗等领域相结合，提升产业内生创新驱动能力，加快商业模式创新，促进优质服务资源更广泛惠及民生。在工商、财政、税务、统计、社保、城市管理、公共安全等领域，推动大数据解决方案应用，搭建智慧城市大数据公共服务平台，加快中关村示范区智慧政务和城市管理物联网建设。支持基于大数据的网格化管理、安监与应急管理、疾病防控、环境监测、分布式能源利用等公共服务示范，以及在经济预测、公共政策制定等方面的示范应用。推进中关村示范区政务数据的挖掘、开放与共享，创新宏观经济和社会管理的研究分析模式，提高公共服务科学决策能力。

### （三）布局特点

我国大数据产业集聚发展效应开始显现，出现京津冀区域、长三角地区、珠三角地区和中西部四个集聚发展区，各具发展特色。

京津冀地区打造大数据协同发展体系。北京依托中关村在信息产业的领先优势，快速集聚和培养了一批大数据企业，继而迅速将集聚势能扩散到津冀地区，形成京津冀大数据走廊格局。高校、科研机构和企业、专业机构通过联盟等多种方式加强联合，产业协同创新氛围初步形成。

长三角地区城市将大数据与当地智慧城市、云计算发展紧密结合，使大数据既有支撑又有的放矢，吸引了大批大数据企业。上海市在数据开放方面步伐领先，并通过开展大数据创新应用比赛等方式推动大数据应用。南京依托智慧城市建设，与百度、阿里巴巴等企业深入合作，推动大数据在城市管理和民生服务领域应用发展。杭州利用较完善的基础设施优势、龙头企业带动和数据开放的扶持政策，使大数据发展与云计算有机结合。

珠三角地区在产业管理和应用发展等方面率先垂范，对企业扶持力度大，集聚效应明显。广东省在全国率先成立大数据管理局，大数据的政策环境、技术研发、龙头企业引领、行业应用等协同发展、互为支撑，推动产业进入良性循环。

中西部通过近年来的跨越式发展，已经成为大数据产业发展新增长极。贵州省先行先试，在全国范围内率先出台大数据法律法规，建立大数据交易所，并与国内其他园区、企业开展战略合作，积极引进大数据企业、互联网龙头、软件服务商，已经成为大数据发展的示范性地区。重庆市先后与阿里巴巴、九次方大数据、华硕云端和东华软件等公司开展战略合作，积极引进中兴、惠普、法国源讯、日本 NEC 跨国企业等国内外行业巨头数十余家。

### （四）投融资特点

1. 行业应用继续成为投融资热点

2015 年，金融资本热衷于投向掌握行业应用产品和服务的企业，或具有行业应用开发潜力的公司。其中，交通、健康、金融、教育、电子商务、娱乐等领域的融资并购频繁。

表 10-5　2015 年我国大数据领域融资并购部分事件情况（一）

| 企业名称 | 规模 | 事件概述 | 领域 |
|---|---|---|---|
| 闪银奇异 | 2000万美元 | 闪银奇异完成2000万美元融资，探索"大数据金融"新模式。 | 金融 |
| 艾漫科技 | 6000万人民币 | 国内影视大数据企业艾漫科技完成A轮超6000万人民币融资，由荣联创富基金和创势资本联合投资。 | 娱乐 |
| 百分点 | | 百分点收购软科Mediaforce布局大数据应用。 | 金融 |
| 美餐 | 1.4亿元 | 完成1.4亿元C轮融资，由大众点评领投，KPCB、NGP（Nokia Growth Partners，诺基亚成长基金）、挚信资本跟投。 | 餐饮 |
| 51信用卡 | 5000万美元 | 51信用卡以信用卡管理为入口，针对用户行为和需求进行分析，从而切入金融业务，获新湖中宝5000万美元B+轮融资。 | 金融 |
| 积木盒子 | 8400万美元 | P2P平台积木盒子获8400万美元C轮融资。 | 电商 |
| 东方国信 | 1810万英镑 | 东方国信公告拟以1810万英镑收购英国Cotopaxi Limited100%股权。旨在进一步加强在工业大数据领域的竞争实力。 | 工业 |
| 同盾科技 | 3000万美元 | 杭州同盾科技完成的B轮融资中获得由启明资本领投的3000万美金投资，资金已经全部到位，前两轮投资人宽带资本、IDG资本、华创资本及线性资本均跟投，本轮融资顾问为以太资本。 | 安全 |
| 华畅智慧 | 3.5亿元 | 贵州华畅智慧城市科技产业有限公司与贵州大学计算机科学与技术学院、贵州省标准化协会等单位分别签署了战略合作协议，该公司将在贵州省投资3.5亿元。致力智慧城大数据平台研发应用。 | 智慧城市 |
| 京东 | | 京东已投资美国基于机器学习算法的大数据分析公司ZestFinance，双方同时还宣布成立名为JD-ZestFinanceGaia的合资公司，合作开展大数据征信业务。 | 征信 |

资料来源：赛迪智库整理，2015 年 12 月。

2. 数据资源掌控成为投资新方向

数据资源是大数据产业发展的基础，掌控了数据资源，才有可能提供高端的数据分析挖掘产品及服务，从而获取更高的商业价值。2015 年，众多投融资事件的背后都反映了对数据资源的布局。

表 10-6  2015 年我国大数据领域融资并购部分事件情况（二）

| 企业 | 规模 | 投资方 |
|------|------|--------|
| 九次方 | 2亿元人民币 | 博信资本、IDG资本、德同资本、富凯投资等旗下基金 |
| 数据堂 | 2.4亿人民币 | 达晨创投领投 |
| 热云数据 | 5000万人民币 | 凌志汉理基金 |
| 聚合数据 | 2.18亿人民币 | 华人文化产业投资基金领投，京东等跟投 |
| 数据堂 | 2.4亿人民币 | 中航信投、海通证券、东方证券、浙商资管、青岛华通、安徽国富 |
| 九次方 | 5亿元人民币 | 博信资本、建银财富、当代集团、IDG资本等18家机构 |

资料来源：赛迪智库整理，2015 年 12 月。

# 第十一章　信息安全产业

信息安全是指保护信息、信息系统和网络的安全以避免未授权的访问、使用、泄漏、破坏、修改或者销毁，以确保信息与信息系统的完整性、保密性和可用性。信息安全技术是指用以保障信息、信息系统和网络安全的技术，包括密码技术、数据安全技术、系统安全和防护技术、网络安全技术等。信息安全产品是保障信息安全的软件、固件或硬件及其组合体，它提供信息安全相关功能且可用于或组合到多种系统中。信息安全服务是指为保障信息安全所需要的服务，包括信息系统安全分析评估、规划设计、测试、实施、运行和维护，以及相关的测评、预防、监测、响应、恢复、咨询和培训等服务内容。信息安全产业是指从事信息安全技术研究开发、产品生产经营以及提供相关服务的产业，涵盖了信息收集、处理、存储、传输和使用等信息生命周期的各个环节。

## 一、发展情况

### （一）产业规模

信息安全产业是保障国家信息安全的战略性核心产业，肩负着为国家信息化基础设施和信息系统安全保障提供信息安全产品及服务的战略任务。"十二五"期间，国家高度重视和大力扶持产业发展，我国信息安全产业规模保持快速增长，2015年，预计我国信息安全产业业务收入将突破1000亿元，达到1171.1亿元，是2013年486.7亿元的2.4倍，近三年来，我国信息安全产业规模年均增长率维持在55%左右。

表 11-1　2013—2015 年我国信息安全产业业务收入及增长情况

| 年份 | 2013年 | 2014年 | 2015年（E） |
|---|---|---|---|
| 业务收入（亿元） | 486.7 | 746.8 | 1171.1 |
| 增速（%） | 55.1% | 53.4% | 56.8% |

资料来源：赛迪智库整理，2016 年 2 月。

### （二）产业结构

信息安全产业结构趋于完善。2015 年，我国信息安全产品门类不断健全，进一步完善了涵盖数据传输安全、网络安全、数据安全、应用安全、计算机安全、安全管理中心（SOC）以及云安全等领域的产品体系。我国信息安全企业市场竞争力进一步增强，防火墙、防病毒、入侵检测、漏洞扫描等传统安全产品具备替代能力，网络与边界安全类、专用安全类等相关产品的功能、性能基本满足国内需求。从安全芯片、网络与边界安全产品、数据安全产品、应用安全产品到安全服务的信息安全产业链不断趋于完善。

表 11-2　2013—2015 年我国信息安全产业结构分布情况

| | 2013年 | 占比 | 2014年 | 占比 | 2015年（E） | 占比 |
|---|---|---|---|---|---|---|
| 产业业务收入（万元） | 4866994 | 100% | 7468515 | 100% | 11710631 | 100% |
| 其中：基础类安全产品 | 501326 | 10.3% | 879424 | 11.8% | 1393565 | 11.9% |
| 终端与数字内容安全产品 | 1275945 | 26.2% | 1409592 | 18.9% | 1943965 | 16.6% |
| 网络与边界安全产品 | 1254676 | 25.8% | 2347844 | 31.4% | 4087010 | 34.9% |
| 专用安全产品 | 763717 | 15.7% | 1154417 | 15.5% | 1815148 | 15.5% |
| 安全测试评估与服务产品 | 161764 | 3.3% | 277127 | 3.7% | 421583 | 3.6% |
| 安全管理产品 | 467769 | 9.6% | 635470 | 8.5% | 948561 | 8.1% |
| 其他信息安全产品及相关服务 | 441797 | 9.1% | 764640 | 10.2% | 1100799 | 9.4% |

资料来源：赛迪智库，2016 年 2 月。

### （三）产业组织

社会组织在产业发展中的作用日益凸显。2015 年 2 月，由中央网信办主办、中国信息协会承办的网络信息安全工作经验交流会顺利召开，该会议以"深化行业自律 净化网络空间"为主题，与会的 48 家企业签署倡议书，承诺将积极提升行业自身网络安全意识、加强行业自律自制，为净化网络空间和国家网络安全贡献力量。2015年5月，面向国内网络安全企业、团队以及高校的国家级网络安全赛事第一届"强网杯"网络安全挑战赛成功举办，该赛事旨在通过激烈的网络竞赛对抗，培养和提高国家网络安全保障能力和水平，发现网络安全领域优秀人才，提升全民网络空间安全意识和能力水平。

以企业为主体的产业组织实力不断增强。传统信息安全企业通过云计算、移动互联网等新业务安全应用模式创新快速成长，国内以百度、阿里巴巴、腾讯为代表的互联网龙头企业纷纷加强网络安全领域的布局，通过并购重组和加强信息安全技术研发提升自身网络安全防护能力。信息安全骨干企业的竞争实力和创新能力逐步提升，在国内信息安全产品和服务市场的竞争力明显增强。涌现出了一批特色相对突出、专业水平较高、创新能力较强的信息安全中小企业。骨干企业在国家基础信息网络和重要信息系统安全保障领域，中小企业在定制化产品、专业化服务、个人信息保护等方面，互补协同发展的局面已经初步形成。

信息安全产业联盟加速推进，产业链上下游资源整合更加密切。当前全球信息产业竞争已不仅是单一的产品、技术和商业模式的竞争，更是一种产业链和生态系统的竞争。2015年，在国家相关部门以及龙头企业的牵头统筹下，各大信息安全产业联盟相继成立，着力加强协调、整合产业链上下游资源，促进产业做大做强。2015年3月，由中国人民解放军信息工程大学与郑州信大捷安信息技术股份有限公司等11家信息安全企业在郑州市成立云安信息安全产业联盟，旨在抢抓信息安全产业发展的重大战略机遇，打造国内领先的信息安全产业集群，探索信息安全创新发展新模式。云安信息安全产业联盟将打造国内首个科技人文特色的信息安全产业生态小镇——云安小镇，逐步汇集大批以信息安全为核心、技术不断创新的高端信息技术企业和高等院校、科研机构。同时，还将推进信息安全教育培训，形成学历教育、职业培训和实训等完善的专业化教育培训体系。2015年7月，以微信为主要搭载技术平台，中国电子商务协会信息安全管理研究中心联合各方资源成立中国微商信息安全交易联盟，旨在应对当前微商安全交易面临的严峻挑战，整合资本、技术、人才等各种资源，研发推出微商产品追溯系统、微商投诉举报系统，推行微商从业人员培训标准，通过一系列有针对性的工作，来最大化地防范微商信息安全交易风险、保障微商信息交易安全、维护微商与消费者利益、加速中国微商行业标准化进程、促进中国微商行业健康稳定发展。

产业发达地区进一步加速推进产业发展进程。以四川省为例，作为全国重要的信息安全产业发展大省，全省拥有 100 多家从事信息安全产品研发、生产、系统集成和安全服务的国内领先企业，其中销售额过 10 亿元的企业 1 家，过 1 亿元的企业 6 家，从业人员 1.5 万余人。全省网络信息安全技术链和产品链齐备，拥有全系列网络信息安全产品 11 类 80 余种，包括通信保密及终端系列产品、身份认证产品、授权访问控制类产品、安全与存储软硬件产品、数据库管理系统产品等。此外，全省还依托电子科技大学、四川大学等，建立了网络信息安全学历学位教育和各种层次的人才支撑体系。2015 年 5 月，率先编制完成了《四川省信息安全产业技术路线图》，通过"市场需求、产业目标、技术壁垒、研发需求"的发展路径，确立了国产高性能密码替代、工控信息系统安全、云计算及大数据安全等 7 大重点领域、24 个技术壁垒，并确定了各自的技术发展模式。2015 年 12 月，正式发布了《四川省信息安全产业发展规划（2015—2020 年）》，提出"到 2020 年，产业规模达 1100 亿元，成为带动全省新时期经济转型升级的高端成长型产业"的发展目标，重点聚焦信息安全系统产品与应用、安全可靠终端及设备与相关制造业、安全可靠芯片与特色集成电路、信息安全软件与信息安全服务业四个产业方向，提出研发创新一批技术和产品、培育一批优势特色企业和重点建设三大产业基地三大主要任务。

## （四）公共服务

我国不断强化信息安全公共服务平台作用，推动国家级以及地方的信息安全公共服务平台基础设施建设。国家信息安全专项在各地支持建设了多个信息安全专业化服务平台，以提供信息安全咨询、安全测评与风险评估，信息系统的安全监控以及关键数据的容灾备份，网络服务软件安全性的评测服务，支撑了国家信息系统安全的整体建设。以移动互联网安全领域为例，工信部电子信息产业发展基金支持了智能移动终端软件质量及安全测评公共服务平台建设，建立了智能移动终端软件测评技术与规范体系，提高了测评服务能力，项目支持的公共服务平台已经投入使用，促进了我国移动终端软件产业的安全健康发展。

在标准制定方面，我国信息安全标准化工作有序推进，初步建立了信息安全标准体系框架，形成了覆盖信息安全基础、技术、管理、测评等领域一批支撑国家信息安全保障体系建设的国家标准，信息安全产品认证认可体系逐步完善。这一系列标准主要涉及信息安全基础、安全技术与机制、安全管理、安全评估以及保密、密码和通信安全等领域，为政府信息系统安全检查、信息系统安全等级保护、信息安全产品检测与认证及市场准入、信息安全风险评估、信息系统灾难恢复、网络信任体系建设、《电子签名法》实施、涉密信息系统安全分级保护和保密安全检查等各项涉及国家的信息安全保障工作，提供了有力的技术支撑和参考依据。在信息技术服务安全标准方面，重点主要规定在信息技术服务提供过程中各个阶段的安全管理要求，即事前预防、事中控制、事后审计以及整个过程如何持续改进，提出服务安全治理规范，并提出第三方安全审计指南，以确保信息技术服务安全可控。

## 二、发展特点

### （一）规模特点

当前我国信息安全产业规模继续保持高速增长态势，总体而言，信息安全产品服务化、网络化趋势将更加凸显，信息安全服务业务收入的比重将进一步增大，在信息安全形势日益复杂的大背景下，针对信息安全规划咨询、信息安全策略分析、信息安全审计服务、信息安全运维等服务需求更趋强烈，未来信息安全服务业务收入规模还将进一步扩大，后发优势将更加明显。

### （二）结构特点

随着信息安全产业发展进程不断加速，在信息安全技术和产品不断取得突破的前提下，信息安全服务也呈现出高速发展的态势。当前我国信息化的快速推进和信息安全形势的日益严峻，用户 IT 系统环境愈发复杂，被攻击的脆弱点与日俱增，安全产品简单累加起到的防护效果有限，安全服务在构建有效、全面、纵深的安全防护体系方面的地位和作用更加显著。信息安全服务需求量大幅提升，尤其是对信息安全测评、风险评估以及信息安全咨询、集成、运维等方面的服务需求日益增长。

在信息安全咨询、集成和运维服务方面，信息系统建设、安全管理、等级保护等方面的信息安全咨询及集成服务专业化程度不断提高。安全运维管理服务已逐渐将应急响应和系统维护、安全加固、安全检查等融为一体，并保持快速增长的发展态势。驻地安全运维服务、周期性巡检服务、渗透评估服务、安全加固服务等已成为安全运维管理服务的主要形式和重点方向。国内骨干信息安全企业已经建立了信息安全在线运维服务平台，具备了一定的网络化安全服务能力。

在信息安全测评和风险评估服务方面，信息安全测评和风险评估能力建设取得了明显成效，测评机构数量和人员稳步增加、机构能力和水平显著提高。在移动互联网、工业控制系统等新兴领域的信息安全测评服务发展迅速，测评能力日益提高。

在信息安全培训服务方面，随着政府、企业等机构信息安全意识不断提高，加强对信息系统及网络运维服务人员的安全技术培训，信息安全培训服务快速发展。越来越多的企业将信息安全培训服务的费用纳入企业的信息化成本支出，并列为企业信息化建设的重点工作。当前针对用户需求，提供个性化、特色化以及模块化的专业安全服务培训已逐渐成为信息安全培训服务的重要发展方向。

## （三）市场特点

随着我国信息消费的高速发展，越来越多加载各种应用的移动智能终端接入移动网络，给广大用户带来使用便捷的同时也带来了众多网络安全隐患，例如用户开通了网上银行、支付宝等移动支付应用，但密码管理安全防护等仍未加强，致使各种安全事件频频爆发。

政府和企业加大信息安全投入力度。政府和企业进一步落实国家相应的安全法律法规，政府企业市场将有更多项目资金推动信息安全产业的良性发展。2015年1月，中共中央政治局会议审议通过《国家安全战略纲要》，信息安全作为国家安全重要领域，其关注度上升到国家安全战略高度，有关部门将出台一系列优惠政策措施，为产业发展提供了良好契机。2015年6月，全国人大常委审议的《网络安全法》草案是作为《国家安全法》增加网络安全内容后专门针对信息安全做出的专门立法。《网络安全法》草案从保障网络产品和服务安全，保障网络运行安全、网络数据安全等方面进行了具体的制度设计。2015年2月，国家发展改革委发布了国家信息安全专项及下一代互联网技术研发、产业化和规模商用专项项目清单，共有105个项目入选。

资本市场对信息安全领域更加青睐。随着国家对信息安全的高度重视，国内软件和互联网企业在信息安全领域的一系列并购和战略投资，提升了国内网络安全从业者的信心和资本市场的关注热情。在企业上市方面，天融信、上讯信息等企业在新三板挂牌上市，上海格尔、吉大正元、山石网科等网络安全企业也正在筹划上市中。此外，奇虎360也以90亿美元完成私有化，并计划在国内上市。在合资并购方面，浪潮与思科联合投资1亿美元成立合资公司；亚信科技收购趋势科技在中国的全部业务，并成立独立的安全子公司亚信安全，积极布局国内信息安全产业；紫光股份以不低于25亿美元收购华三51%股份，将致力于打造国内市场领先的融合基础架构解决方案和技术服务提供商。

## （四）技术特点

信息安全技术从底层向数据和应用层扩展。随着云计算、大数据、移动互联网等新兴领域技术的不断创新和发展，数据价值逐步释放，信息安全防护重心已经逐步从物理安全、通信安全、主机安全等底层安全向数据安全、业务安全、舆情监控、工控安全等应用层面转移。以云安全、大数据安全、移动安全为代表的新型安全业务成为国内各大信息安全产品和服务厂商的竞争焦点。

在移动安全领域，随着用户对移动安全及移动信息化管理的需求不断提高，将会由传统的设备管理（MDM）和移动安全接入（VPN）等单一的产品技术向快速部署、统一管理的融合化移动安全整体解决方案转型。在大数据安全领域，实时大数据安全分析技术将成为发展热点，基于对数据包、网络流量以及元数据的持续处理，将会提升对安全事件的快速侦测能力。在云安全领域，不仅注重云计算平台自身的安全，还要重点加强云平台中集成安全功能，保障云平台所承载应用系统的安全，同时，随着云计算模式的应用普及，将颠覆安全厂商以销售设备为主的传统模式，而通过Docket、CoreOS等系统逐步向云计算和虚拟化平台整合转型。

# 区域篇

# 第十二章　环渤海地区软件产业发展状况

　　环渤海地区包括北京、天津、河北、山东、山西和内蒙古，是全国软件产业发展的重要集聚区，汇集了全国数量众多的软件百强企业、规划布局内重点软件企业和互联网骨干企业，囊括中关村软件园、齐鲁软件园、青岛软件园等重要软件产业园区，科技资源和综合配套能力得天独厚，软件产业势头强劲。

## 一、整体发展情况

### （一）产业收入

　　2015年1—11月，环渤海地区软件业务收入达到9047亿元，7842亿元，同比增长15.4%，保持较为平稳的增长态势，略低于全国16.2%的增速，占全国软件业务收入的比例为23.7%。

　　从各省市情况看，2015年1—11月，北京市实现软件业务收入为4526亿元，4085亿元，同比增长10.8%；山东省实现软件业务收入3403亿元，同比增长21.1%；天津市实现软件业务收入918亿元，同比增长10.2%。这三个省市软件业务收入占环渤海地区软件业务收入的97.8%。河北省实现软件业务收入156亿元，同比增长33.7%；山西省实现软件业务收入15.2亿元，同比下降6.6%；内蒙古实现软件业务收入30亿元，同比增长4.9%。2015年1—11月，全国软件产业前十位省市中，环渤海地区占了两个席位，即北京和山东，分别位居第三位和第四位。

## （二）产业结构

2015 年 1—11 月，环渤海地区软件产品收入为 3147 亿元，在所有细分领域中占全国比重最高，达到 25.9%；信息技术服务收入和嵌入式系统软件收入分别为 5049 亿元和 851 亿元，占全国比重分别为 25.6% 和 13.5%。从环渤海地区软件产业整体发展情况来看，软件产业服务化趋势十分明显，信息技术服务收入所占比重最高，为 55.8%，软件产品收入和嵌入式系统软件收入占比分别为 34.8% 和 9.4%。

## （三）企业情况

截至 2015 年 11 月，环渤海地区共聚集 7497 家软件企业，比上年同比增加 14.2%，占全国软件企业总数的 19%。近几年，环渤海地区软件企业实力逐渐增强，企业单体规模从 2014 年的 1.19 亿元提高至 2015 年的 1.21 亿元，比全国 9660 万元的平均水平高出 25%。

# 二、产业发展特点

## （一）龙头骨干企业优势明显

在环渤海地区，以北京、山东、天津为代表的重点省市集聚了大量的软件龙头骨干企业，对产业发展带动作用日趋明显。以北京为例，2015 年全国软件业务收入百强企业中，北京占 33 家，6 家国家安全可靠计算机信息系统集成重点企业；34 家知识产权运用能力培育工程试点企业，占全市 29.1%。行业集中度提高，十亿元企业从 2010 年的 40 家增加到 2014 年的 82 家，收入占比提高 13 个百分点；亿元企业从 2010 年的 440 家增加到 2014 年的 718 家，收入占比提高 12 个百分点。

## （二）创新驱动产业转型升级

环渤海地区强调创新驱动，软件产业自主创新受到高度重视。2015 年，软件产业不仅在规模上得到持续增长，更获得质量、结构上的提升优化。企业对研发投入不断增加，凸显"高精尖"的特点，产品质量、应用水平和服务能力均获得较大提升。很多企业在自有领域取得丰硕的成果。如中创公司国产中间件、浪潮集团云计算基础软件平台等一批关键技术实现了重大突破；北京君正面向物联网和可穿戴设备领域，规划了一系列解决方案 Mirage M 系列芯片，将可穿戴设备低功耗的优势发挥到极致。

### （三）京津冀区域协同发展

按照《京津冀协同发展规划纲要》中有序疏解北京非首都功能和《北京市新增产业的禁止和限制目录》的要求，对不适宜在北京市发展的软件产业环节进行疏解，推动软件产业存量企业转型升级，优化产业发展空间布局，推动产业退出土地的创新高效利用。充分落实北京市疏解非首都核心功能的总体要求，以统筹产业发展空间为主线，采取"产城融合、高效集约、功能综合"的布局优化思路，促进城市功能与产业功能耦合，以产业链、供应链、服务链为纽带，积极促进产业生态集聚，通过增量控制、存量优化双重手段为软件和信息服务业释放新的发展空间，构筑产业特色突出、配套布局合理、企业聚集效应明显的空间格局。同时，2015 年，京津冀地区全面创新合作体制机制，促进区域协同发展。通过整合京津冀地区软件和信息技术服务业资源，促进各地区错位发展，形成有序的区域软件和信息服务体系，建立京津冀软件和信息服务产业多层次的对接机制，提高区域整体软件和信息服务业的综合发展水平和竞争实力。借助北京打造国际交往中心的机遇，加快建立和完善软件和信息技术服务业国际合作与交流平台，推进建立多层次的国际合作体系，推动全球创新资源向北京集聚，加速推进京津冀地区软件产业国际化进程。

### （四）新兴产业集聚效应显现

环渤海地区在云计算、大数据、移动互联网、物联网为代表的新兴产业发展方面拥有区位、经济、信息产业基础、科技人才等优势。云计算方面，以北京、天津和济南为代表，集聚众多云平台软件和应用软件龙头企业。随着云计算服务平台陆续建立、龙头企业云平台稳步推进、数据中心资源整合起步、投融资体系加快跟进，以技术、服务和模式创新为特征的云计算产业基础持续夯实。大数据方面，环渤海地区涌现出一批领先企业和初创企业，区域协同发展格局和产业集聚效应开始显现。"京津冀大数据走廊"已被列入《京津冀协同发展规划纲要》，成为推动京津冀产业转型升级的新引擎。2015 年 8 月，中关村和承德市签署《协同创新发展战略合作协议》，重点建设以"北京中关村数据研发—天津数据装备制造—河北张家口和承德数据存储"为主线的"京津冀大数据走廊"，京津冀三地将重点支持中关村企业在北京布局研发中心，在天津建设大数据、云计算、物联网等设备生产基地，在河北廊坊、承德、张家口等地建设大体量数据中心和电子商务等产业大数据规模化应用服务项目。山东省积极推动物联网发展，培育省级物联网基地7个，全省从事物联网产业研发、生产、应用等企业近1200家，涵盖电子信息、软件服务、物流、交通、家居、医疗等多个领域。

## 三、主要行业发展情况

### （一）基础软件

环渤海地区是全国基础软件的发源地，聚集了中标软件、东方通、人大金仓、中和威、南大通用、神舟通用、中创软件等在国内有广泛知名度的基础软件企业，涉及操作系统、数据库、中间件等领域。近年来，旺盛的需求和国家的重视，为国产基础软件的发展营造良好环境。中标麒麟、中科方德等越来越多的国产操作系统进入国家正版软件采购目录。

### （二）行业应用软件

环渤海地区软件产业在行业应用软件方面集聚了一批龙头知名企业，具有扎实的产品实力，应用于国民经济各行各业，助力企业信息化，促进两化融合。企业方面，用友软件是亚太最大管理软件提供商，超图软件是亚洲最大的地理信息系统平台软件厂商，启明星辰是国内领先的网络安全产品提供商，一大批中国软件企业跻身国际。应用方面，企业加大对智能工业、智慧农业、智能交通等关键技术研发力度，提升行业智能管理和民生智能化水平。威海北洋电气"面向智慧城市建设的公共环境监测服务平台"项目，已成功应用于智能电网、数字化港口、数字化矿山、智能油田以及工业、民用消防等众多领域。易构软件研发的智能交通软件平台在全国十几个省份得到应用，为广大居民出行提供了高效便捷服务。

大力发展少数民族语言文字应用软件。以内蒙古为例，内蒙古自治区积极发展蒙古文信息处理软件。促进蒙古文信息处理的智能化、人性化技术发展，形成面向智能蒙古文信息处理的技术及产业竞争能力。长期致力于蒙古文软件开发和推广应用工作，重点抓好蒙古文软件产品标准符合性平台建设，蒙古文软件开发项目及蒙古文软件应用示范项目工作。

## （三）信息技术服务

环渤海地区良好的产业环境和旺盛的行业客户需求为信息技术服务业提供了巨大的市场空间，尤其是近年来随着云计算、大数据兴起，数据处理和运营服务继续保持突出增势。2015年1—11月，环渤海地区信息技术服务业业务收入达到5049亿元，占全国收入的25.6%。信息技术服务业务收入增长快速，业务收入占地区软件业务收入总额的55.8%。同时，在智慧城市、智能交通、医疗、金融等行业培育一批龙头骨干企业，特别是北京市，作为环渤海区域信息技术服务业的龙头，在云计算、大数据方面，集聚了众多龙头企业，2015年在全国软件业务收入百强企业中，北京占33家，6家国家安全可靠计算机信息系统集成重点企业。

# 四、重点省市发展情况

## （一）北京

### 1.总体情况

作为环渤海地区第一大软件产业主导城市，北京软件产业业务收入规模稳居全国第三，拥有丰富的科研教育机构和高端人才资源，集聚了大量国内外软件企业总部及核心研发机构，形成了产业各环节协同发展的全产业链式发展模式。近年来，北京软件和信息技术服务业逐步向产业链高端延伸拓展，呈现增长稳中趋缓的态势。

2015年1—11月，北京市软件和信息技术服务业实现收入4525亿元，同比增长10.8%，增速略低于全国平均水平。其中，软件产品实现收入1604亿元，同比增长9.8%；信息技术服务实现收入2835亿元，同比增长11.4%；其中运营服务实现收入1103亿元，同比增长25%；其中集成电路设计实现收入28.7亿元，同比增长11.7%；嵌入式系统软件实现收入86.4亿元，同比增长7.6%。截至2015年11月，北京市共有软件和信息技术服务业企业2700家，与去年基本持平。

北京市软件企业综合实力居于全国领先地位，产业载体持续完善。海淀园是我国产业结构完整、创新要素聚集、人力资源丰富、服务体系完善的重要软件产业基地。北京市软件和信息服务交易所已经成为我国软件交易的重要平台，对产业发展起到极大的促进作用。中关村软件园被评为 2015 年度中国软件和信息服务领军产业园区。神州数码信息服务股份有限公司、北京华胜天成科技股份有限公司、北京中油瑞飞信息技术有限责任公司、北京金山办公软件有限公司等企业被评为 2015 年度中国软件和信息服务十大领军企业。北京软件和信息服务交易所、华胜信泰产业发展有限公司、北京联达动力信息科技股份有限公司等企业被评为 2015 年度中国软件和信息服务风云企业。

#### 2. 发展特点

立足科研资源、产业环境等优势，北京市一直高度重视软件产业，尤其是云计算、大数据以及新一代互联网的发展。当前，北京市软件和信息技术服务业发展呈现出六大特点：一是产业规模持续稳健增长；二是产业发展效益和质量持续提升，产业结构更加合理；三是自主软件开发活跃，软件创新能力强，发展动能充沛；四是基于软件的数据服务发展迅猛；五是在软件支撑下互联网企业成长迅速；六是信息安全产业持续壮大，安全保障能力大幅提升。其中，在互联网领域，《福布斯》"2015 年中国移动互联网 30 强"北京百度、京东、奇虎 360、昆仑万维、美团等 21 家移动互联网企业入选。

展望未来，北京市提出将以改革创新为支撑，向协同发展要动力，着力加快产业调整疏解、着力构建"高精尖"产业体系、着力推动京津冀协同发展、加快两化深度融合、着力保持工业和信息服务业平稳运行，确保万元工业增加值能耗和水耗同比进一步下降，土地投入产出率、全员劳动生产率等指标不断提升，信息化水平继续处于全国领先行列，"智慧北京"建设取得新突破等发展目标，软件和信息安全贯穿上述目标的始终，必须置于优先发展的地位。

### （二）山东

#### 1. 总体情况

近年来山东省经济发展势头持续向好，软件产业持续保持高速发展态势，在全省经济发展中的推动作用持续显现。山东省重点城市、园区和企业支撑带动能力显著，产业区域分布更为合理，发展潜力巨大。

2014 年，山东省软件和信息技术服务产业继续保持快速发展态势，1—11 月实现业务收入 3403 亿元，同比增长 21.1%，增速位于全国前列，较全国平均水平高出 4.9 个百分点。其中，软件产品实现收入 1260 亿元，同比增长 16.9%；信息技术服务实现收入 1578 亿元，同比增长 24.6%；运营服务实现收入 417 亿元，同比增长 27.2%；集成电路设计实现收入 132 亿元，同比增长 25.7%；嵌入式系统软件实现收入 564 亿元，同比增长 21.1%。截至 2015 年 11 月，北京市共有软件和信息技术服务业企业 3643 家，与上年同期的 2797 家相比增加了 846 家。

2. 发展特点

依托重点城市产业发展和协同联动，山东省积极促加强政策扶持引导，促进产业链延伸和产业集聚发展，培育核心企业群体，形成了"龙头带动、骨干跟进、涉软增加、小微发展"的良好态势。一是产业体量大、增速快，成为带动全国软件产业发展的重要支点。二是软件名城和重点园区为产业发展提供了强有力的支撑力量。济南市"中国软件名城"品牌效应凸显，截至 2015 年 11 月，软件业务收入达到 1791 亿元，占全省软件业的 52.6%。截至 2015 年 11 月，青岛市软件业务收入 1263 亿元，同比增长 26.1%，高于全国增速约 10 个百分点，增速位列全国副省级城市第 1 位，软件企业数量达到 1251 家，较上年同期增加 306 家。三是企业结构更加合理，龙头企业和中小微企业齐头并进。山东省龙头企业带动效应显著，省内海尔、浪潮、海信分列 2015 中国软件百强企业第二、四、五名，也是我国软件和信息技术服务的领军企业。同时，中小微企业呈现出井喷式发展势头，中小创新型企业逐渐成为全省软件与信息技术服务业的主体。

# 第十三章　长江三角洲地区软件产业发展状况

2015 年，在全国经济增长放缓的背景下，长江三角洲地区整体经济社会的发展势头良好，浙江、江苏、上海国内生产总值增幅均不小于全国平均增幅。其中，软件产业也获得了快速的发展，长江三角洲与珠江三角洲、环渤海湾地区作为我国三大软件产业区域基地的基本格局仍然不变。长三角地区经济社会发展充满了活力和动力，支撑软件产业发展的科技资源和综合配套能力处于全国领先地位，集合区位、资本、教育等多个领域的产业发展优势，有力推动了软件产业的强劲发展。包括上海市、江苏省和浙江省在内的长江三角洲地区是中国非常重要的软件产品和信息服务基地，新兴的软件产品和新型的软件服务不断涌现，为推动我国软件产业的持续升级和软件向各行各业的持续渗透做出突出的贡献。

## 一、整体发展情况

总体来看，长三角地区软件和信息服务业发展较快，软件和信息服务业发展动力强劲，产业收入不断提升。在长三角地区软件和信息服务业较为成熟，产业格局持续完善，创新动能加速汇集，企业业务实现互补发展。在龙头企业的带动下，大量的中小型创新企业不断成长，为产业持续健康发展提供丰富活力。

### （一）产业收入

2015 年 1—11 月，上海市、江苏省、浙江省软件和信息服务业收入之和达到 1201 万亿元，同比增加 1730 亿元，同比增长 16.8%，增长速度较上一年度略有放缓。长三角地区软件业务总收入占全国软件和信息技术服务业收入的31.4%，与上一年度基本持平。在长三角地区，上海市和南京市软件和信息技术服务业最为发达，杭州市增长步伐大幅加快，引领着整个区域产业的不断进步，此外宁波、苏州等城市的软件产业正在迅速崛起，无锡、扬州、常州等城市也不断跟进，产业迅猛增长，与上海、南京、杭州形成梯队互补的发展格局，产业格局得以不断完善。

## （二）产业结构

2015 年 1—11 月，上海、江苏和浙江的软件产品收入总和为 3722 亿元，同比增长 18%，占全国软件产品总收入的 30.6%，较上一年度略有增加；信息技术服务收入为 5800 亿元，同比增长 22%，占全国信息技术服务收入总和的 29.4%，比上一年度略有增加；在信息技术服务收入中运营服务业务收入为 1631 亿元，同比增长 17%，占全国运营服务业务收入总和的 33.2%，比上一年度略有增加；在信息技术服务收入中集成电路设计业务收入为 665 亿元，同比增长 12%，占全国集成电路设计业务收入总和的 51.3%，与上一年度基本持平；嵌入式软件业务收入为 2490 亿元，同比增长 8%，占全国嵌入式软件业务收入总和的 39.5%，较上一年度有较大回落。

## （三）企业情况

2015 年 1—11 月，上海、江苏、浙江三地，软件和信息服务业企业数量达到 11361 家，较上一年度同期的 10457 家增加了 904 家，同比增长 8.6%，占全国软件和信息技术服务业企业总数量的 28.7%，与上一年度保持持平。平均单个企业创造的软件与信息技术服务业务收入为 1.06 亿元，较上一年度增加 7.5%，比全国平均水平 9660 万元高出 9.7%。显示出该地区企业整体规模较大，企业平均综合实力处于全国领先地位。

# 二、产业发展特点

## （一）产业聚集程度高，集群效应明显

长江三角洲地区软件和信息服务业产业集聚度高，重点城市、园区成为产业发展的主力军，在龙头企业、重点区域的带动下，产业集群效应逐步凸显，产业

体系趋于完整，产业生态逐渐完善。从江苏省来看，苏南五市软件产业的收入总和占到全省产业总收入的九成以上。从浙江省看，2015 年 1—11 月，仅杭州市完成软件业务收入就占到全省软件业务收入总和的 86%，除杭州市之外，宁波市是浙江省软件产业发展的第二龙头，宁波市软件业务收入占到全省软件业务收入总和的 11%。由此可见，在浙江省仅杭州市和宁波市软件产业总收入就占到了全省软件收入总和的 97%，反映出该地区软件产业的极高的集中度。从上海市看，4 个国家级软件产业基地，6 个市级软件产业基地，以及一批特色产业基地，集聚了全市 70% 的软件企业，形成了 "4+6+X" 的产业布局。

### （二）智力资源丰富，创新能力突出

软件产业是典型的智力密集型产业，优秀人才的产业创新发展中的作用非常突出。在长三角地区，产业的聚集也带来了智力资源的汇聚，为本地区产业快速发展带来极大的助推力。在江苏省，以南京大学、中南大学等高等院校为主，各大企业研究院为辅，构成了一整套人才培养体系，2015 年江苏省为支持软件产业发展特别设立了软件奖学金，鼓励高等院校培养优秀的软件专业学生。在江苏省，浙江大学培养了大量的产业人才，随着龙头企业的不断发展，企业提供的优厚待遇也吸引了大批科技人才汇集浙江。在上海，不仅有复旦大学、上海交通大学、同济大学等优秀高等院校，成熟的国际化人才交流体系也为上海产业发展注入大量活力。在 2015 年中国软件和信息服务十大领军人物中，就有四位来自长三角地区的企业领导人。

### （三）产业基础雄厚，服务特征明显

从全球软件产业发展来看，软件的基本属性正从产品走向服务，基于软件平台的服务是未来软件产业发展的重要趋势和必然选择。经过多年的发展，长三角地区软件产业规模不断增大，产业格局不断完善，模式演进持续进行，服务化、融合化趋势愈加明显。2015 年 1—11 月，上海市信息技术服务收入占该市软件与信息技术服务业总收入的比重超过 60%，远高出全国平均水平，江苏省和浙江省信息技术服务业务收入增软件产业总收入的比重也分别达到了 40% 和 55%，较上一年度均有小幅提升。软件服务化和软硬结合的趋势日趋明显，新的业态和商业模式不断涌现。

### （四）应用需求旺盛，协同作用凸显

长三角地区是我国最早发展的重点区域，江苏省、浙江省和上海市等地的总产值占到全国总产值的四分之一，有望成为世界第一超级经济区。各产业的不断进步使得该地区软件业的应用需求非常旺盛，在江苏省，汽车、机械、电力等行业为软件产业的发展带来巨大的市场，工业软件、嵌入式软件成为产业发展的重点。在浙江省，快速成长的互联网企业和文创企业促进了软件产业的创新发展，产业发展蕴含巨大的潜力。在上海市，金融业等行业的高度创造出大量的应用需求，大数据等新兴技术的发展推动着传统软件产业的转型加速。同时，上海市、江苏省、浙江省根据自身优势，因地制宜发展园区经济，形成了优势互补的良好发展态势。上海充分发挥其在基础建设、政策配套、政府管理经济发展（尤其是涉外经济）经验等方面的优势，引进国外软件行业巨头公司带动产业升级，同时提供全面的金融服务，保障本土企业的发展。江苏和浙江则借力发展，积极建设差异化的总部经济模式。

## 三、主要行业发展情况

### （一）运营服务

随着互联网服务的快速发展，长三角地区运营服务业务发展迅猛，成为推动长三角地区软件产业发展的重要动力。2015年1—11月，长三角地区运营服务业务收入为1631亿元，同比增长17%，占全国运营服务业务收入总和的33.2%。其中，上海市运营服务业务收入达到853亿元，在全国仅次于北京和广州，同比增速达到25%，比全国平均增速高5.7个百分点。

### （二）嵌入式系统软件

嵌入式系统软件是长三角地区软件产业发展的优势领域，主要集中在江苏省。2015年1—11月，长三角地区嵌入式软件业务收入为2490亿元，同比增长8%，占全国嵌入式软件业务收入总和的39.5%。其中，江苏省嵌入式软件业务收入居全国首位，业务收入达到2050亿元。长三角地区面向电力、通信、交通、金融、网络、工程及制造等领域，培育了一批嵌入式系统软件骨干龙头企业。南瑞集团公司面向电力、水利、交通等重点行业，嵌入式软件发展迅猛，在2015年第

十四届中国软件业务收入前百家企业目录中，南京南瑞以 104 亿元的总收入位列全国第六名。

### （三）集成电路设计

2015 年 1—11 月，长三角地区集成电路设计业务收入为 665 亿元，同比增长 12%，占全国集成电路设计业务收入总和的 51.3%，比上一年度提高了 1 个百分点，领跑我国集成电路设计产业。其中江苏省和上海市分别实现业务收入 417 亿元和 215 亿元，包揽全国集成电路设计业务收入规模前两名。在江苏和上海的带动下，长三角地区围绕集成电路产业，形成了较为完备的产业链，覆盖集成电路设计、晶圆制造、集成电路封测。在集成电路设计领域，长三角地区涌现出了一大批国内综合实力领先企业，如智瑞达科技有限公司、无锡华润矽科微电子有限公司、杭州士兰微电子股份有限公司、上海华虹集成电路有限公司、上海松下半导体有限公司、无锡英飞凌科技有限公司等。

### （四）工业软件

长三角地区也是我国工业软件产业发展的聚集区域，尤其是在行业自动化和智能控制领域。面向电力、钢铁等行业领域，集聚了一大批品牌企业。典型骨干企业如上海宝信，面向钢铁行业提供信息化和生产过程管理解决方案；南瑞、南自、金智、科远、方天等企业充分发挥在电力自动化和智能电网领域的优势，在发电、输电、变电、配电、用电和调度等产业链的各个环节形成自主知识产权的产品群，占据国内市场一半以上的份额，帮助国家电网实现了安全可控的智能化。

### （五）信息安全软件

当前全球信息安全形势日趋严峻，安全防护软件具有很大的市场发展空间，长三角地区作为我国软件产业发展的核心区域，在产业布局上处于全国前列，信息安全软件产业发展迅速。在浙江省，杭州海康威视和大华技术公司构成了全省信息安全软件的两大巨头，引领着整个产业的发展。在 2015 年全国软件业务收入前百家企业名单中，海康威视和大华技术分别位于全国的第 8 位和第 15 位，较上一年度有所提升，在信息安全领域处于全国领先地位。上海有云信息技术有限公司被评为 2015 年度中国软件和信息服务云安全领域创新企业。

# 四、重点省市发展情况

## （一）上海市

2015年1—11月，上海市软件和信息技术服务业实现收入2795亿元，同比增长16.5%，在全国范围内处于较为领先的地位，产业基础雄厚扎实，市场空间广阔，创新实力较强。其中，软件产品实现收入986亿元，同比增长14.9%；信息技术服务业实现收入1699亿元，同比增长17.9%；其中，运营相关服务实现收入852.5亿元，同比增长25%；集成电路设计实现收入215亿元，同比增长8.6%；嵌入式系统软件实现收入110亿元，同比增长9.9%。截至2015年11月，上海市共有软件和信息技术服务业企业2800家，比去年同期增加300家。

上海市软件企业综合实力不断增强，产业载体持续完善。浦东软件园已经成为产业特征清晰、技术创新活跃、人力资源优秀、服务功能完善的"国家软件产业基地"和"国家软件出口基地"。上海临港软件园被评为2015年中国软件和信息服务领军产业园区。在2015年全国软件业务收入前百家企业名单中中国银联股份有限公司、上海华东电脑股份有限公司均位于20强。上海新炬网络技术有限公司被评为2015年度中国软件和信息服务风云企业。

## （二）江苏省

2015年1—11月，江苏省软件和信息技术服务业保持较快增长，实现收入6575.9亿元，同比增长16.3%，产业收入总和保持全国第一，比位于第二名的广东省高出464亿元。产业结构不断优化，2015年1—11月，软件产品收入稳定增长，软件产业服务化趋势日益突出，软件与信息服务业对"两化融合"的推动作用显著增强。软件产品实现收入1890亿元，同比增长18.6%；信息技术服务业实现收入2636亿元，同比增长22.1%；其中，运营相关服务实现收入416亿元，同比增长14.4%；集成电路设计实现收入417亿元，同比增长13.9%；嵌入式系统软件实现收入2049.5亿元，同比增长7.8%。

截至2015年11月，江苏省共有软件和信息技术服务业企业6403家，比上年同期增加478家。江苏具有大批的软件和信息技术服务领域领军企业，南京南瑞集团公司、南京朗坤软件有限公司均荣获 2015 年度中国软件和信息服务十大领军企业。南京南瑞集团公司总经理奚国富、南京朗坤软件有限公司董事长武爱斌、中国擎天软件科技集团有限公司董事长辛颖梅荣获 2015 年度中国软件和信息服务十大领军人物称号。赛斯特信息科技股份有限公司荣获 2015 年度中国软件和信息服务风云企业。南京软件园、江苏软件园和江苏如皋软件园均获得 2015 年度中国软件和信息服务领军产业园区称号。

2015 年 1—11 月，南京市软件和信息技术服务业实现收入 2767.9 亿元，同比增长 15.2%。其中，软件产品实现收入 938.3 亿元，同比增长 15.5%；信息技术服务业实现收入 1436.6 亿元，同比增长 17.6%；其中，运营相关服务实现收入 172.9 亿元，同比增长 14.2%；嵌入式系统软件实现收入 393.0 亿元，同比增长 6.2%。截至 2015 年 11 月，南京市共有软件和信息技术服务业企业 1554 家。

### （三）浙江省

2015 年 1—11 月，浙江省软件和信息技术服务业延续了快速健康发展的良好态势，实现收入 2641 亿元，同比增长 19.8%，增速位列长三角地区首位。其中，软件产品实现收入 845.9 亿元，同比增长 14.5%；信息技术服务业实现收入 1464.9 亿元，同比增长 25.9%；其中，运营相关服务实现收入 362.5 亿元，同比增长 7.9%；集成电路设计实现收入 32.7 亿元，同比增长 16.6%；嵌入式系统软件实现收入 330 亿元，同比增长 9%。截至 2015 年 11 月，浙江省共有软件和信息技术服务业企业 2148 家，比上一年度同期增加 116 家。杭州联络互动信息科技股份有限公司被评为 2015 年度中国软件和信息服务风云企业。

2015 年 1—11 月，杭州市软件和信息技术服务业实现收入 2278 亿元，同比增长 19.3%。其中，软件产品实现收入 785.4 亿元，同比增长 14%；信息技术服务业实现收入 1310.8 亿元，同比增长 24.3%；其中，运营相关服务实现收入 279.5 亿元，同比增长 0.2%；嵌入式系统软件实现收入 181.6 亿元，同比增长 9%。截至 2015 年 11 月，杭州市共有软件和信息技术服务业企业 892 家。

2015 年 1—11 月，宁波市软件和信息技术服务业实现收入 294.1 亿元，同比增长 23.8%。其中，软件产品实现收入 40.7 亿元，同比增长 39%；信息技术服务业实现收入 131.3 亿元，同比增长 41.5%；其中，运营相关服务实现收入 72.7 亿元，同比增长 42.2%；嵌入式系统软件实现收入 122.2 亿元，同比增长 5.8%。截至 2015 年 11 月，宁波市共有软件和信息技术服务业企业 800 家。

# 第十四章　珠江三角洲地区软件产业发展状况

珠三角地区是中国最重要的软件产业基地之一，产业集聚度较高，产业布局一体化趋势明显，以广州、深圳、珠海为中心辐射区，以国家级和省级软件和信息服务业园区为重要载体的产业布局逐步形成，促进了大型软件和信息服务企业以及高端人才的集聚，为产业的集群化、规模化发展奠定了重要基础。

## 一、整体发展情况

### （一）产业收入

近年来，珠三角地区的软件业务收入一直保持稳定、高速增长的态势，占广东全省软件业务收入的比重在99%以上，产业集聚效应凸显。2015年1—11月，广东省软件业务收入6112亿元，占全国软件业务收入的比重为16%。以广州、深圳、珠海为中心辐射区的引领珠三角地区软件产业发展，其中仅广州、深圳两市即占全省收入的94%。珠三角地区通过云计算、物联网、大数据等新兴领域为突破口，积极抢占软件和信息技术服务业的制高点。

### （二）产业结构

珠三角区位优势突出，产业发展环境良好，先进的电子政务水平、智慧城市的高水平发展及旺盛的企业用户需求为软件企业的发展提供了广阔的市场空间，行业应用软件和解决方案实力较为突出，具备良好的软件和信息技术服务业发展后劲，同时，珠三角地区强大的电子信息制造业基础也为嵌入式软件的发展提供了重要保障。此外,珠三角作为国家级"两化融合"试验区,其集成电路设计（IC）、嵌入式系统软件、行业应用软件等均处于全国领先水平，信息技术服务对传统产业融合和渗透能力较强，有力推动通信设备、汽车制造、机械装备、家用电器等优势传统制造业的核心竞争力快速提升。以数字家庭公共服务技术支持中心、Linux 公共服务技术支持中心、嵌入式软件技术支持中心等为代表的面向特定行业领域的公共技术开发平台建设为软件产业发展提供了良好的基础技术支撑。

### （三）企业情况

骨干企业整体实力稳步提升。广东省收入超亿元软件企业 659 家，其中，收入超 10 亿元的软件企业 72 家，超百亿元软件企业 5 家，华为率先成为全国唯一一家收入超千亿元软件企业。腾讯、网易、唯品会、金山、欢聚时代等 16 家企业入选 2015 年"中国互联网 100 强"，有 144 家企业在境内外上市（包括新三板）。2015 年，珠三角地区共有 15 家企业入选中国软件百强企业名单，较上一届增加了 1 家，仅次于北京，居全国第二位。其中，深圳市 11 家，广州市和珠海市各 2 家，其中华为公司连续 13 年名列榜首。

表 14-1　2015 年珠三角地区入选全国软件业务收入前百家企业情况

| 排名 | 企业名称 | 软件业务收入（万元） | 所在地 |
|---|---|---|---|
| 1 | 华为技术有限公司 | 14817073 | 深圳 |
| 3 | 中兴通讯股份有限公司 | 4004552 | 深圳 |
| 32 | 珠海金山软件有限公司 | 335013 | 珠海 |
| 34 | 大族科技产业集团股份有限公司 | 323633 | 深圳 |
| 39 | 深圳市华讯方舟科技有限公司 | 290750 | 深圳 |
| 44 | 广州广电运通金融电子股份有限公司 | 252181 | 广州 |
| 48 | 深圳市金证科技股份有限公司 | 234026 | 深圳 |
| 62 | 深圳创维数字技术有限公司 | 176798 | 深圳 |
| 66 | 北明软件股份有限公司 | 166457 | 广州 |
| 69 | 深圳市欧珀通信软件有限公司 | 160950 | 深圳 |
| 70 | 深圳怡化电脑股份有限公司 | 159540 | 深圳 |
| 73 | 平安科技有限公司 | 152907 | 深圳 |
| 75 | 金蝶软件有限公司 | 151894 | 深圳 |
| 89 | 深圳市紫金支点技术股份有限公司 | 131784 | 深圳 |
| 99 | 东信和平科技股份有限公司 | 105788 | 珠海 |

资料来源：赛迪智库整理，2016 年 3 月。

# 二、产业发展特点

## （一）产业发展环境逐步完善

近年来，广东省出台了一系列促进软件产业发展的政策措施，营造了良好的产业发展环境。珠三角网络基础设施达到先进国家水平，第三代移动通信＋无线局域网（3G+WLAN）的无线宽带基本实现对热点地区的全覆盖。信息资源开发利用水平不断提高，公共信息服务平台不断完善。2015年，广东省发布了《广东省智能制造发展规划（2015—2025）》《珠江西岸先进装备制造产业带布局和项目规划（2015—2020）》等一系列规划，深圳市先后出台了《促进创客发展三年行动计划（2015—2017年）》《深圳市"互联网＋"行动计划》等。

## （二）产业创新体系不断健全

近年来，广东省加快实施省信息产业发展专项，扶持云计算、物联网、集成电路设计等重点领域发展。发布了优秀核心工业软件目录，引导企业加强工业软件在智能制造等领域的深入应用。深化信息技术服务标准（ITSS）试点工作，广东省已有广州南天、华南资讯等13家企业通过国家ITSS通用要求符合性评估。

## （三）新技术、新业态发展迅速

当前云计算、移动互联网、大数据、物联网等成为全省软件产业最具活力的发展形态，并由此催生了大量新兴业态。自全省发布实施《关于加快推进我省云计算发展的意见》和《广东省云计算发展规划（2014—2020年）》以来，布局建设中国电信华南最大云计算数据中心、汕尾腾讯云计算数据中心、浪潮集团南方中心等大项目，实施云计算应用示范工程，制定云计算应用标准，当前全省形成了较为完备的云计算产业链条，在全省网上办事大厅、电子政务、智能交通、智能制造、健康管理等领域探索了一批较为成熟的云计算应用。除腾讯、网易、唯品会、欢聚时代等龙头企业外，金证、银之杰、全通教育、科陆电子等企业抓住"互联网＋"机遇，大力开拓互联网金融、互联网教育、互联网能源等新业务。云计算服务快速推进，软件即服务（SaaS）在中小企业逐步推广，粤港射频识别（RFID）应用试点率先开展，移动电子商务和数字家庭应用水平居全国前列。

### （四）产业融合带动作用显著增强

通过产业自身发展以及对传统产业的应用渗透，越来越多的信息技术、产品和服务融入经济社会各领域，在企业管理、教育医疗、社会保障、电子商务、金融服务、城市交通、市政服务等领域得到广泛应用，成为不可或缺的支撑基础。同时，软件作为信息技术的核心，在产业结构调整和传统企业改造过程中发挥着积极的作用，成为广东省各大支柱行业的新型竞争力，提升了传统产业的发展层次。

## 三、重点省市发展情况

### （一）广州

产业规模继续稳步提升。广州市作为中国软件名城，同时又是国家级软件产业基地和国家级软件出口创新基地，软件产业具有良好的发展基础和核心竞争力。据统计，2015年1—11月广州市软件业务收入1920亿元，同比增长15.8%，其中软件产品收入567.2亿元，同比增长15.7%，信息技术服务收入1307.5亿元，同比增长15.8%，嵌入式系统软件收入45.3亿元，同比增长15.6%。全市软件企业研发费用236.13亿元，同比增长16.2%，高于收入增长0.4个百分点，带动企业研发投入比重提升0.05个百分点。

新兴产业持续高速发展。广州市通过组织实施市战略性新兴产业（新一代信息技术）示范工程，加快推动移动互联网、云计算、大数据、物联网的创新应用，集聚了我省83%的信息技术咨询服务和47%的数据处理运营服务，在移动互联网、数字内容创意产业、云计算、工业软件、卫星导航等信息服务业高端领域和新兴领域开拓创新，不断涌现新亮点。

注重对软件产业发展宣贯工作。2015年5月，广州市连续九年赴北京参加中国软博会，搭建以"营造良好创新环境，扶持企业做大做强"为主题的广州馆，从广州软件产业发展总体情况、园区环境、优势领域等全方位展示广州软件产业发展的优良成果，同时，组织园区和软件代表企业共25家单位参展，并细分为"园区""互联网+""工业4.0""云计算"等四大主体，参展面积达362平米，为国内外广大用户提供全面了解广州软件的良好机遇。

### （二）深圳

产业保持平稳较快发展。2015年1—11月，深圳市累计实现软件业务收入

3834.6 亿元，同比增长 18.1%，其中软件产品收入 728.3 亿元，同比增长 14.8%，信息技术服务收入 1430 亿元，同比增长 19.5%，嵌入式系统软件收入 1676.3 亿元，同比增长 18.5%。

龙头骨干企业持续壮大。2015 年，深圳共有 11 家软件企业入选中国软件业务收入前百家企业，较上一届增加 3 家，其中华为技术公司连续十四年居首位。11 家入围企业共计软件收入 2060 亿元，占全国前百家软件收入 38.8%。骨干企业总体发展态势良好，成为支撑行业发展的重要力量。以华为、中兴、华讯方舟等为代表的龙头企业在 4G 业务、云计算和移动智能终端等方面业务发展良好。

技术创新能力相对较强。全市软件著作权登记量大幅增长，居全国大中城市前列，软件产业创新活跃。深圳软件企业积极建设企业工程中心、重点实验室和产业联盟等创新平台，与 IBM、英特尔和微软等国际知名企业联合成立研发机构和相关产业联盟。深圳市已经建成了云计算联盟、智能交通产学研联盟等，积极推进关键和共性技术的研发。

产业新兴业态不断拓展。深圳软件企业积极布局云计算、移动互联网、大数据等新业态。在云计算方面，华为、中兴、迅雷和创维等企业实施"云战略"，推出云平台、云存储、云安全和云终端等系列云产品和服务；腾讯持续加大移动互联网布局，2015 年以来，与上海、天津、深圳等地签署了战略合作协议，积极推进"互联网+"战略；金证科技、银之杰、方直科技、科陆电子等企业抓住"互联网+"机遇，大力开拓互联网金融、互联网教育、互联网能源新业务；大疆创新已经成为全球领先的无人飞行器控制系统及解决方案的研发和生产商；天源迪科、深讯信息等传统通信类软件企业，积极开展基于移动互联网的数据挖掘和精准营销业务，探索大数据商业模式。在游戏娱乐方面，一批竞争力较强的企业纷纷涌现，如创梦天地、第七大道、冰川网络、东方博雅、墨麟科技等。

产业载体建设持续开展。深圳积极实施"一核多园"的产业布局规划，继续加强深圳高新区软件园核心区建设，积极拓展产业载体。位于深圳核心高新产业园区，建筑面积超过 60 万平方米的深圳软件产业基地投入使用，进一步拓宽了产业发展载体。同时，近年来，深圳相关区积极发展软件产业，推动区域产业升级，通过新建或改造的方式建设软件产业园区。各区已建成包括蛇口网谷、龙岗大运软件小镇、宝安互联网产业基地、龙岗李朗软件园等多个产业园区。

# 第十五章　东北地区软件产业发展状况

东北地区包括辽宁、吉林和黑龙江，是中国传统工业的聚集区。东北地区软件和信息服务业本身具有一定的基础，随着传统行业对软件和信息服务的应用越来越深入以及互联网、云计算和大数据带来的影响，东北地区软件产业得到进一步发展。尤其在工业软件、嵌入式软件和新一代技术等领域，走出了独具特色的发展道路。

## 一、整体发展情况

2015年，东北地区软件与信息服务业继续保持平稳的发展势头。

### （一）产业收入

2015年1—11月，东北三省实现软件和信息技术服务业务收入3592亿元，同比增长了10.69%。总体来看，东北地区增长速度略有下降，在全国所占比重也略有降低，但依然保持平稳的发展趋势。

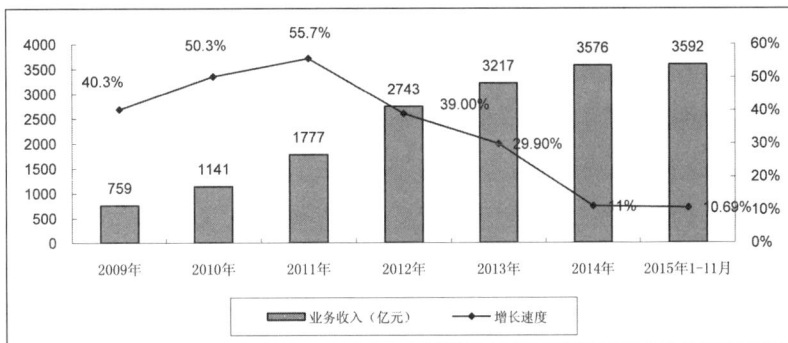

图15-1　2009—2015年东北地区软件产业业务收入规模及增速

资料来源：赛迪智库，2016年2月。

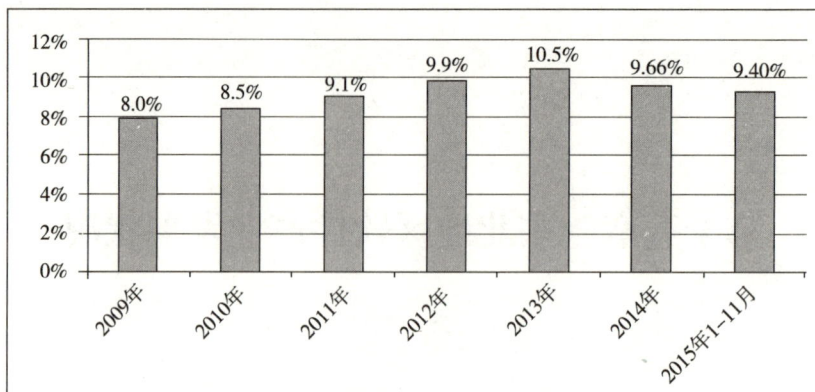

图15-2　2009—2015年东北地区软件产业业务收入占全国比重

资料来源：赛迪智库，2016年2月。

从各省情况来看，2015年1—11月，辽宁省软件和信息技术服务业务收入为3099亿元，同比增长10.16%；吉林省软件和信息技术服务业务收入为363亿元，同比增长14.87%；黑龙江省软件和信息技术服务业务收入为130亿元，同比增长12%；全国软件产业前十位省市中，辽宁省排在第五位，仅次于江苏、广东、北京和山东，处于我国软件产业发达省市的行列。

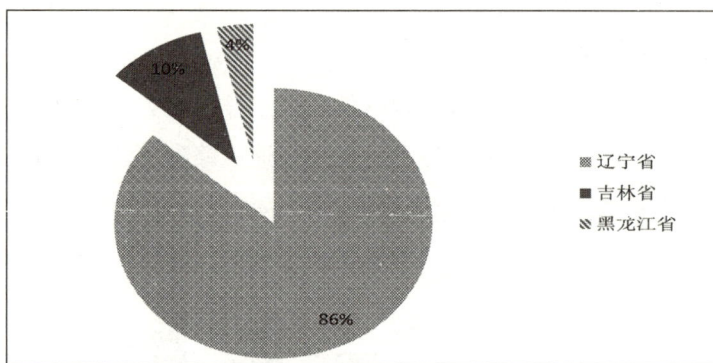

图15-3　2015年1—11月东北地区软件产业区域结构图

资料来源：赛迪智库，2016年2月。

## （二）产业结构

2015年1—11月，东北地区软件产业收入3592亿元中，软件产品收入达1193亿元，占软件产业收入比重为33%；信息技术服务收入达2011亿元，占比为 56%；嵌入式系统软件收入达 388 亿元，占比为 10%。信息技术服务收入中，运营服务收入达 328 亿元，占东北地区软件总收入的 9%；集成电路设计收入达 24 亿元，占比为 1%。

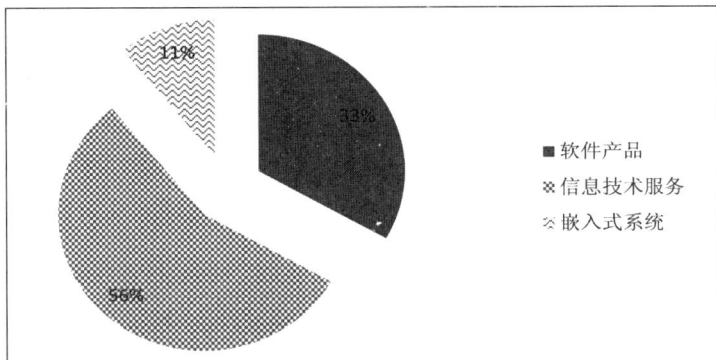

图15-4　2015年1—11月东北地区软件产业结构图

资料来源：赛迪智库，2016 年 2 月。

从各省情况来看，吉林省软件业务收入主体是软件产品和信息技术服务，收入分别为 82 亿元和 201 亿元，两项业务合占业务总收入的 78%。辽宁省信息技术服务收入在 2015 年软件各项业务总收入中占比最高，占软件业务总收入的一半以上，其中运营服务收入为 293 亿元，集成电路设计收入为 24 亿元，集成电路设计收入约占东北地区集成电路设计总收入的 99% 以上；其次为软件产品收入，销售额为 1066 亿元，占全省软件业务的三分之一；嵌入式系统收入为 294 亿元，占软件业务总收入的 10%。黑龙江省软件业务收入的主体是软件产品及信息技术服务，销售额分别为 45 亿元和 71 亿元，合占软件业务总收入的 89%；嵌入式软件的销售额分别为 14 亿元，占软件业务总收入的 11%。

## （三）政策情况

2015 年发布的《中国制造 2025》《关于积极推进"互联网＋"行动的指导意见》及《关于在部分区域系统推进全面创新改革试验的总体方案》等文件对东北地区软件和信息服务产业将起到重要的推动作用。"中国制造 2025"与"互联网＋"标志着两化融合发展上升到国家战略，给工业软件市场的发展提供了巨大的机遇。东北是传统老工业基地，工业软件是本地区的发展重点之一，雄厚的工业基础和众多大型工业企业对工业软件和行业解决方案有着广泛需求，并促进了东北地区工业软件的快速发展。

《关于在部分区域系统推进全面创新改革试验的总体方案》中指出,系统推进全面创新改革是破解创新驱动发展瓶颈制约的关键,要以推动科技创新为核心,以破除体制机制障碍为主攻方向。为此,国家批准沈阳等八个城市或地区作为试验区,这对东北地区的软件和信息技术服务业而言是重大机遇,也是重大挑战。《方案》中提出要进行全面创新,就不是一个领域、一个行业、一个点极的创新,是包括科技、经济、政治、文化、社会、生态等各方面的创新,对于东北地区开展工业化与信息化融合,对于用信息技术改造提升其他领域以及培育云计算、物联网等新一代信息技术产业有重大的支撑作用。

## 二、产业发展特点

### (一)整体发展速度保持稳定

东北三省软件和信息技术服务业保持平稳增长,截至 2015 年末,本地区纳入国家统计范畴的软件企业达到 5663 家。2015 年 1—11 月,东北三省实现软件和信息技术服务业务收入 3592 亿元,同比增长了 11%,这一增速与 2014 年持平。从各省情况来看,吉林省和黑龙江省增速分别为 15% 和 11%,相比去年增速变化较小。

### (二)产业发展的集聚效应日益突出

2015 年,东北地区软件和信息技术服务业进一步形成了重点突出、集群发展的格局。

辽宁省软件和信息技术服务业形成了以沈阳、大连为主体的发展新格局。沈阳、大连两市软件业务收入占全省收入比重达到 97% 以上,大连高新区软件和信息技术服务产业园区被国家授予新型工业化产业示范基地。以产业集群为载体,全省形成了浑南软件及电子信息、大连软件和信息技术服务等 2 个重点产业集群,建成了沈阳国际软件园、大连软件园等一批定位清晰、特色鲜明的产业园区,集群及园区已成为产业、技术和人才集聚的坚实平台和有效载体。

黑龙江省软件企业绝大多数聚集在哈尔滨、大庆两地,其软件业务收入之和占全省比重为 99%,非公经济成分超过 90%。省内建有多个大学科技园和服务外包产业园，在此基础上发展出的哈尔滨软件园、大庆软件园、黑龙江省地理信息产业园、黑龙江省动漫产业基地等也日益壮大，吸引大量软件企业入驻。哈尔滨软件园由南区、哈尔滨工业大学科技园、哈尔滨工程大学科技园、黑龙江大学科技园、哈尔滨理工大学科技园组成，在企业孵化创业、软件研发、教育培训科技产品交易、投融资、软件人才培养、离岸外包等方面各有特色。地理信息产业园作为国际地理信息数据加工基地，已建成哈尔滨市地理信息公共服务平台、地理信息数据共享服务软件平台，吸引了 30 余家企业入园发展，集聚了 1000 多名高科技人才。

吉林省长春软件园主要发展企业管理软件、人口信息管理软件、汽车软件、教育软件和信息安全软件等；吉林软件园主要发展嵌入式软件和电力、石化、冶金等工业行业应用软件；延边中韩软件园着重承接韩国、日本的软件外包和信息服务。全省 80% 软件企业，85% 的软件收入都集中在这 3 家软件园区，聚集效应十分显著。

## （三）行业软件优势突出

2015 年，随着东北工业强省战略的深化实施，加快工业转型升级、促进信息化和工业化深度融合的需求进一步增强，软件和信息服务支撑引领的作用和地位更加突出。东北地区经济加速发展，软件和信息服务向经济社会各个领域的融合渗透不断增强，行业应用需求增长强劲，信息消费规模快速扩大，在医疗产品、电信、汽车、农业等行业应用方面取得长足进展。

辽宁省实施工业软件振兴工程，召开工业企业节能降耗信息技术与产品对接会，搭建 IT 企业与工业企业合作平台。东软集团股份有限公司的医疗产品、沈阳新松机器人自动化股份有限公司的工业机器人、大连光洋科技集团有限公司的数控系统、聚龙股份有限公司的金融机具产品等已国内领先并达到国际先进水平，沈阳创新设计服务有限公司被工业和信息化部评为首批国家级工业设计企业。

黑龙江省亿阳信通公司研发的《亿阳移动网络管理系统软件 V5.0》《亿阳 3G 网络综合管理系统软件 V1.0》等面向电信运营商的软件产品整体水平处于先进地位，在国内电信运营商内部解决方案领域更是居于前列。新中新公司在智能交通领域、智能控水、智能控电等领域已经占据了相应的市场份额，产品技术水平达到了国内领先。

吉林省行业应用软件占有绝对优势，其中汽车、信息安全、教育、政府、农业等行业应用软件在市场占有率、技术水平和知名度等方面都处于全国领先水平。

## （四）新兴业态发展迅速

东北地区软件产业正加快向服务化、融合化方向发展。云计算、物联网、移动互联网、大数据等新技术、新业态、新模式迅速兴起，商业模式、服务模式不断创新，企业加速转型，信息技术服务门类不断增多，2015年，东北地区信息技术服务类业务规模迅速成长，占整个软件产业的一半以上。同时，本地区软件和信息技术服务业的创新能力和应用水平也稳步提升，一批具有自主知识产权的软件产品应用在装备制造、交通、医疗、金融等领域，取得了良好社会效益和经济效益。如黑龙江省开发的高压H.SVG动态无功连续补偿装置，高压H.SVG采用半导体电力电子器件来搭建整流和逆变电路，可对负荷实现双向补偿和连续调节（感性/容性），补偿容量足够的情况下实现功率因数补偿接近为1。高压H.SVG在原理上具有创新和突破，取消电容器，不用电容器来产生无功功率，自身不会产生谐波，具有重要的学术价值和应用价值。

# 三、主要行业发展情况

## （一）工业软件与行业解决方案

东北地区三省作为我国传统老工业基地，雄厚的工业基础和众多大型工业企业对工业软件和行业解决方案有着广泛需求，促进了东北地区工业软件的快速发展。例如，吉林省在汽车、信息安全、教育、政府、农业等行业应用软件的市场占有率、技术水平和知名度等方面都处于全国领先水平。辽宁省东软集团股份有限公司的医疗产品、沈阳新松机器人自动化股份有限公司的工业机器人、大连光洋科技集团有限公司的数控系统、聚龙股份有限公司的金融机具产品等已国内领先并达到国际先进水平，沈阳创新设计服务有限公司被工业和信息化部评为首批国家级工业设计企业。工业软件作为黑龙江省软件产业增长的主力，其行业增长支撑点集中在石油石化、电力、电信、铁路、交通、制造业等方面。

## （二）嵌入式软件

东北嵌入式软件的发展重点面向通信设备、汽车电子、医疗电子、石油化工、装备制造、智能交通、智能电网、航天航空、船舶与海洋等领域,在"互联网+制造"、工业大数据等高端工业软件核心技术方面有突破,形成一批自主可控的嵌入式系统研发平台与工业软件解决方案。黑龙江省新中新公司研发的食堂售饭系统、校园一卡通、企业一卡通、机关一卡通等系统,取得了行业领导者的地位。金龙卡系统一卡通,已经从简单的售饭收银管理系统发展成为集管理功能、金融功能、识别功能等多项功能于一身的校园一卡通系统。辽宁省建设嵌入式软件公共开发平台,为提升企业的研发能力、集成创新能力提供有效保障。"辽宁省车联网产业创新联盟"正式成立,成员包括东软、华晨汽车、辽宁曙光汽车、大连华信等40余家企业,并成立了由东软集团、中科院沈阳计算机所等单位牵头的10个项目研发组,聚焦车载即时通信应用系统、车载图像识别系统应用、车载智能终端、网络安全设计等车联网领域的重点方向与领域,并联合开展技术研究、产品开发、市场开拓与标准制定工作。

## (三)新一代技术

东北地区高度重视移动互联网、云计算、大数据等新一代技术,大力发展相关软件产品和解决方案,创新政府服务模式,推进便捷化交通服务发展,探索新型教育服务供给方式,推广在线医疗卫生新模式,提供丰富多样金融产品,促进智慧健康养老产业发展,线上线下紧密融合发展便民服务新业态,为智慧民生建设提供技术支撑,加快整个地区建设现代服务业的步伐。2015年11月,辽宁省大连市打造的全国首个"互联网+民生"惠民项目——"社区壹号综合服务平台"(简称社区1号)试点落户中山区人民路街道。"社区1号"是一款综合性社区服务平台,集居家养老、生活服务、心理咨询、支付管理等功能于一体,通过互联网PC端和手机移动端建立起社区和居民之间的服务体系,让两者的交流不受时空限制。黑龙江大庆市与华为公司签署战略合作协议,就共建云计算平台和大庆智慧城市建设等领域达成战略共识,将以大庆为核心辐射黑龙江省乃至整个东北亚区域,为各类企业提供高弹性、低时延、高可靠性的云计算服务,助力大庆云计算产业发展,共同推动传统产业升级。

# 四、重点城市

## （一）沈阳

### 1. 总体情况

截至 2015 年 11 月沈阳市软件产业完成软件业务收入 1491 亿元，同比增长 31.2%，在东北地区紧接大连居第二位，在全国也属前列。软件产业的快速发展，催生了一批低投入、高产出、高附加值、绿色低碳的新兴产业，创造了大量就业机会，有力促进了经济结构调整和发展方式转变，成为推动全市战略性新兴产业发展的重要引擎，为稳增长、调结构、转方式提供了有力支撑。

### 2. 发展特点

一是企业创新能力日益增强。在两化融合、智慧城市建设的持续带动下，工业软件、嵌入式软件、行业应用和行业解决方案等领域都取得了较好的发展，拥有了一批具有自主知识产权的高技术、高附加值产品。自主创新能力的长足进步，使本市企业在国内外市场竞争力逐步加强，东软已成为中国最大的 IT 解决方案和服务供应商，国际软件外包收入连续 6 年列居全国同行业领先地位，汽车电子解决方案已累计销售 3000 多万套，占据世界汽车市场较大份额；新松机器人企业入选《福布斯》"中国潜力 100 榜"，已初具在全球范围内与国际机器人巨头 ABB、KUKA 的竞争实力；荣科、蓝英自动化等一批先进信息技术企业，其产品已居国内领先地位。

二是集群发展成效显著。软件产业发展空间全面拉开，形成了以浑南新区为核心，沈北、和平、皇姑、沈河、大东共同发展的良好格局，建设了一批定位清晰、特色鲜明的产业园区。产业基地方面，已有东软软件园、沈阳国际软件园、昂立信息园、天久智能交通产业园、工业大学科技园等 15 个软件产业示范基地，在软件行业资源整合、市场拓展等方面发挥了巨大的作用。

三是服务平台不断完善。软件产业公共服务平台建设步伐加快，平台资源内容和服务运营模式不断丰富。畅通数据建设的供应链云 SaaS 服务平台已通过国家验收，成为东北第一家国家级 SaaS 公共服务平台，已累计为我市 5000 余家企业提供服务；创新设计服务中心被国家发改委授予东北首家"多因素一体化工业设计创新服务平台"，已申请专利3000多项，为58家企业提供了200多个工业设计项目。软件产业与其他行业的融合发展不断深化，在装备制造、农业开发、金融商贸等领域广泛应用，服务经济社会发展的作用逐步显现。

## （二）大连

通过积极的政策措施、特色的发展模式、优秀的人才培养环境，大连市软件和信息服务业迅速发展，成为东北地区软件产业最发达的城市之一，先后被授予"国家软件产业基地""国家软件出口基地""中国服务外包示范城市""国家软件版权保护示范城市""信息技术服务外包行业个人信息保护试点城市"等称号。

### 1. 总体情况

2015年1—11月，大连市实现软件和信息技术服务业务收入1534亿元，同比增长了11.5%，占东北地区软件产业收入比重达42.7%，增长率和所占比重较上年均有所提高。至2015年11月，大连市软件企业数量超过2063家，同比增长8.8%。

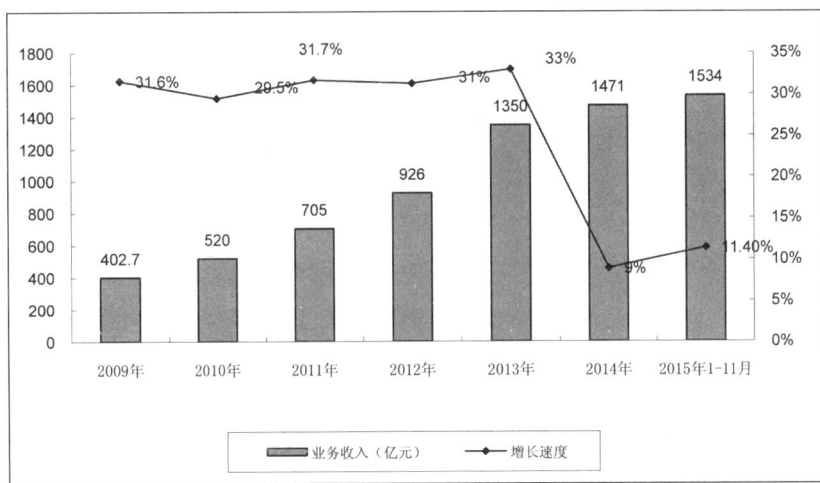

图15-5 2009—2015年11月大连市软件产业业务收入规模及增速

资料来源：赛迪智库，2016年2月。

### 2. 发展特点

一是产业结构部署加快，业务形态丰富多样。大连市在装备制造、石油化工、船舶交通等行业，开展智能制造、数字控制、模拟仿真、检测监控等技术研发，产生了一批具有行业特色和市场竞争力的工业软件产品，促进了两化融合，高端信息技术服务、行业应用解决方案、信息安全等方面的技术水平不断提升。在政务、金融、交通、物流、能源、医疗、教育等领域，通过鼓励新一代信息技术的广泛应用提高了服务水平。全市软件和信息技术服务业已形成软件研发、系统集成、信息技术服务、数字内容、业务流程外包、互联网服务、集成电路设计、工业设计等多类别、多业态互动发展的良好局面。

二是产业层级不断提升，创新能力逐步增强。围绕物联网、云计算、大数据、移动互联网等新一代信息技术，取得多项创新成果。华信、东软、亿达名气通等公司建设了T4级别的云计算数据中心，实现了业务转型升级；五甲万京公司依靠核心技术优势收购了中科红旗，将继续开展国产操作系统的研发；楼兰科技在汽车电子和车联网领域形成了完整的车联网解决方案，已在奥迪、大众和长安汽车等车企得到广泛应用；恒锐公司研发的足迹图像分析系统和数据库是公安部全国刑侦办案的重要支撑；瀚闻资讯基于自建的全球贸易大数据平台，为商务部、海关总署以及近万家企业提供全球贸易大数据分析；文思海辉的大数据技术、环宇移动的网络安全产品、现代高科的智慧交通、心医国际的远程医疗、九成测绘的地理信息系统等创新产品在国内市场均占有重要位置。

三是骨干企业规模扩大，核心产品大量涌现。全市软件和信息技术服务业收入已超 1500 亿元。企业规模的扩大，推动了核心产品的不断研发，如四达公司的飞机数字化装配系统软件、贝斯特电子的船用导航及综合船桥驾控系统、英特工程仿真公司用于工业仿真制造设计国产 CAE 仿真平台、美恒公司的工业控制组态开发平台 MH-SCADA、宇光公司的终端虚拟技术等自主研发的软件产品。

四是从业人员日益壮大，创新创业氛围初显。2015 年，全市软件和信息技术服务业从业人员已达 22 万人。全年登记软件产品 501 个，累计登记软件产品 4348 个。创新创业氛围浓厚，如大连创业工坊，通过联合天使投资人、中介服务机构共同打造的创新创业服务新平台，实行市场化的专业企业运营管理模式，吸引高素质人才、高技术项目和高价值成果，在孵化企业 52 家，已争取到各类投融资资金 1.2 亿元人民币。

# 第十六章　中西部地区软件产业发展状况

## 一、整体发展情况

中西部地区包括河南、陕西、山西、内蒙古、湖南、湖北、四川、重庆、江西、云南、贵州、广西、宁夏、甘肃、青海、西藏、新疆在内的 17 个省市，是我国覆盖面积最大，包含省市最多的区域。中西部地区的软件产业发展相对其他地区基础较为薄弱，在产业发展规模和层次上同东部地区的差异依然较大。其中，中西部偏远地区软件产业发展依旧比较缓慢，但武汉、西安、重庆、成都等区域中心城市经济发展辐射性和带动力强，相对东部沿海地区普遍具有生产要素低成本优势，科技、人才、资金等资源较为密集，地域和文化优势明显，对软件产业发展要素的吸引能力逐渐增强，为软件产业的快速发展提供了有力的支撑。

### （一）产业收入

截至 2015 年底，中、西部地区共完成软件业务收入 5691 亿元，同比增长13%，增速低于全国水平 3.2 个百分点，在全国所占比重为 14.9%，比 2014 年减少了 0.4 个百分点。总体来看，2015 年中西地区的软件产业增长速度要略慢于全国平均速度，处于平稳增加产值的过程中。

### （二）产业结构

2015 年 1—11 月，中西部地区软件与信息服务业增速保持平稳趋势，个别领域出现负增长情况。信息技术服务成为占比最大的细分领域，实现收入 3143亿元，同比增长 10%；软件产品收入增长较快，实现收入 2073 亿元，同比增长20%；嵌入式系统软件收入在 2014 年之后有所回暖，增速达到 30% 以上，实现收入 473 亿元，同比增长 33.6%。在各个细分领域所占比重方面，信息技术服务收入占比超过一半，达到 55.2%；软件产品收入占比 36.4%，相比 2014 年增加了 2 个百分点；嵌入式系统软件收入占比 8.4%，与 2014 年基本持平。

# 二、产业发展特点

## （一）中心城市带动作用明显

中心城市带动整个地区软件产业发展的特点在中西部地区表现得尤为明显，2015 年，成都、西安、武汉三个城市软件业务收入共完成 3764 亿元，占中西部地区软件业务总收入的 66%，同比增长 25%。截至 2015 年 11 月，成都市软件和信息技术服务业实现主营业务收入人民币 1817 亿元，同比增长 26%。其中，软件业务收入为 696 亿元，同比增长 12%；信息技术服务业收入达 1089 亿元，同比增长 14.1%；嵌入式系统软件收入为 313 亿元，同比大幅增长 281%。成都市软件业务收入占中西部地区软件业务总收入的 32%，所占比重较上年有所提高，产业规模居 15 个副省级城市第 5 位，中西部之首。在中心城市的带动下，中西部地区的软件产业持续快速增长，并在信息安全和数字新媒体等领域处于全国领先地位，涌现出一大批优秀企业。

## （二）后发优势突出

中西部地区在软件产业发展方面起步较晚，该地区推出一系列政策措施鼓励发展软件产业，拥有丰富的人才资源、突出的创新能力、低成本的劳动力，再加上该地区众多重点科研院校的支持，因此极具发展软件产业的天然优势和后发优势，中西部地区将成为我国软件产业的新增长极。中西部地区凭借低成本的竞争优势和开放的策略，吸引了众多的跨国企业在该地区成立分公司和建设研发中心，开展软件与服务外包业务。同时，中西部地区以成本优势打造自身竞争力，通过不断聚集创新要素、人才、资金等，充分借鉴国内外软件产业发展经验，为本地区软件产业持续自主创新夯实基础，不断提升竞争实力，逐步摆脱低端锁定，向产业链的重要角色转变，从满足低端市场到参与国际软件产业大分工的发展历程，积极融入到全球化的竞争大潮中。

### （三）服务外包竞争力突出

中西部地区凭借资源丰富、人力要素成本低、市场潜力大的优势，在服务外包领域呈现出强大的竞争力。成都、重庆和西安均被评为软件产品出口基地和服务外包示范城市。其中，成都主动加强与国际接轨，不断提升承接能力，服务外包业务持续增长。成都高新区天府软件园再次蝉联中国服务外包园区榜首，截至 2015 年底，全球服务外包企业的前 100 强已经有超过 20 家落户成都，其中IBM、维普罗、埃森哲 3 家在成都设立了研发中心。国内服务外包行业的 10 大领军企业有一半以上都在成都设立了分支机构，近 50 家跨国集团在成都设立了全球交付中心、共享服务中心或研发中心，而这些企业大多落户于成都高新区天府软件园。基本形成了涵盖信息技术、研发外包、工业设计、市场营销、人力资源、财务会计等业务的服务外包产业体系。

### （四）产业集聚程度继续提高

中西部地区软件产业分布继续向高度集聚状态发展。四川省以成都为中心，加快各地园区与公共服务体系建设，提升产业发展的支持能力，形成了以国家软件产业基地（成都）、国家集成电路设计成都产业化基地、国家信息安全成果产业化基地（四川）、国家数字娱乐产业示范基地、武侯科技工业园、青城山软件产业基地、双流物联网产业园为主要载体的软件产业发展聚集区。同时辐射成都周边地市发展软件产业，绵阳作为全国唯一的科技城、国家军民融合试点城市、智慧城市试点城市，2015 年 1—8 月软件与信息服务业增速达 43.69%。湖南省软件产业主要聚集在长沙、株洲、湘潭、衡阳等地，软件产业初具规模，产业集聚程度较高，核心带动能力不断增强。长沙市高新区聚集了湖南省 80% 的信息技术企业，建设了一批定位清晰、特色鲜明的产业园区。其中，长沙信息产业园和长沙中电软件园已成为湖南省高端研发和软件制造基地，集聚了长城信息、快乐购、拓维信息、中清龙图等一批优势企业，在移动互联网、军民融合、电子商务等领域形成了自身特色，实现迅猛增长。

## 三、主要行业发展情况

### （一）信息安全

信息安全一直都是中西部地区软件产业发展的优势领域。西安拥有全国最大的信息安全产业园，建设总投资达 150 亿元，预计到 2016 年，产业园将实现年产值逾百亿元，预计引进和培育各类信息安全企业 300 家，信息安全及相关产业从业人员 12 万人。成都信息安全产业 2014 年上半年实现收入 35.08 亿元，承担国家各级信息安全科研项目 200 余项。在网络信息安全产业发展方面，成都已经形成了覆盖"基础硬软件研发设计、信息安全产品制造、信息安全系统集成、信息安全整体解决方案与服务"等各个环节的较完整的产业链。截至 2015 年，全市范围内从事信息安全产品研发、制造、销售和服务的企业已经超过 110 家。形成了一批以网络通信和信息安全科研为主的核心技术，在全国具有显著特色和优势。形成了以中电集团 30 所为龙头，华为数字、卫士通、迈普等为代表的骨干企业。湖北省信息安全产业规模也在逐年上升，主要产品涉及广泛，包括安全路由器、3A 身份认证及智能卡、安全计算机与密码、安全管理平台、入侵监控和防御系统、防病毒产品、VPN、网关和信息安全监理等，代表企业有烽火科技、天喻信息、华工安鼎、信安通、武汉达梦、三江航天和湖北信安等。

### （二）工业软件及产业服务平台

2015 年，随着《中国制造 2025》国家战略的发布，为了推动工业制造业转型升级，促进信息技术与制造业深度融合，中西部地区各省市重点发展面向工业领域的平台及服务，提升工业制造业的智能化水平。湖南省株洲南车时代电气自主研发出我国首辆"无人驾驶"地铁牵引系统，并制定了"轨道交通装备数字化智能化技术路线图"。以三一重工、中联重科为代表的工程机械企业相继成立单独的软件部门，推动制造服务化并带动工业大数据的发展。三一重工研发搭建产业服务平台，为上下游供应商和客户提供软件服务。四川省发挥绵阳科技城的示范效应，大力发展以数字视听产品为代表的嵌入式软件与行业应用软件，促进信息化与工业化融合；在德阳、攀枝花、自贡、泸州工业制造基地积极发展以数字控制和企业信息化为代表的工业软件，为"中国制造 2025"落地提供助力。

### （三）新兴信息技术服务

中西部地区抓住物联网、智慧城市、云计算和新媒体等新兴领域发展契机，大力发展新兴信息技术服务业，逐步缩小与东部发达地区的差距。四川省在雅安、巴中、广安、遂宁等地发挥连接成渝两地的优势，培育"互联网 +"、物联网、信息安全、云计算、大数据等战略性新兴产业，形成新的增长极。2015 年湖南省从事物联网研发、生产和服务的企业达 200 家，涉及传感器、芯片设计、电子标签与读写器具、智能终端、应用软件、系统集成、运营服务等物联网产业链多个环节。智能电网领域，威胜集团占据智能电表国内 30% 以上的市场，与西门子签订战略合作协议。长沙高新区移动互联网企业已超过 500 家，产业主阵地进一步巩固，移动电商、移动金融、智慧城市、智慧医疗等新兴产业集群雏形初现。

# 四、重点省市发展情况

中西部地区软件和信息技术服务业发展水平整体偏弱，产业主要集中在少部分城市中。成都市、西安市和武汉市是中西部软件和信息技术服务产业发展的中心城市，凭借人力资源、智力资本和较快的经济发展速度，实现软件产业的快速成长，带动着中西部地区软件产业经历从无到有、从追赶到个别领域处于领先。其中，成都在西部地区城市中排名第一，武汉在中部地区城市中排名第一。

## （一）四川省

2015 年 1—11 月，四川省软件和信息技术服务业增长态势良好，实现产业收入 1874 亿元，位于中西部首位，同比增长 12.7%，收入增速略低于全国平均水平。产业结构不断优化，2015 年 1—11 月，软件产品实现收入 706 亿元，同比增长 11.3%；信息技术服务业实现收入 1131 亿元，同比增长 11.5%；其中，运营相关服务实现收入 87.5 亿元，同比增长 7%；集成电路设计实现收入 67.0 亿元，同比持平；嵌入式系统软件实现收入 36.7 亿元，同比大幅增长 157.6%。截至 2015 年 11 月，四川省共有软件和信息技术服务业企业 1627 家，比 2014 年同期增加 257 家。

成都是我国软件产业的战略性和功能性部署区，拥有基础软件、应用软件、移动通信、软件服务外包和集成电路设计、终端制造、信息安全、数字媒体和动漫游戏等 12 个国家级产业基地，并成为全国第三个、中西部首个获得"中国软件名城"称号城市。2015 年 1—11 月，成都市软件和信息技术服务业实现收入 1817 亿元，同比增长 14.6%。其中，软件产品实现收入 697 亿元，同比增长 11.9%；信息技术服务业实现收入 1089 亿元，同比增长 14.1%；其中，运营相关服务实现收入 86.7 亿元，同比增长 6%；集成电路设计实现收入 52.6 亿元，同比增长 1.2%；嵌入式系统软件实现收入 31.3 亿元，同比大增 280.5%。截至 2015 年 11 月，成都市共有软件和信息技术服务业企业 1585 家，大量的中小型企业使成都软件产业发展充满了活力。成都市软件产业发展载体日益成熟，成都天府软件园被评为 2015 年度中国软件和信息服务领军产业园区。

## （二）陕西省

2015 年 1—11 月，陕西省软件和信息技术服务业保持快速增长，实现收入 1029 亿元，同比增长 23.2%，较全国平均水平增加了 7 个百分点。产业服务化特征明显，2015 年 1—11 月，软件产品实现收入 294.4 亿元，同比增长 24.8%；信息技术服务业实现收入 634.3 亿元，同比增长 22.8%；其中，运营相关服务实现收入 38.5 亿元，同比增长 18.4%；集成电路设计实现收入 46.0 亿元，同比增长 22.5%；嵌入式系统软件实现收入 99.9 亿元，同比增长 21.3%。截至 2015 年 11 月，陕西省共有软件和信息技术服务业企业 1850 家，比 2014 年同期增加 320 家。西安是我国西部地区软件产业的重要基地，2015 年 1—11 月，西安市软件和信息技术服务业收入情况与陕西省基本一致。基于多年在电子政务领域的深耕，西安荣天信息技术有限公司被评为 2015 年度中国软件和信息服务电子政务领域标杆服务商。陕西天诚软件股份有限公司被评为 2015 年度中国软件和信息服务智慧城市领域最佳解决方案提供商。

## （三）湖北省

2015 年 1—11 月，湖北省软件和信息技术服务业持续稳健增长，实现收入 924.6 亿元，同比增长 19.2%，产业收入位于中部地区首位，收入增速高于全国平均水平。2015 年 1—11 月，湖北省软件产品实现收入 471.4 亿元，同比增长 19.1%；信息技术服务业实现收入 389.9 亿元，同比增长 19.9%；其中，运营相关服务实现收入 65.4 亿元，同比增长 11.3%；集成电路设计实现收入 7.4 亿元，同比增长 12.1%；嵌入式系统软件实现收入 63.3 亿元，同比增长 16.3%。截至 2015 年 11 月，湖北省共有软件和信息技术服务业企业 2514 家，比 2014 年同期增加 139 家。

武汉市的软件业务收入、企业数量、从业人员均占湖北省的 95% 以上，是我国中部地区首个"中国软件名城"。2015 年 1—11 月，武汉市软件和信息技术服务业实现收入918.2亿元,同比增长19.2%。其中,软件产品实现收入468.3亿元,同比增长19%;信息技术服务业实现收入387.6亿元,同比增长19.8%;其中,运营相关服务实现收入64.5亿元,同比增长11%;集成电路设计实现收入7.3亿元,同比增长12.6%;嵌入式系统软件实现收入62.3亿元,同比增长17.2%。截至2015年11月,武汉市共有软件和信息技术服务业企业2429家。经过多年的培育和发展,目前武汉市已经形成了以光通信嵌入式软件、地球空间信息、工业软件等产业领域为重点,以武汉天喻信息产业股份有限公司、武汉邮电科学研究院等全国软件百强企业为龙头,大批中小型企业为补充,以光谷软件园、花山软件新城、洪山国家新型工业化产业示范基地等园区为载体的软件产业发展格局。

# 园 区 篇

# 第十七章　中关村科技园区海淀园

## 一、园区概况

20世纪80年代，中关村"电子一条街"成为中国高新技术产业的萌芽。1988年，国务院批准成立了北京市新技术产业开发实验区，自此中关村成为国内首个国家级高新技术产业开发区和中国经济、科技、教育体制改革实验区。随着全球知识经济的快速发展、中国社会主义市场经济框架的逐步建立以及科教兴国战略的深入实施，国务院于1999年、2005年分别作出了加快建设中关村和做强中关村的重大决策。2009年3月，国务院正式批准建设中关村国家自主创新示范区。同年4月，北京市政府批复"同意加快建设国家自主创新示范区核心区"。

根据中关村科技园区总体规划，在海淀园内建设各具特色的独立专业园区（产业基地）。海淀园分为中心区和发展区。至2015年底，海淀园建成区总面积13306公顷，内有中关村西区、清华科技园、中关村科学城、上地信息产业基地、北大科技园上地园区、中关村软件园等六个专业园区，在集中新建区内规划建设有中关村永丰技术产业基地，中关村环保科技示范园、中关村创新园、国际教育园、中关村创意园和中关村文化教育基地（南部地区）六个专业园区。海淀园现拥有专业园区10个，大学科技园20个，其中国家级12个，占北京市14家国家大学科技园的85.7%，占全国的14%；拥有以联想、百度、小米等为代表的国家高新技术企业5200余家，约占一区十六园的55%，占全国的十分之一，中关村高新技术企业达12000余家，占全区企业存量的十一分之一；上市公司（含挂牌）380余家，形成了"中关村板块"。海淀园产业发展战略重点为云计算、移动互联网和下一代互联网、空间与地理信息、集成电路设计、生物医药、新能源新材料、节能环保及文化与科技融合等"6+1"战略性新兴产业细分领域。

2015年，海淀园区经济发展稳中有进，全年园区总收入达到1.63万亿元，同比增长13%。技术合同成交额1435亿元，同比增长5%。实现发明专利授权1.56万件，同比增长35%，占北京市发明专利授权量的45%。国家高新技术企业6000余家。未来园区将重点在加快构建高精尖经济结构、培育新型产业组织体系、强化区域协同创新、涵养自主创新新动能、优化创新创业生态体系、打造创新创业新典范，统筹国际国内两类资源、拓展创新发展新空间，深入推进全面创新改革、构筑创新发展新体制等五个方面进行深入探索创新，力争在2016年产业产值增长10%，产业结构持续优化。海淀园软件和信息服务收入占北京市的八成以上，汇聚了国内众多优秀的软件与信息服务企业，形成了一批有特色的专业基地，已经发展成为全国经济规模最大的软件基地，成为北京市最重要的研发中心、孵化中心和产业化基地。

中关村软件园是海淀园中的重要园区，其是国内规模最大、层次最高的专业软件园区，被列为"国家软件产业基地"和"国家软件出口基地"。这些专业园区（基地）已经成为海淀园，以及北京市整合产业资源、适应产业发展需求和战略发展方向的重要保证。中关村软件园多年来一直坚持专业化运营策略，入园的企业几乎都是从事软件产业和现代化服务业各个环节的研发型企业，从而使得入园企业的产业形态都是绿色微能耗的。这些企业具备高端、高效、高辐射、微能耗、零污染的绿色低碳产业特征，每万元GDP仅消耗0.0087吨标准煤，是北京市平均值的1.5%。园区已聚集了联想（全球）总部、百度、腾讯（北京）总部、新浪总部、中科大洋、汉王科技、启明星辰、中核能源、曙光信息、广联达、捷通华声、IBM、Oracle等多家行业领军企业。中关村软件园凭借多年来在引领创新、服务创业方面的积极探索与成果荣获"2014—2015年度中国创新示范软件园区奖"。

2015年中关村软件园园区产值为1603亿元，较2014年的1409亿元增长194亿元，同比增长13.8%。入驻园区企业利润总和达到149亿元，同比增长10.4%。2015年中关村软件园园区单位面积每平方公里收入为616.7亿元。根据统计，中关村软件园2015年企业总数为403家，比2014年增加108家，其中上市企业37家，销售收入过亿企业45家，国家规划布局内重点企业22家。园区内中国软件百强企业有10家，博士后科研工作站10个，认定的高新技术企业 125 家，双软认定企业 144 家，十百千工程企业 27 家，瞪羚企业 35 家。2015 年中关村软件园园区企业研发总投入达到 175 亿元，比 2014 年增长 27.7%，占园区总收入 10.9%。2015 年园区企业拥有的知识产权数量达 24803 项，比 2014 年增长 5708 项。其中专利 14918 项，注册商标 6234 项，软件著作权 3651 项。2015 年中关村软件园园区在园工作人员数量达到 5.42 万人，比 2014 年的 3.89 万人增加了 1.53 万人。其中学士及以上学历员工占所有员工总数的 89.5%。2015 年园区高端人才累计达到 87 人。其中国务院特殊津贴 15 人，千人计划 38 人，长江学者 1 人，海聚工程 21 人，高聚工程 17 人，"科技北京"领军人才 7 人。2015 年中关村软件园园区国际业务的总收入为 98 亿元（约 15.34 亿美元），比 2014 年增长 15.3%。2015 年园区企业共拥有分支机构 750 家，比 2014 年增加 34 家。其中，大陆分支机构 534 家，国外分支机构 193 家，港澳台分支机构 23 家。2015 年中关村软件园园区企业共完成融资 230 亿元，其中滴滴出行融资 30 亿美元，新上市和新三板增发融资资金金额共 23.4 亿元。2015 年，园区内共有 16 只基金，披露投资规模有 100 多亿元人民币，主要投资方向涵盖了从事云计算、大数据等新兴技术的创新企业和新三板企业。

## 二、重点行业发展情况

### （一）云计算产业

云计算是目前业界乃至整个社会关注的焦点和热点，它被视为新一代信息技术变革和业务应用模式变革的核心，中关村科技园区海淀园将云计算作为重点发展领域体现出了其在我国软件和信息服务业领先园区的实力与地位。北京中关村云基地的建立进一步推进北京市云计算发展，确立北京中关村成为北京云计算事业发展中心、北京云时代的技术研发中心、北京云计算行业创造与创新中心、全国乃至全球云计算人才交流中心、中国云计算行业资本汇聚中心等"五个中心"。北京中关村云基地遵循服务引领、自主创新、国际同步、产业链联动的原则，汇聚云计算领域中具有自主知识产权的创新公司以及资本和政策资源，打造"基金+基地"的模式。联想公司、曙光信息产业、中科院计算技术研究所和国家超级计算中心联合研制出"星云"千万亿次高性能计算机系统，助力我国成为全球继美国之后第二个掌握千万亿次高性能计算机设计制造技术的国家。2015 年 10 月，基于实力雄厚的识别技术，汉王科技正式开始为企业及个人用户提供云端识别服务——"汉王云"服务,这标志着中国的文字识别技术从 PC 时代进入云计算时代，即进入文字识别的 2.0 时代。同年 12 月，软通动力信息技术（集团）有限公司与华为企业云签订了云计算战略合作协议，该协议为双方的进一步深入合作提供了良好契机。2016 年 1 月，启明星辰等安全厂商与云计算厂商联合发布了云安全服务联盟战略。2016 年 2 月，中国科学院自动化所与联想（北京）有限公司成立了"中科联想身份认证云服务联合实验室"。

在云计算领域的主要企业有联想、赛尔网络、曙光、IBM、Oracle、用友、搜狐、金山、百度、华胜天成、君正等。

## （二）互联网服务业

大唐电信、中星微、闪联、华为等移动互联网龙头企业，主导创制国际标准近 70 项，国家标准近 600 项，中关村物联网产业联盟 40 余家机构涵盖了物联网的整个产业链。信息和移动互联领域有联想、百度、小米等代表性企业，微软、用友、中软国际、博彦、文思和软通动力等软件企业均位于海淀。新浪、搜狐、网易等是互联网门户的三大门户，占据着国内重要的市场份额。

代表企业有百度、搜狐、新浪、腾讯、网易、完美世界等。

## （三）服务外包产业

软件与服务外包在国内一直处于领先地位，目前已经形成了一批具有国际竞争力和国际影响力的本土软件与服务外包企业，如文思创新、软通动力、博彦科技等。文思创新是国内首家在纽约股票交易所上市的软件服务外包公司，在为欧美市场提供离岸软件开发的企业中位居中国第一。博彦科技是惠普全球十七家技术合作伙伴之一，它拥有惠普公司在亚洲地区最大的打印机测试中心。软通动力是金融、电信、能源、交通、公用事业等行业重要的 IT 综合服务提供商和战略合作伙伴。博彦科技荣膺工信部 2015 年度中国 IT 行业领军企业奖，也荣获了 2014—2015 年度中国金融业信息技术服务示范企业奖。

代表企业有文思创新、软通动力、博彦科技等。

## （四）其他新兴领域

凭借多年来在行业内的技术积累、人才汇集和敏锐的行业洞察力，中关村海

　　淀园企业在新兴技术创新和市场化应用等领域不断开拓，引领着全国乃至全球的信息技术创新和产品、商业模式创新。在人工智能领域，百度、腾讯等国内领军互联网公司不断加强研发力度，设立了人工智能研究机构，力争在技术突破和产品研发等领域率先取得成绩，百度小度智能机器人产品已经上线，2016 年 2 月，园区企业捷通华声推出了覆盖灵云各项人工智能能力的灵云全能力平台。在区块链技术创新和应用方面，2016 年由世纪互联公司联合清华大学、北京邮电大学等高校，中国通信学会、中国联通研究院等运营商，及集佳、布比网络等公司发起的中关村区块链产业联盟正式成立，联盟力争瞄准前沿网络技术开展合作研究，推动金融和知识产权领域中区块链技术的创新应用。

　　代表企业有百度、腾讯、捷通华声、世纪互联等。

# 第十八章　上海浦东软件园

## 一、园区概况

上海浦东软件园是经国家发改委（原国家计委）批准，由原信息产业部和上海市人民政府共同组建的"国家软件产业基地"和"国家软件出口基地"。2000年3月18日，上海浦东软件园的郭守敬园正式对外开园。随后，祖冲之园于2006年3月开园；三林世博分园于2008年10月开园；昆山浦东软件园于2009年8月开园。四大园区各具特色，目前已成为众多软件与信息化企业成长、发展、壮大的沃土。此外，川沙园正在建设中，园区规划总建筑面积为93万平方米，总投资额达到74亿元，将重点引进文化创意、行业应用、电子商务、移动互联、服务外包等科技型企业。同时，三林园规划总建筑面积约50万平方米，总投资额40亿，正处在规划建设中。

上海浦东软件园的园区产值和运营规模逐年健康、平稳地增长。从2000年开园以来，上海浦东软件园的入驻企业数、就业人数、产值规模以及上缴税收也都呈现出持续快速增长的态势。上海浦东软件园园区企业现已拥有近千种软件产品与服务，软件园区的群体优势和规模效应急剧膨大。据统计，园区内共有超过1500家的软件企业，其中入驻企业已经超过600家，园区的软件和信息服务业经营收入近千亿元。经过二十多年的发展，上海浦东软件园已经形成了比较完整的上下游产业链，园区产业特征清晰、技术创新活跃、人力资源优秀、服务功能完善、辐射范围广泛、集聚效应显著。

上海浦东软件园作为国家部委和上海市人民政府合作的共建项目，十多年来，在国家有关部委、上海市以及浦东新区政府的支持下，经过卓有成效的开发建设，已经成为产业特征清晰、技术创新活跃、人力资源优秀、服务功能完善的"国家软件产业基地"和"国家软件出口基地"。此外，上海浦东软件园也是国家新型工业化示范基地、国家级科技企业孵化器和智慧软件园试点园区。上海市政府高度重视浦东软件园的发展，将其列为国家服务外包平台上海中心、上海市软件出口（创新）园区和上海市数字园区。

## 二、重点行业发展情况

### （一）主导产业

经过多年布局优化，园区主导产业涵盖服务外包、移动互联网、芯片设计、电子商务及互联网、文化创意和行业应用等多个领域，示范和引领作用日渐显著。园区积极引进行业领先的战略客户，持续加大战略选商力度，不断优化产业结构调整。

服务外包领域，产业保持稳定增长，园区聚集了花旗金融、群硕软件、塔塔信息等大批业界领先的服务外包及软件出口企业，为客户提供覆盖 ITO、BPO 和 KPO 业务的全方位服务。园区移动互联领域的产业发展迅猛，其中手机游戏、操作系统、位置服务、移动广告等领域的企业发展态势良好，魔迅、乐蛙等多家企业已经获得业界投资。另外，芯片设计领域的产业规模持续保持领先，园区内不仅拥有高通、美满电子、德州仪器等国际领先企业，还拥有众多像海斐圣、迦美信芯等拥有自主核心技术的创业型企业。园区电子商务领域，创新模式不断涌现，包括东方电子支付、二三四五、洋码头等企业在电子支付、网址导航、海外代购和物流优化等模式下持续创新，在商贸流通、工农业、交通运输和旅游等众多领域的应用不断拓展。在文化创意领域，产业的自主创新能力稳步提升，目前已经形成了以河马动画、沪江网等企业为代表的文化创意产业集群。行业应用领域，产业深耕市场不断做精做强，思华科技、SAP、达梦数据库等企业的产品已经覆盖了政府、金融、教育、电信、能源和制造业等诸多领域的专业解决方案。

### （二）新兴产业

园区以"创新驱动、转型发展"为主线，不断汇聚创新资源、推进创新应用、加快辐射带动，积极布局软件产业和信息服务业新兴领域，建立以龙头企业为主体、产学研相联合的发展机制，形成需求牵引、创新应用的发展模式。

3D 打印领域，园区拥有大批后端从事应用服务开发的企业，已经具备了有利的区位竞争优势。特别是由园区内智位机器人公司研发的 DreamMaker 桌面型 3D 打印机目前已经成功面市，此款产品是市面上同类产品中打印尺寸、打印速度和打印精度最高的，而该产品的售价只有国外同类产品的三分之一。互联网金融领域，园区内的花旗金融、胜科金仕达等国际一流的金融信息服务厂商不断发展壮大，为园区金融信息服务领域的进一步发展打下了坚实的基础。而从事金融软件应用系统的天用唯勤和棠棣信息以及从事金融交易工具及量化模型开发的无花果信息等优秀企业，也都紧紧围绕金融和软件的核心技术不断努力。特别是上海市的拍拍贷金融信息服务有限公司，如今已经发展成为国内首个 P2P 网络信用借贷平台，成为国内最大的 P2P 人群聚集地，同时该公司也是第一家由工商部门特批并获得政府认可的互联网金融平台。大数据领域，自开园以来，友邦保险、花旗银行和高通公司等知名企业就把数据中心建在园内，近年来，园区还涌现出诸如从事云平台开发建设的汇智软件，从事数据挖掘业务的锦融决策，从事云存储业务的七牛云存储，从事数据管理和数据驱动业务的信核数据，从事数据库精准营销的运筹信息，从事自主创新数据库系统的达梦数据库，从事商业智能应用系统开发的伟凡数据等一大批优秀企业，并集聚了基础设施、公共研发平台等综合优势，这些都将成为推动园区大数据产业发展的坚强动力。

# 第十九章　辽宁大连软件园

## 一、园区概况

　　大连软件园由大连软件园股份有限公司开发运营，主要采用"产城一体"的规划开发理念和"官助民办"的园区开发管理模式。园区成立于1998年，一期占地约3平方公里，按照产业、生活居住、教育培训三位一体的规划进行开发建设，已打造成集产业、教育、居住、休闲配套于一体的现代化生态智慧新城区、软件和服务创新中心，园区共容纳了约650家中外软件与信息服务外包、制造业研发类高科技企业以及共享服务中心，从业人员数量将近8万。大连软件园拥有众多全球知名IT巨头，包括HP、埃森哲、松下、索尼、日立、NTT、Oracle等48家世界500强企业，是大型跨国公司在中国设立区域服务支持中心和共享服务中心的重要集聚区。在为社会创造巨大财富和价值的同时，推动了城市经济结构的全面调整和区域品质的快速提升，成为中国城市化发展进程中成功的典范。

## 二、重点行业发展情况

　　大力支持创新创业。2015年5月，大连软件园举办首届创新创业大赛，参赛项目主要由大连软件园和IBM公司共同筛选，所有参选项目都将有机会通过中国区赛程进入Smartcamp创业家训练营的全球赛程，被推荐申请IBM创业企业扶持计划和云加速计划，也有机会获得知名创投机构的青睐与投入，进而享受到投融资、招聘、律师、财务、孵化器等企业发展过程中需要的一系列优惠服务。大连软件园将设立COCOSPACE创新创业企业孵化空间，孵化企业除了可以获得办公和交流空间外，还能享受基础服务、技术支持、方向指导、商业配套、基金扶持等多元化服务，步入正轨的企业可享受园区提供的从办公空间建设，到品牌营销推广，从人才派遣培训支持，到业务拓展交流的全方位的服务。此外，根据大连高新区已经出台的《创业大连高新区示范引领工程实施意见》及"众创十二条"等利好政策，预计 5 年内将投入 1.5 亿元，帮助创新企业拓展发展空间。

软件服务外包业务全国领先。辽宁省软件服务外包出口稳步发展，继续保持全国领先地位，软件服务外包出口收入占全国三分之一。当前辽宁大力发展高附加值软件和信息技术服务外包业务，依托中国国际软件和信息服务交易会等平台，重点推动大连软件和信息技术服务外包产业向高端发展，促进产业向价值链高端延伸。2015 年 3 月，由大连外经贸局服务贸易处和大连市服务外包协会共同举办大连市服务外包平台推广大会，为全市软件服务外包发展提供了新的平台，使得企业能够充分利用平台优势，进一步巩固大连软件服务外包行业新优势。

# 第二十章　江苏南京雨花软件园

## 一、园区概况

江苏南京雨花软件园成立于 2008 年，位于南京城南部。园区主要发展通信行业应用软件、嵌入式系统软件等。自成立以来，园区先后获得"国家火炬计划南京雨花现代通信软件产业基地"，国家级"最佳投资环境园区"，省级"软件科技园"，"省级软件和信息服务产业示范园"，"省中小企业产业集聚示范区"，"省现代服务业集聚区"，"省高层次人才创新创业基地"等称号，被省科技厅纳入"省级科技产业园序列管理"。

2015 年，南京市软件产业主管部门继续围绕名园、名企、名品、名人、名展等重大工程，加快推进南京中国软件名城高标准建设。重点推进以"一谷两园"（中国（南京）软件谷、南京软件园、江苏软件园）为重点的软件产业集聚区建设。"一谷两园"全年软件业务收入占全市的 67% 左右，比上年提高 3.8 个百分点，集聚效应日益增强。2015 年中国南京软件谷总投资超过 500 亿元，软件企业超过 1000 家，软件产业建成面积超过 510 万平方米、在建面积超过 200 万平方米，软件从业人员超过 14 万人，软件产品和解决方案已应用于全球近 200 个国家和地区、服务全球 1/3 的人口。集聚国家千人计划专家 15 人、省"双创计划"人才 21 人、领军型科技创业人才 117 人，实现专利申请 1760 件。预计 2016 年，中国（南京）软件谷软件和信息服务业收入将突破 2000 亿元，软件从业人员超过 20 万人，产业建筑面积达 750 万平方米，产业孵化器面积达 200 万平方米，入驻软件企业超过 1300 家。

中国（南京）软件谷共分为三大功能板块，即：北园（软件大道两侧区域）、南园（铁心桥地区）和西园（雨花经济开发区）。按照"高端化、国际化、品牌化"的发展思路，在三大功能板块中，围绕各自不同的主导产业，以"谷中园"、"园中园"、主题楼宇等形式，着力打造若干产业基地。

北园：建设具有全球竞争力的中国通信软件产业第一基地和全省乃至全国领先的软件产业公共服务平台。以通信软件产业园、高端服务外包示范园、游戏动漫产业园、省软件产业公共技术服务中心、中小企业集聚发展中心等"三园两中心"为重点，依托华为、中兴、江苏润和、文思海辉等重点企业，以江苏赛联信息产业研究院、江苏虚拟软件园、江苏省软件检测中心等省级软件产业公共服务平台为载体，进一步巩固和强化通信软件产业优势，提升在大型交换系统、数据网络、增值业务、下一代网络核心技术、通信解决方案等领域的核心价值。

南园：建设国内一流的超级云计算技术研发中心、产业拓展基地和服务示范窗口。重点建设超级云计算服务产业园、物联网产业园、移动互联网产业园、三网融合产业园、信息安全产业园、下一代移动通信产业园、高端企业总部园、E-CBD区等产业基地，聚焦发展超级云计算技术研发和应用服务，完善集云计算基础设施、技术研发、系统集成、硬件产品制造、软件支持服务、市场运营等于一体的产业体系，加快云计算技术在电子政务、企业信息化、工业设计、移动支付、信息安全等重点领域的推广应用。

西园：建设全国一流的数字服务产业基地和适合中小软件企业创业孵化、创新技术、创意发展的产业集聚区。重点建设国家级数字出版基地、电子商务产业园、电子信息产业园、科创特区等四大产业基地，大力提升国家级数字出版产业基地的产业规模与层次，加快整合计算机、通信、网络、流媒体、存储和显示等关键技术，引进发展数字设计、数字影视、数字广播、数字识别、数字虚拟、数字期刊等各类数字服务产业。主动承接北园、南园软件产业转移趋势，发展互联网、电子商务等初创型、低准入型、人力资源密集型产业和集成电路和芯片设计、嵌入式系统开发等电子信息产业。

## 二、重点行业发展情况

### （一）移动互联网

在移动互联网领域，依托新城科技园打造中国游戏谷，大力发展基于移动终端的游戏动漫产业，中国移动游戏基地和中国电信游戏基地已落户，正在吸引中国联通游戏基地进驻。推动徐庄软件园建设移动电子商务基地，打造苏宁易购3.0模式电子商务开放平台、途牛旅游网、猎宝游戏支付平台等行业品牌。

## （二）云计算

在云计算领域，推动江苏软件园依托南京云计算中心建设国内有影响力的云计算服务基地，已经吸引中国电信云计算中心和甲骨文云计算数据中心落户建设。推动秦淮区依托白下高新园建设中国云计算创新基地，集聚了紫光、华软、云创存储、斯坦德等一批云计算龙头企业，其中紫光云信息科技公司研发出了全球首台云计算机。推动建邺海峡云谷科技园完成12万平方米载体建设，已引进40多家科技和文化企业入驻，并与华为、中华电信等开展战略合作。

## （三）大数据

在大数据领域，制定出台了《南京市关于大数据产业发展的意见》，将在软件谷建设大数据产业基地，在其他省级以上软件园建设若干大数据特色应用基地，重点发展电信分析、电子商务、地理位置、智慧城市、互联网金融等特色大数据应用。

## （四）北斗导航应用

高新区北斗产业基地已与航天科技集团达成战略合作意向，在宁建设航天科技卫星应用基地，共同研发运营遥感小卫星，共推北斗应用工程；同时与CEC洽谈引入北斗芯片、信息安全等项目。至2015年底共引进27个北斗项目，总投资近30亿元。

# 第二十一章　福建福州软件园

## 一、园区概况

福州软件园成立于 1999 年 3 月，是目前福建省最大的软件产业园区。近年来，园区获得"国家火炬计划软件产业基地""国家高新技术创业服务中心""国家现代服务业产业化基地""中国软件和服务外包杰出园区""国家新型工业化产业示范基地"等一系列称号。经过 16 年的发展，当前园区入驻企业数量达到 450 家，年产值 360 亿元。

园区招商引资力度进一步加大。2015 年上半年，园区顺利完成财政收入、规模以上工业产值、内外资到资等各项指标任务，实现"双过半"。福州软件园从"招商"提升到"选商"，注重入驻企业的潜力。2015 年上半年园区共引进科技企业 55 家，新增挂牌新三板企业有天信投资、福昕软件、未名信息 3 家，截至 2015 年底软件园挂牌新三板共有 10 家企业（闽保股份、索天科技、华虹科技、瑞聚股份、瑞恒科技、高奇电子、天信投资、施可瑞、福昕软件、未名信息）。2015 年上半年园区预计技工贸总收入 235 亿元，同比增 30.56%；税收入库 7 亿元，同比增长 25.83%。通过"5·18"海交会（海峡两岸经贸交易会）、"6·18"项交会（海峡项目成果交易会）等重要活动，与近百家企业进行交流，并对接 30 个项目。

园区企业竞争力和自主创新能力不断提升。福州软件园不断创新机制、管理以及服务，通过政策引导、资金扶持等方式增加企业自主创新扶持力度，在园区引导下，形成了一批具有较强自主创新能力的企业。以创新驱动产业升级，园区先后建成公共技术服务平台、集成电路公共服务平台、动漫公共服务平台等三大技术服务平台。园区入驻企业共开发出 400 余项技术含量高、市场占有率高、拥有自主知识产权的软件产品，并承担了国家"863""973"计划等重大研发项目，产品主要包括政企信息化、证券交易系统、遥感技术、信用卡网络系统、电力自动化系统、无线射频识别技术、动漫渲染技术等，覆盖了金融、通信、能源、电力、物流、教育、交通等众多行业。

园区公共服务体系不断健全。园区建立了"产业政策、技术进步、软件人才、公共事务、园区文化、后勤保障"六大服务体系。积极响应国家大众创业万众创新战略要求，园区联合全省孵化器、创业基地，建立创客联盟平台，与阿里巴巴、腾讯、京东等互联网龙头合作，为创业者提供创客空间和平台，目前在建的创客空间已有 7 处。此外，园区还规划 2000 平方米作为首批青年创业基地孵化空间，成立"福州软件园台湾青年创业基地"，全面对接台湾青年创业群体，实现人才、资源、项目的跨海岸交流对接。

## 二、重点行业发展情况

### （一）软件服务外包

服务外包是福州软件园重点产业之一，福州软件园曾获得"中国软件和服务外包杰出园区"称号。园区服务外包业务蓬勃发展，2014 年，规模以上的服务外包企业数量超过 150 家，实现服务外包执行金额超过 5 亿美元，涉及物联网、移动互联网、电子商务、现代物流、生物医药、工业设计、动漫游戏等领域，涌现出福富、福昕、国脉、榕基等一批龙头骨干企业，企业规模不断壮大，带动效应显著增强。

从福建省统计情况看，2015 年福州市新增服务外包企业数为 15 个，同比为 36.36%，新增从业人数为 3477 人，同比为 10.98%；外包合同执行金额为 5623.69 万美元；并且新增认证数量 7 个。从主要市场看，福州软件园服务外包以日本、美国、新加坡、中国香港等国家和地区为主，目前不断开拓国际离岸外包市场，涉及全球 62 个国家和地区。

### （二）动漫游戏

福州软件园依托园内福州动漫游戏产业基地为主要载体，促进动漫游戏产业发展壮大。2015 年 10 月，福州软件园在第三节福州动漫游戏展会上发布了《福州市动漫游戏产业发展扶持奖励办法》和《福州市人民政府关于贯彻落实省政府大力推进大众创业万众创新十条措施的实施意见》，重点突出对福州市优秀动漫游戏作品、原创游戏及应用软件、动漫游戏版权出口及衍生周边产品方面的扶持力度，并将网络、手机动漫作品和动画电影首次计入奖励范围。

## （三）云计算

福州软件园高度重视云计算的发展，加快云计算研发创新及应用，将其作为培养和发展战略性新兴产业的重要抓手和信息产业发展的新引擎。以星网锐捷、福建邮科、福建新大陆、榕基软件等为代表的产业链各环节龙头企业快速发展。同时，福州软件园引进阿里巴巴、微软、亚马逊、IBM 等国际大企业，云计算产业链基本形成。

# 第二十二章　山东齐鲁软件园

## 一、园区概况

齐鲁软件园成立于 1995 年 11 月，是以软件产业为核心，覆盖服务外包、动漫游戏、通信、半导体、系统集成等多个行业领域的信息产业园区。园区先后获得过"国家火炬计划软件产业基地""国家软件产业基地""国家信息通信国际创新园（CIIIC）""国家软件出口（创新）基地""国家服务外包基地城市"示范区等多项荣誉称号。2015 年 7 月，齐鲁软件园凭借优秀的产业服务平台促进能力，连续第三年蝉联"软件和信息服务业最具推动力服务平台"奖。2016 年 1 月，在"第六届中国信息技术服务产业年会"上，齐鲁软件园入选了中国创新示范软件园区。齐鲁软件园坚持"营造环境、拉动产业、促进发展、共同提高"的发展思路，围绕"产业拉动""园区规划建设""企业服务"三大任务，通过为企业打造人才保障服务、技术支撑服务、企业协作服务、融资服务、技术创新服务等平台，着力突出人才集聚、技术支撑、产业国际化、集成联盟等重点工作。

园区全力推进企业上市。近年来，齐鲁软件园立足"科技立区、金融强区"发展战略，加快推进企业上市，取得了良好成绩。2015 年以来，创新园新增上市企业 28 家，上市企业总数达 47 家。其中山东神思电子技术股份有限公司于 2015 年 6 月挂牌上市，成为济南市第一家成功登陆创业板的企业。齐鲁软件园企业正在加快上市步伐，已启动 IPO 上市企业 8 家，储备新三板后备企业达 92 余家。

建设技术平台，构建分级孵化体系，优化创业环境。园区已经累计投入超过 12 亿元，建成软件和信息服务技术平台、集成电路设计平台、数字媒体技术平台、通信测试平台、量子通信研发平台、物联网嵌入式系统研发平台、卫星通信研发平台、国家千万亿次超级计算平台等 8 大技术支撑平台，提升公共服务能力，提高园区企业持续创新能力。自 2004 年陆续投入使用以来，平台始终面向园区企业提供免费使用服务，截至 2015 年已为省内千余家企业提供服务，为使用企业节约设备和服务费用 10 亿余元。作为科技型创新驱动发展的强力引擎，齐鲁软件园在"万众创业"的浪潮中，搭建了"创业咖啡 + 创业苗圃 + 孵化器 + 加速器"的孵化体系，帮助创客快速成长。

## 二、重点行业发展情况

### （一）服务外包产业

为发挥区位优势，提高济南高新区服务外包产业的国际地位和影响力，打造世界知名的服务外包产业基地，齐鲁软件园管委会在省市区各级领导大力支持下，整合资源优势，在现有园区孵化器等载体的基础上规划了齐鲁外包城项目。

经过不断吸收海外企业入驻园区、不断拓展海外市场规模，齐鲁软件园离岸服务外包的来源地较以往有了显著增加，其中对日业务水平尤其突出，呈持续稳定增长态势，并逐渐向高端业务领域发展，对欧美业务也保持良好发展势头。以 Microsoft、IBM、Intel、Oracle 为主的欧美企业也陆续落户园内，可以有效地进一步提升和欧洲、北美的服务外包业务水平。以 NEC、大和总研、瑞穗总研、富士软件为主的日本各主要企业研发中心相继在园区落地，2015 年，TransCosmos 株式会社在济南创新谷成立独资公司济南大宇宙信息创造有限公司，主要承接日本在中国的软件开发业务，也进一步提升了园区对日外包业务的服务水平和层级。

### （二）软件研发设计

齐鲁软件园坚持营造环境，拉动产业的发展思路，不断致力于园区公共技术服务平台的建设。2015 年，依托国家公共服务平台的服务基础，齐鲁软件园建成并投入使用的"齐鲁软件园云计算平台"为企业提供了全方位专业的产品服务（虚拟机、平台服务、软件服务），满足了该地区企业对平台资源日益增长的需求，让更多的企业都能享受到平台的各类公共技术服务，为企业的技术创新和市场开拓提供更加有力的技术支撑。济南高新区与人工智能学会利用区内高端制造业集聚平台，合作建设"济南智能机器人与数字化装备科技园"，搭建"山东省智能机器人与数字化装备产业公共技术服务平台"。高新区也将作为全国智能机器人创新联盟首批科技成果孵化基地，共享联盟科技资源，并积极促成国内外智能行业技术、产业之间的合作，为智能行业企业在济南的发展提供便利服务和优惠条件，与联盟共同打造国际化的智能机器人与数字化装备产业园。

### （三）信息通信产业

在济南市齐鲁软件园的基础上，国家信息通信国际创新园 CIIIC，经过 7 年多的发展，已经形成以齐鲁软件园为核心研发区、以齐鲁创新城为高技术服务聚集区、以信息通信产业基地为数字装备制造区、以东部产业新区为产业拓展和高端项目承载区的"一园四区"总体布局，成为国家信息通信产业的重要聚集区。CIIIC 重点打造软件、集成电路、数字化装备、网络通信、信息服务五大产业集群，力争到 2020 年实现园内年营业总收入 6000 亿元。

# 第二十三章　山东青岛软件园

## 一、园区概况

为推动全市软件与信息服务业跨越发展，2012年4月，青岛市大力推动青岛软件科技城建设，努力将其打造成为全市软件产业发展的核心区。青岛软件科技城坚持市场化推进战略，引入国内知名园区开发运营商来进行开发、运营和管理。目前园区吸引了一大批投资者，主要包括香港招商局青岛网谷、清华大学科创慧谷、杭州银江中国智谷、北京天瑞金MAX产业园、中国移动云计算和数据中心、计世传媒集团物联网与云服务基地等。到2015年9月，软件科技城已经累计引进了30个软件与信息技术服务业专业园区，产业载体总体规划建筑面积达到703万平方米，其中累计开工园区23个，已开工建设300.7万平米，168.5万平米已竣工投入使用。

在软件人才培养方面，IBM联合创新中心设立软件教育学院，通过与驻青各高校开展合作，加强软件人才培养，通过学分置换，让在读学生直接参与到IBM软件工程师认证培训教育中。同时，该中心还创办了"505教室"，引入清华大学的创业文化，构建集教学、实训、创业、孵化、融资等功能于一体的新型教育生态圈。此外，QST青软实训基地是园区内投入运营的第一家大型软件人才实训基地，可同时容纳在训学生3000人，每年为6000名大学生提供实习实训服务。2015年7月，在青岛高新区的支持下，青软实训与青岛科技大学合作，三方共建的青岛科技大学青软国际软件学院正式成立，计划5年内在校生规模达到4000人。

在产业投融资方面，青岛软件科技城高度重视通过设立投资基金来促进产业发展,大力实施"金融助推"战略。园区与清华大学科创集团联合成立了规模 2.5 亿元的青岛高创清控股权投资基金,支持英菲尼迪与中润集团成立了 1.6 亿元规模的青岛英飞中润高创"互联网 +"创业投资基金。

在产业公共服务方面,青岛软件科技城致力于产业公共服务平台建设,目前已形成了五大产业公共服务平台。2015 年上半年,青岛市软件与信息公共研发平台一期顺利完成验收,可提供 1000 个虚拟服务器、300 个云桌面,100M 独享到桌面、100G 核心交换的基础通信服务,为近百家小微企业提供了便捷的开发环境。目前,平台二期正在筹备启动,将重点优化开源软件开发环境,建设开源社区。

# 二、重点行业发展情况

应用软件开发和测试外包业务。充分发挥青岛市在信息家电、通信设备和智能控制设备等产品方面的优势,重点开展相关嵌入式系统软件和集成电路开发、设计和测试外包业务;依托青岛市在交通物流、商业零售、橡胶行业、财税金融等行业优势,积极承接中间件、系统软件、应用软件的开发和测试外包业务。

人力资源管理外包和培训业务。积极承接国内外公司在人力资源管理、培训、派遣等方面的外包业务。在人才培训方面,园区软件人才实训服务中心已建有 2500 平米的软件人才实训工厂,现有 220 个工位,拥有价值 500 万的软硬件设备,同时在青岛海洋大学、青岛大学、青岛科技大学、山东科技大学、青岛理工大学、山东大学等高校设有实训基地,可同时为 300 人提供实训服务,软件工厂可满足 Java、嵌入式软件、Linux、对日外包、数字动漫等方向的实训要求,全年可实现实训人数达 1500 人。

# 第二十四章　广东广州天河软件园

## 一、园区概况

广州天河软件园于 1999 年在天河软件园的基础上设立。园区集国家火炬计划软件产业基地、国家高新技术产业开发区、国家网游动漫产业基地、国家软件产业基地（CSIB）、国家软件出口创新基地以及中国软件出口欧美工程（COSEP）试点基地和中国服务外包基地城市广州示范区于一身，规划总面积 12.4 平方公里，是华南地区软件企业最密集的国家软件产业基地。

天河软件园以打造科技创新核心区、高端现代服务业的集聚区、总部结算与展示中心区和生态软件社区为发展目标。把握产业和技术的发展趋势，坚持产业集聚与技术创新并重，结合园区产业优势，形成了通信信息服务、文化内容创意、服务外包、电子商务、金融创新服务等优势产业集群。加强重点领域龙头企业的培育和引进，支持优势企业进行兼并重组，吸引行业领军企业入驻园区。支持以龙头企业为核心建立行业协会、产业联盟等中介机构，加强企业之间在技术研发、投融资、市场和人才等方面的协作，发挥龙头企业的带动作用，增强中小企业专业配套能力，促进产业链上下游协调发展。

天河软件园区位优势突出。位于广州东部高新技术产业带，总体规划面积12.4 平方公里，毗邻全国三大中央商务区之一的天河中央商务区，在基础设施、服务功能、资本市场、创新要素、生态环境等方面拥有优越的综合区位优势。园区地理位置优越，交通网络四通八达，10 分钟可到达国际金融城和中央商务区，15 分钟直达国际会展中心，18 分钟可达广州大学城，30 分钟内可达广州白云国际机场，与珠三角主要城市形成 1.5 小时经济圈。

天河软件园人才优势突出。所在的天河区集聚了65所高校和科研院所，41家国家、省级重点实验室，华南理工大学、暨南大学、华南农业大学、华南师范大学等一批培养创新型人才的知名高校云集，搭建起层次分明、高端专业的创新人才结构，从研发到孵化、加速成长再到产业园区，提供源源不断的人力资源。一批国内外知名高校、科研机构陆续设立国家级产学研创新平台、重点实验室与转化中心等机构，园区已成为华南地区产学研用资源高度集聚区域。据统计园区就业的人数有14万人，大专以上的占87%。企业员工平均年龄不超过30岁，是创新创业的主力军。

天河软件园环境优美宜居宜业。天河软件园山水相依，20平方公里的核心区中，森林绿地面积占比达到三分之一。园区强调产业、生态融合布局，通过构筑花谷景观、花园绿道、亲水栈道等生态景观系统，按照"海绵城市"理念打造一城多湖、湖湖相连的岭南山水景观，塑造形成"一园一湖一景"特色生态园区。园区坚持特色产业与宜居生活双轨发展，重点引进了大型商业配套综合体、银行、学校、酒店、医院。日航酒店、中央大厨房已经顺利开业；人才公寓项目加快推进；便利店、连锁店等各类中小型商业配套设施不断完善。立足环保节能、可持续发展，探索引进光伏发电项目，绿色健康的发展理念深入人心。

天河软件园发展空间广阔。作为智慧城的核心区，天河软件园高唐新建区通过大力推进土地征储，为优秀产业项目提供了充足的用地资源保障。同时，在科学划分产业发展方向基础上，天河软件园依托智汇PARK创意产业园、高唐孵化器等一批成熟的产业载体，2015年有超过50万平方米的产业载体投入使用。计划未来3年，新增建设楼宇面积200万平方米，为创新创业提供有力的载体支撑，有效促进产业集聚。园区经认定市一级孵化基地7家，同时也产生了一批专业的孵化企业和各类助力企业发展的专业服务机构，为把园区打造成优质创新创业基地提供了肥沃的土壤和丰厚的资源储备。

天河软件园产业资源高度集中。目前，园区内已经聚集了1700多家企业。其中，主营业务收入超亿元以上的企业有129家，超千万元以上的企业达521家。国家规划布局内的重点软件企业11家，境内外上市的企业15家。天河软件园累计认定软件企业、产品收入、产品登记数等各项指标占广州市70%。中国移动南方基地、网易、佳都、华多、太平洋网络等知名龙头企业入驻园区，形成了移动互联网、电子商务、大数据、地理信息、数字创意等八大优势领域。互联网金融企业加速集聚，大量高成长性企业不断涌现。根据企业发展需求，天河区和科技园构建了包括"1+6"配套支持政策和园区促进优势产业发展若干措施等一系列全方位的产业政策支持体系，在科技人才、融资上市等方面提供政策配套，吸引企业落户，助推企业做大做强。

## 二、重点行业发展情况

2015年，天河软件园实现总收入约1500亿元，天河软件园总收入占广州市天河区总收入的四成以上。园区中集聚了中移动南方基地、网易、佳都集团等企业近两千家。广交会电子商务平台、UC移动互联网全球产业基地等一大批引领产业发展方向的大企业、大项目落户园区。园区积极发展对日、欧软件出口企业的较高层次的设计外包和服务外包。强化穗港澳外包服务合作机制，加快服务外包产业高端化进程。大力推动客户软件编程、软件定制与测试以及应用效果保障等服务外包业务，此外积极培育系统托管、软件系统租赁等软件系统应用外包，加快发展业务流程外包（BPO）、知识外包（KPO）以及面向国际金融机构的金融服务外包业务。大力扶持汇丰软件、爱立信等成长型企业，扶持西艾、华际友天等初具规模的外包企业，重点引进国内外知名外包服务企业，引导软件服务外包企业合理集聚，打造全套的软件服务外包产业链，构建其成熟的企业协同发展机制。2016年2月，天河软件园广州佳都集团有限公司等21家企业凭借其对广州市经济发展做出的突出贡献被认定为2015年度广州市总部企业。

2015年，天河软件园通过全力打造一流发展硬环境，优化配套服务软环境，进一步加速园区产业集聚。据统计2015年以来共引进企业951家，其中注册资本超5000万的30家，1000万以上的181家。2015年10月底，中移互联网有限公司正式入驻天河软件园，该公司注册资本高达30亿元，整合了中国移动在全国九大基地的互联网业务，随着该企业和项目的落户，将吸引一批产业链上下游企业集聚发展。

为了进一步提高产业的汇聚度，并增强园区的企业市场竞争力，天河软件园从政策、生态构建、生活配套等方面持续加大支持力度。一是从政策层面进一步加大对企业创新创业的支持力度，出台实施《广州市天河区产业发展专项资金支持天河软件园／天河软件园发展实施办法》，引导和支持企业创新创业，累计组织13家企业申报15项市级科技计划项目，申请财政补助资金6349万元，同时制定完善高唐园区租金补贴政策，吸引优质企业进驻。此外网游动漫人才培训平台完成软件开发和硬件安装调试，为企业提供强有力的技术支持。二是加强生态建设，智慧水系连通一期工程基本完工，成为天河区东北部生态景观亮丽名片。区政务服务中心选址孵化中心二期于2015年9月正式挂牌对外办公，进一步构建园区产业、生态融合大格局，塑造宜业宜居特色生态环境。三是持续完善生活配套，积极与机场快线经营公司沟通协调，增加天河智慧城（日航酒店）站设置，优化区域公共交通，重点推进集约租车运作模式，同时推进公共区域无线网络建设，打造人性化、集约化、智能化的服务环境。四是不断优化企业服务，通过召开专题座谈会、培训会为600多家企业提供专业培训服务，组织各类文体活动50多场，吸引园区500多家企业5000余名青年创新创业人才参加。五是继续加强人才培养，2015年"广东省综合性创业孵化（实训）示范基地"落地园区，该基地将通过打造众创空间平台、产品实验试制平台、融资支持平台、一站式全方位创业服务平台等七大平台，为高校毕业生等各类创业者提供培训实训、孵化对接、政务服务、交流展示等服务。

# 第二十五章　广东深圳软件园

## 一、园区概况

　　深圳软件园是国家级软件基地，主院位于深圳湾畔，与深圳高新区融为一体。按照"一核多园"的发展思路，软件园结合高新区主园、前海深港分园及福田、南山、罗湖等各区特色软件园区，统一规划建设，充分发挥市、区及企业的积极性，形成以主园为核心覆盖全市的软件产业布局，产业集聚效应明显。

　　深圳软件园作为珠三角软件企业重要集聚园区，先后获得国家火炬计划软件产业基地、国家软件出口基地、国家服务外包基地城市示范园区和国家新型工业化产业示范基地等重要称号，在全国软件行业占有重要地位。2010年至2015年间，接连获得中国软件与信息服务外包最佳投资环境奖、全国服务外包人才培训校企合作贡献奖、中国软件和信息技术服务业最具品牌影响力的产业园区等奖项。2014年度国家火炬计划软件产业基地评价结果公布，深圳软件园获评"综合评价""产业发展规模"第二位及"创新能力"首位。

　　园区规模不断扩大。2014年9月，深圳软件园管理中心与深圳龙华新区、宝能科技园签订合作协议，共同推动建设深圳软件园龙华分园。2015年4月，深圳市软件园龙华分园迎来了首批12家企业入驻，龙华分园建设初见成效。园区所在的龙华新区制定"1+N"产业政策体系，2015年安排产业资金达6亿元，进一步加大对科技创新的扶持力度。同时，在研发机构引进、创新科研团队配套、科技人才创新、国高企业奖励、新三板挂牌等方面给予园区和企业较高资助，并出台了"龙舞华章"人才扶持政策，为人才发展提供全方位保障。

　　自主创新成为推动园区发展的主引擎。深圳软件园坚持以骨干企业和科技企业孵化器为载体、公共服务平台为支撑、自主创新为源头，加快推进基础软件、信息安全软件、行业应用软件、嵌入式软件、互联网服务等核心产业研发，全面促进消费型互联网服务、软件服务、文化创意等高科技服务业的发展。园区已培育多家国家规划布局内重点软件企业、数十家上市软件企业，形成以金蝶、迈瑞、金证等骨干企业引领带动、上百家创新型中小企业为支撑的软件产业协同发展体系。同时，园区内企业与国内外知名企业、科研机构和高校联合成立研发机构，建设多家市级以上企业工程中心、工程实验室和重点实验室。

高度重视人才培育，鼓励创业创新。截至 2015 年，深圳软件园已与全国 20 多家高校和科研院所签订合作协议，重点面向人才培养、校企协同研发、创业投资等内容，探索深化产教融合、校企合作，搭建利于培养高素质劳动者和技能型人才的合作新模式。2014 年上线的南方创投网，是一家由深圳软件园建设的高科技项目股权责权投资平台，也是我国首家由政府主导、非营利性的投资促进平台。截至 2015 年 9 月，该平台已吸引国内外知名的银行、投资机构等 50 多家，为全国高科技项目及投资人提供开放透明的融资渠道，在企业并购、项目投资、转让、人才合作等方面提供帮助。

强化园区公共服务平台的支撑作用。深圳软件园公共服务平台主要包括软件及服务外包信息服务平台、软件及服务外包培训平台、深圳软件园公共技术平台、深圳软件园云服务平台。这些平台是深圳面向软件及服务外包企业构建的集人才培养、软件测试、技术支持、信息服务和政企互动于一体的综合服务体系。其中，深圳软件园云服务平台通过国家超级计算深圳中心的技术支持为深圳市软件企业提供多种类的云服务，包括基础设施和应用程序服务、各种不同类型的软硬件测试环境、自助的动漫集群渲染服务、高性能计算机和软件服务、云存储等服务，最大限度减轻中小软件企业的开发成本。

2015 年 1 月，中国软件企业评估联盟在深圳成立，由包括深圳软件行业协会在内的多地省市行业协会共同发起成立，旨在推动软件企业能力提升，加快推进行业自律，发挥各地区软件行业协会的积极作用，帮助软件企业做大做强。5 月，深圳市印发《深圳市软件产业和集成电路设计产业专项资金管理办法》，明确，市财政每年统筹安排不少于 5 亿元作为专项资金，重点支持符合条件的市级工程实验室、重点实验室、工程（技术）研究中心等研发机构，入驻软件和集成电路设计产业园区的企业等，促进软件和集成电路设计产业发展，这进一步为深圳软件园企业发展与项目孵化在政策、资源等方面提供有利的条件和保障。

## 二、重点行业发展情况

### （一）行业应用软件

深圳软件园的大型行业应用软件主要面向电信、金融、物流、电力与公用事业、供应链管理等深圳地区的优势行业。借助这些优势行业的带动，园区开发出一批在国内具较高的知名度和市场占有率的产品，例如金蝶的企业管理软件、金证的金融行业应用软件、现代的地铁综合管理系统，科陆的电力调度管理软件、海云天的教育软件等。互联网的推广加快促进软件企业的转型发展，如金蝶与"互联网+"深度融合，基于软件产品基础，为客户企业提供云服务和数据金融等服务，并重点打造云之家平台。

### （二）游戏动漫

深圳软件园的游戏动漫业极具特色，已形成集制造、研发、分发、运营于一体的完整产业链，包括游戏开发商、游戏运营商、渠道经销商、电信运营商以及周边服务商等。移动游戏领域基础优势明显，集聚了腾讯、中青宝、博雅互动、创梦天地、第七大道等一批研发能力较强的游戏制作运营企业，并基于华为、金立、中兴等手机厂商丰富的渠道资源，在本地互联网产业的带动下呈现出蓬勃发展的态势。2015年中国互联网企业100强中，迅雷网络、博雅互动、中青宝等游戏企业榜上有名。随着多样化媒体传播的推广，游戏与动漫、影视、文学等多个文化领域相互渗透融合，并衍生出具有巨大潜力的泛娱乐产业链，进一步提高区域行业的影响力。

### （三）集成电路设计

深圳软件园拥有一批世界领先的集成电路设计企业，围绕集成电路产业，形成较为完备的产业链。软件园内聚集了以海思、中兴微电子、国微电子为代表的国家级集成电路设计企业。产业规模不断壮大，据调研，海思、中兴微电子、敦泰、江波龙、国民技术、国微电子等23家企业2015年预计实现境内外销售额347.23亿元。其中，海思半导体有限公司2015年预计境内外销售额约220亿元，增幅为44%。企业创新能力保持全国领先，2015年，国微电子与清华大学、上海交通大学、东南大学等共同完成的"高能效动态可重构计算及系统芯片关键技术"项目获得了 2015 年度国家技术发明二等奖；汇顶科技成为首个国际消费电子展上获得技术创新奖项的中国芯片设计公司；郭泰、汇顶科技、芯海科技等企业在第十届中国芯评选中获得多个奖项。

# 第二十六章　福建厦门软件园

## 一、园区概况

厦门软件园始建于 1998 年 9 月,位于厦门市东北地区,包括软件园一期(孵化区)、软件园二期(产业区)和软件园三期。软件园一期位于厦门环岛路海景观光线,占地 10 万平方米,与厦门大学软件学院为邻,产业聚集优势和规模已逐步凸显。软件园二期位于厦门岛东部,建筑总面积约 163 万平方米,区内包括信息技术服务区、动漫游戏区、软件研发和 IC 设计区、管理服务区四个功能区,2015 年底入驻企业共 1000 余家,汇集各类人才 5.7 万余人。软件园三期规划面积 10 平方公里,其中动漫教育产业基地 2.1 平方公里、软件研发产业基地 7.9 平方公里。三期于 2014 年开放,截至 2015 年底,园区已核准入园企业 461 家。

园区品牌效应日益明显。作为厦门市软件和信息产业发展的重要载体,软件园成为厦门市发展软件和信息服务业、带动市区联动转型发展的重要核心,在充分发挥对台优势的同时,致力于发展动漫游戏、移动互联网等,产业集群效应凸显。厦门软件园产业在"十一五"期间,园区企业营业收入年均增长 40% 以上,"十二五"前四年年均增长 30% 以上。2015 年,厦门软件园信息服务业总产值 921 亿元,软件园二期产值达 483 亿元,占全市一半产值以上。软件园三期全年实现产值 24.93 亿元,比 2014 年增长 300% 以上,企业业务覆盖电子商务、移动互联网应用、大数据与云计算、物联网等新兴领域。2014 年,软件园二期与三期获得"厦门市生产性服务业功能区"认定。2015 年,中国软件和信息技术报务业竞争力报告(2015)中,厦门软件园获得中国骨干软件园十强称号。其后,园区接连获得中国软件和信息服务领军产业园区奖和优秀服务软件园区称号。

创新创业建设成效明显。创业孵化器成长迅速各具特色，包括拥有众多台湾地区孵化团队的一品创客、全国首个青年创业社区小样社区等，前者被授予"两岸青年创新创业基地"称号。截至 2015 年底，园区已有 14 家市级认定众创空间。作为国家级优秀（A 类）科技企业孵化器，软投公司 2015 年在软件园新增孵化场地顺利获得国家级孵化器认定，园区现有孵化场地达 10.2 万平方米，在孵化企业 260 家，累计毕业企业数达 400 多家，毕业企业创造的年产值超过 50 亿元，如美亚柏科、易联众、三五互联、飞鱼科技等知名企业，提供了 3 万多人的就业机会，累计获得各级政府补助资金 5 亿元，引入金融和社会资本超过 20 亿元。

园区公共服务不断创新。通过成立"创 + 驿站"，软件园打造园区统一服务窗口，为园区企业提供全方位的服务。在强化公共技术服务平台建设上，厦门市及软件园积极提升集成电路设计服务平台、数字媒体公共技术服务平台的服务能力，新建设移动 APP 和手游测试平台、厦门市软件评测中心，为软件和信息服务业企业提供公共技术服务，促进园区技术交流的同时也促进了中小企业的发展。金融服务方面，园区集聚了包括风险投资等在内的多种形式金融服务机构，有数百家金融机构为创业者提供全生命周期内可能需要的各种类型的金融服务。同时，重视推进中介组织建设，成立厦门市动漫游戏产业协会、中国新媒体动漫联盟、智慧医疗与健康服务产业联盟等行业协会和产业联盟，引导企业抱团发展。

## 二、重点行业发展情况

### （一）动漫游戏

动漫游戏产业长期是厦门市的一大特色产业，行业销售收入从 2008 年的 5.2 亿元增长到 2015 年的近百亿元，增长近 20 倍。厦门市是国内较早出台鼓励动漫游戏产业发展政策的城市，也是首先出台原创游戏产品运营奖励、游戏人才培训补贴政策的城市，2007 年至 2014 年，厦门累计拨付专项扶持资金超过 5000 万元。动漫游戏业已成为厦门社会经济发展新的产业支撑点。

作为城市动漫游戏和新媒体产业的重要集聚地，厦门软件园产业影响力不断提升，企业原创能力不断提高，新媒体业务快速发展。园区先后获得"国家动画产业基地""文化部国家级文化产业实验园区""海峡国家数字出版产业基地"以及"福建省创意产业重点园区（基地）"等重要称号，汇集咪咕动漫（原中国移动手机动漫基地）、飞鱼科技、4399 游家网络、吉比特、大拇哥动漫、中娱文化、青鸟动画等一批知名企业，形成园区独特的动漫游戏产业优势。

2015 年 1 至 11 月，120 家动漫游戏企业营业收入总额达到 67.25 亿元，与 2014 年同期相比，增长了 28.3%。其中产值过亿的企业有九家，分别是四三九九、咪咕动漫、趣游、飞鱼科技、吉比特、天翼爱动漫、同步网络、大雅传奇、极致互动。由飞鱼科技运营的游戏"小鱼飞飞"获得中国"游戏十强"之"2015 年度十大最受欢迎移动单机游戏"称号，以及第 12 届中国动漫金龙奖"最佳手机单机游戏奖"。吉比特的"动漫文化创意产品与服务出口平台"入选 2015 年中国文化产业重点项目，获得财政部"2015 年度文化产业发展专项资金"。

## （二）移动互联网

依托软件和信息技术服务业基础、沿海区位优势以及良好的应用环境，厦门软件园抓住新兴领域发展契机，大力发展移动互联网产业，已形成龙头企业增长强劲、小微企业蓬勃涌现、创业人才不断聚集的产业局面，培育出一批知名互联网企业，如美图移动、四三九九、咪咕动漫等不同垂直细分领域领先企业。"2015 年中国互联网企业 100 强"中福建省入选企业共 4 家，其中包括厦门软件园企业四三九九和三五互联，正是园区大力发展移动互联网、与"互联网+"主动对接收获的成果之一。同时，美图移动科技有限公司入选 2015 年国家两化融合管理体系贯标试点企业。

软件园移动互联网产业蓬勃发展的同时，有力推动了厦门市智慧城市建设。2015 年，园区企业相继开展厦门市"城管微信"服务平台、在线公证平台"公证云"等项目建设，基于互联网有效提升城市管理服务效率。2015 年第二届世界互联网大会的微信城市服务分论坛上，厦门市经济和信息化局牵头打造的统一实名认证服务平台，获得"2015 年微信城市服务最佳实践奖"；厦门市卫生和计划生育委员会牵头打造的预约挂号平台，获得"2015 年微信城市服务最受用户喜爱医疗服务"。

## （三）行业应用软件

厦门市的信息化基础为软件园的行业应用软件与解决方案带来广阔的发展空间，促进产业快速发展，涌现了美亚柏科、易联众等一批在国内具有较强知名度和影响力的行业龙头企业，为打造特色产业集群奠定基础。

骨干企业自主创新能力不断增强，竞争力进一步提升。2015 年，园区多家企业获得福建省科学进步奖，其中美亚柏科的"移动终端采集分析系统"项目和爱德森（厦门）的"大型空心轴超声电磁自动探伤系统"项目获二等奖，易联众的"易联众银医通自助服务平台"项目和南方科宇的"'四品一械'电子监管平台"项目获三等奖。美亚柏科依托其电子数据取证技术积累，获得第四届"世界知识产权版权金奖（中国）"。第十九届中国软件博览会上，专注工程项目领域及 OA 办公设备行业的厦门快普获得两项大奖。

# 企 业 篇

# 第二十七章　基础软件企业

## 一、中标软件

### （一）总体发展情况

上海中标软件有限公司（以下简称"中标软件"）是我国主要的操作系统企业之一。企业成立于2003年，初始投资方包括了中国软件与技术服务股份有限公司、普华基础软件有限公司、华东计算技术研究所。公司业务扎根在中国并通过与众多国际著名软件和IT厂商合作在美国、日本等地设立海外分支机构。2016年1月，普华软件转让了中标软件的全部股份，不再是中标软件的股东。

中标软件有限公司是我国主要的Linux操作系统和办公软件产品的提供商和服务商之一，公司以操作系统技术为核心，重点关注产品的安全可靠、自主可控等特性。作为国家规划布局内的重点软件企业，中标软件拥有军、民两方面的相关企业与产品资质。企业围绕操作系统技术开发的产品包括中标麒麟通用服务器操作系统、中标麒麟高级服务器操作系统、中标麒麟高可用集群软件、中标麒麟安全操作系统、中标麒麟安全云操作系统、中标麒麟桌面操作系统、中标麒麟安全邮件服务器、中标凌巧移动终端操作系统。另外公司还提供中标普华Office专业版、专用版、教育版，维哈柯文办公软件、藏文办公软件、中标普华病历通等软件产品。

中标麒麟操作系统产品的应用领域涉及我国信息化和民生的各个方面，已经在政府、国防、公安、金融、审计、财税、制造、教育、医疗、交通等各个行业得到了广泛应用，其产品已覆盖北京、上海、山西、陕西、西藏等全国三十多个省市自治区。其中，多个领域已具备核心业务应用能力，在中纪委、中航信、审计、财税、工商等领域取得了较强的市场占有优势。2015年以来，中标麒麟操作系统凭借出色的产品性能和市场表现，年内连续获得了4个国际厂商的重量级认证，中标软件连续多年在桌面、服务器操作系统国产Linux市场保持占有率第一。

在操作系统领域，由于长期以来国外品牌占据着垄断地位，对国产操作系统企业的产品销售和运营发展带来较大挑战。从营业收入来看，中标软件连年亏损，截至2015年6月30日，中标软件有限公司总资产额为2.74亿元，净资产额为2.26亿元，2015年前六个月企业净利润亏损额达到约3000万元。

## （二）发展策略

积极完善国产操作系统产业发展生态体系。尽管当前信息技术得到快速发展，但操作系统始终处于整个软件产业链的核心位置，是整个软件产业市场竞争力的关键要素，是其他软硬件的重要依托。国产操作系统的发展离不开相关上下游产业链的支持。2015年，中标麒麟操作系统分别获HP基于x86的Superdome X平台全面支持、戴尔第13代PowerEdge服务器组合新产品以及VMware新产品的全面支持，这些为中标软件操作系统的市场拓展提供了新的空间。此外，中标麒麟桌面和服务器操作系统还获得了VMware ESXi 6.0产品的全面支持，是国产操作系统中首个获得认证的品牌。2015年，中标软件与英特尔、惠普签署谅解备忘录，在服务器领域开展合作。中标软件加盟国内首个开放系统产业联盟，携手国内外IT巨头，共建开放平台生态链。

以品牌建设为重点强化行业领先地位。品牌建设是我国国产操作系统企业提高运营能力的重要手段，微软通过多年的经营已经形成了强大的品牌影响力，其成功的品牌建设经验对我国国产操作系统的企业发展提供有益借鉴。近年来，中标软件在品牌建设方面取得长足进步，已经形成了"中标麒麟""中标普华""中标凌巧"三大产品品牌。2015年，中标软件正式通过CMMI5级复评，中标麒麟获Oracle11和Oracle12系列产品的官方认证，是首家获得认证的国产操作系统。中标软件凭借在国内开源社区的多年贡献，当选了第四届中国开源软件推进联盟副主席及副秘书长。在品牌知名度方面，中标软件与CCTV、央广、路透社、日经社、新华社等大型通讯社，《人民日报》《解放日报》等多家大型媒体建立了媒体合作关系并进行了广泛宣传。依托多年来在操作系统领域自主创新的发展成就，中标软件荣获2015年中国IT自主创新突出贡献企业称号。

# 二、普华软件

## （一）总体发展情况

普华基础软件股份有限公司是由中国电子科技集团公司整合下属的电子科学研究院、第十五研究所、第二十八研究所及第三十二研究所的优势资源，共同投资设立，专业从事国产基础软件研发和产业化的软件公司。普华先后参控股了中标软件、人大金仓和日本的 TurboLinux，并通过不断的自主发展，逐步建立了较完善的国产基础软件产品系列和一体化平台解决方案。2016 年 1 月，普华软件将其中标软件股份转让给一兰科技。

经过多年的探索和努力，普华软件已经建立了完整的基础软件产品线，主要产品包括了普华办公套件、普华桌面 Linux 操作系统、普华服务器 Linux 操作系统、普华数据库、实时嵌入式操作系统及开发环境、汽车电子整体解决方案、电子文档安全管理系统、基础软件统一部署与运维管理平台等。其中，普华桌面操作系统全面符合国家制定的 Linux 标准和 LSB4.X 认证规范，集成了全新的"普华软件中心""普华系统加速器"等实用软件。普华服务器操作系统以高效、稳定、安全为突破点，可提供完善的系统服务器和网络服务，实现全面的软硬件兼容。当前普华服务器操作系统已广泛应用于电信、金融、政府、军队等企业级关键应用。

2015 年 1 月，在赛迪顾问（CCID）发布的《2014 年中国国产操作系统市场研究报告》中，普华凭借很强的产业资源综合配置能力和长期持续发展能力位居同业前茅。普华公司技术部副总经理、研发总监黄建忠先生凭借其对开源世界的突出贡献，在"第十届开源中国开源世界高峰论坛"大会上当选为"2015 年度中国开源杰出人物"。

## （二）发展策略

一心一意全力打造普华国产操作系统。2015 年，普华软件在金融领域继续推进国产化进程，和国内相关公司合作共同发展高安全的金融自助设备，研究基于国产基础软硬件的金融基础支撑平台解决方案，旗下 Linux 操作系统产品中标财政部国税发票查验系统。普华软件紧跟硬件厂商研发节奏，联合上下游生态共同打造一体化解决方案，为更好适配新一代龙芯处理器架构，对其龙芯操作系统作深度优化与更新。普华操作系统兼顾高性能和安全性，其服务器操作系统先后过公安部安全四级测试与 IBM 公司 Power8 架构的技术认证。2016 年 1 月，普华软件将其中标软件股份转让，全力投入自身 Linux 操作系统的研发之中。

以资源整合和研发创新双引擎开拓新兴市场。普华软件倡导整合产业、科研机构和科研院校的资源，建立国产基础软件创新体系。企业以统一的服务平台和完善的产品链作为途径，构建国产基础软件整体解决方案，来实现国产基础软件的互通和互操作性。通过参股控股等方式，整合国内外优质基础软件资源，在新兴行业领域加大布局力度。以"引进来"和"走出去"双向策略为指引，以核心技术为基础，通过国际并购在国际市场树立良好的企业形象。

# 三、金山办公软件

## （一）总体发展情况

金山办公软件创立于 1988 年，总部位于中国北京，在美国、日本等国家和地区设有分支机构和服务中心，是全球领先的办公软件和服务提供商，同时也是金山软件集团的重要组成。其旗下著名产品包括 WPS 系列办公软件、金山词霸、WPS 邮件等。在 Windows、Linux、Android、iOS 等众多主流操作平台上，全球已有 6 亿多用户享受金山办公软件提供的办公和学习服务。当前，公司员工总数约有 800 人，主要分布在珠海和北京。金山办公软件的产品体系初步形成，主要产品有 WPS Office 企业版、WPS Office 个人版、WPS Office 移动版、QWPS 云办公、金山词霸、WPS 邮件系统。

2015 年上半年，金山软件的业务收入为人民币 23.916 亿元，较上年同期增长 68%，其中来自办公软件及其他业务的收入为人民币 2.783 亿元，较上年同期增长 57%。2015 年，金山办公软件产品性能得到持续提升，用户规模保持稳定，网络销售收入额大幅提升。根据最新报告显示，2015 年第三季度 WPS 收入额达到 1.08 亿元，环比、同比均有两位数的百分比增长。传统 PC 版 WPS 的企业客户的销售实现了稳步提升。WPS 全部产品的全球月活跃用户数已达到 1.67 亿，其中 WPS Office 产品的移动月活跃用户数达近 7200 万，同比增长 22%。2015 年 7 月，WPS 安卓版被 Google Play 授予"顶尖开发者"称号，并获得"编辑推荐"。

2015年9月，WPS安卓版与华为合作，与其他排名前100的优质应用软件共同参与华为的应用市场首发。

2015年，金山办公软件产品在政府、金融等行业中发展势头良好，市场占有率持续保持领先水平。WPS专业版在政府采购市场、国有大型企业中的市场占有率均超过一半，在金融行业中的市场占有率接近40%。

### （二）发展策略

加速实现移动业务，挖掘云服务市场潜力。随着移动互联网和云计算的兴起，金山瞄准移动终端和云平台领域，推出了移动版WPS产品和WPS云办公产品，打开了企业发展的空间。自WPS Office移动版推出起，用户数目持续保持快速增长。2015年6月，金山软件的移动月活跃用户数达5.882亿，同比增长71%。猎豹移动成功地完成了向移动领域及全球化的转型，其中移动业务收益已占其总收益的66%，而海外业务也已提升其收益比重至51%，逐步实现了企业成为全球三大移动广告平台之一的战略目标。此外，金山云服务加速成长、游戏云强强联合以及公司与智能硬件平台深化合作都给公司带来了巨大的助力。同时，金山软件将继续坚持相关的投资策略，不断挖掘未来全球移动互联网以及云业务的巨大潜力。

# 四、人大金仓

### （一）总体发展情况

北京人大金仓信息技术股份有限公司（以下简称"人大金仓"）系中国电子科技集团公司（CETC）成员企业，是中国自主可控数据库、大数据相关产品及解决方案的供应商。由中国人民大学一批在国内开展数据库教学、科研、开发的专家发起创立，公司先后承担了国家"核高基"重大专项、"863"重大专项等政府资金的支持下，研发出了具有国际先进水平的大型通用数据库产品，并广泛应用于政府、国防军工、能源、金融、医疗等高信息安全领域。

在数据库产品方面，金仓交易型数据库KingbaseES是人大金仓的核心产品，具备高兼容、高可靠、高性能、高扩展、高安全、易使用和易管理的特点。KingbaseES还是国家级、省部级的实际项目中应用最为广泛的国产数据库产品，也是唯一一个入选国家自主创新产品目录的数据库产品。金仓分析型数据库 KingbaseDBCloud 是人大金仓顺应大数据时代海量数据分析处理需要而推出的具有高性能、高扩展能力的分布式数据库系统。金仓嵌入式数据库 KingbaseReal 以成熟的关系模型作为理论基础，同时结合手持终端、嵌入式设备、移动设备、信息电器等物理设施的具体资源条件，形成一个可靠、高效的嵌入式应用开发的数据库平台。

### （二）发展策略

坚持自主可控、安全可靠的发展。人大金仓一直是中国自主可控基础软件的倡导者、践行者和引领者，公司立足自主研发，掌握和突破了大量数据库核心关键技术并运用于产品。同时公司积极推进与主流的国内外 CPU、主机存储设备、操作系统、中间件、开发语言、开发工具和应用工具、应用平台进行了适配、实践和验证，构建了相对较为完善的国产自主可控生态系统。

巩固传统优势领域，积极拓展新兴业务。人大金仓多年以来深耕数据库领域，对整个数据领域包括数据底层的了解和技术沉淀，使得人大金仓在技术层面积累深厚基础牢靠，把在传统数据库领域的积累盘活，同时结合目标领域，提升大数据解决方案，从而形成自己的核心竞争力和差异化优势。公司围绕"1 中心 +2 主线"发展战略（1 个中心是指以自主可控数据管理为中心，2 条业务主线是指数据库产品和大数据行业解决方案），基于传统特色优势数据库产品和解决方案，大力发展云计算、大数据模式下数据管理支撑和数据服务。

着力提升服务能力和品质。公司已经通过国、军标质量体系，并建立了一套规范的服务体系，能够为公司客户提供规范全面的服务和信息安全保障。此外，人大金仓在军工、电子政务、党务、金融、智慧城市、企业信息化等方面具有强大的数据产品及解决方案研发能力、资源整合能力、项目实施服务能力。在北京、上海、成都设有研发中心，在全国设有直属分公司及办事处，并在全国各省均具有本地化服务的合作伙伴。

## 五、东方通

### （一）总体发展情况

北京东方通科技股份有限公司创立于 1992 年，是国内中间件领域的开拓者和领导者。作为国家级高新技术企业，东方通连续多年被认定为"国家规划布局内重点软件企业"，它是商务部、国资委认证的"企业信用评价 AAA 级信用企业"。东方通的产品及解决方案在国内数千个行业业务中得到广泛应用，在政府、能源、交通、金融、通信等领域拥有 2000 多家企业级用户和 500 多家合作伙伴。

2015 年度，东方通企业运营情况良好，营业收入和净利润稳步增长，传统中间件业务保持稳定。实现营业总收入 2.36 亿元，同比增长 21.79%；营业利润 0.47 亿元，同比增长 59.25%；利润总额 0.81 万元，同比增长 29.91%；归属于上市公司股东的净利润 0.71 亿元，同比增长 23.62%。

2015 年，东方通通过一系列的转型收购，一步步整合了云计算、大数据、移动互联网等新技术领域的资源，提出打造新一代软件基础设施，打通产业链上下游，成为积极响应国家战略布局、推进 IT 国产化方面的中坚力量。2016 年 1 月，东方通荣获"2015 中国自主可靠企业核心软件品牌"称号。

### （二）发展策略

助力国产基础软件实现自主可控，进军国防军工领域。国产中间件厂商一直以来面临较大的市场竞争压力，在市场开拓方面存在较多困难。2015 年 10 月，东方通全资子公司东方通宇获得国防武器装备科研生产二级保密资质，使其可以承担武器装备科研生产任务，扩大业绩，加速推动了东方通自主可控产品及方案在更大范围的推广应用。在电信行业中借助国产化替代的浪潮，东方通正加速业务拓展，以获取更大的发展空间。

加速市场拓展，依托业务创新和资源整合提升市场竞争力。东方通上市之后通过并购，迅速完成了平台版图的拼接，实现了云计算、移动互联、创新应用、大数据以及软件基础设施的五箭齐发，支撑东方通未来再定义软件基础设施的战略构想。作为中国领先的基础软件产品及云计算、大数据解决方案供应商，2015 年 9 月，东方通开展 Tong PPP 计划，提供资金和专业资源，通过联合相关政府和企业用户来组建实验室，开展按需定制的大数据融合应用创新。

# 第二十八章　工业软件企业

## 一、数码大方

### （一）总体发展情况

北京数码大方有限公司是我国领先的 CAD、MES 和 PLM 软件和服务供应商，为工业企业提供数字设计、智能制造、全生命周期管理和工业云的产品及技术服务，是工业云服务的倡导者和领跑者。数码大方在北京、南京和美国亚特兰大设立了 3 个研发中心。截至 2014 年底，已拥有 189 项专利、专利申请及著作权，并参与多项国家 CAD、CAPP 等技术标准的定制工作。公司产品获得"中关村国家自主创新示范区新技术新产品"称号、"中国十大创新软件产品""北京市自主创新产品""中国优秀软件产品"等荣誉。

作为中国领先的工业软件和工业互联网公司，数码大方致力于打造工业 4.0 云服务平台，积极推进互联网和制造业的融合与深度发展。据中国 IT 研究中心针对国内主流工业软件品牌的网络影响力监测结果显示，数码大方多次在用户关注度及移动关注度方面保持优势地位，其中移动端方面占据绝对优势，此外，在新闻传播量和网站流量方面逐步增长。

据 2015 年上半年度财报显示，数码大方整体收入较上年有所下降，营业收入 0.32 亿元，同比减少 48.36%；实现净利润 –0.23 亿元，同比减少 –553.18%，公司总资产为 1.91 亿元，净资产为 1.07 亿元，分别较期初减少 14.86% 和 17.97%。

### （二）发展策略

在"互联网 +"战略规划下，国内工业软件面临新的发展和挑战。2015 年 5 月，数码大方与电信构建"互联网 + 工业制造",共同打造"互联网 +"产业生态圈,双方将基于工业软件、利用中国电信云计算平台,推出"工业互联网云服务平台"。3D 设计软件技术是数码大方的领衔科技成果,已处于世界先进水平,2015 年 6 月,数码大方向北京 50 所中小学捐赠 3D 设计软件,校企合作模式加速其高新技术成果在各个领域的推广和普及。2015 年 9 月,数码大方联合铭隆世纪,运用移动客户端、云计算和智慧工厂,开启家具智能定制时代。

以两化融合作支撑,2015 年底,数码大方发布 CAXA 智能制造平台解决方案 2016 系列新品,该方案是在"互联网 +"环境下帮助企业实现产品智能化、设备智能化、过程智能化以及产业生态化等多维度智能制造能力的综合解决方案。

## 二、宝信软件

### (一)总体发展情况

上海宝信软件是宝钢股份控股、宝钢集团实际控制的软件企业,提供企业信息化、自动化系统集成及运维、城市智能交通、机电工程总包、机电一体化产品及机电设备维修等方面的综合解决方案,其产品与服务遍及钢铁、有色金属、装备制造、医药、化工、采掘、智能交通、金融、水利水务等多个行业。宝信软件累计已申请专利、软件著作权、技术秘密认定数百项,承担着国家发改委高新技术产业化示范项目、国家科技部 863 项目、国家工信部电子基金项目等诸多重大技术和产品项目。

宝信软件在多年的业务实践中,通过持续的知识沉淀和技术积累,形成了特有的"全层次、全流程、全生命周期"能力,与"工业 4.0"战略的"三个集成"在维度和内涵上形成对应关系。通过改变传统的软件产品开发模式和架构,着力对已有的产品进行调整和升级,使其适应于工业互联网的运行环境,构建基于网络化、信息共享的智能化供应链全局协同价值链。应用智能移动终端和综合技术集成,建设基于物联网技术"人—车—物"互联的企业智慧运营环境,提供从云到端的可信、可控、可扩展系统架构和解决方案。

2015 年,宝信软件在原有业务市场开拓和新业务转型方面发展较为顺利,前三季度实现营收 27.39 亿元,同比增长 5.51%;实现归属于上市公司普通股股东的净利润 2.27 亿元,同比增长 10.34%。继 2013 年后,宝信软件再次荣获工信部 2014 年度"国家技术创新示范企业"认定，在行业技术创新方面继续发挥领跑示范效应。此外，"宝信软件企业高性能实时数据库"荣获 2015 年度科学技术进步二等奖，其信息安全团队在 2015 年 ISG 信息安全技能竞赛中荣获一等奖。

### （二）发展策略

随着云计算、物联网、智慧城市以及"互联网+"的快速发展，2015 年，宝信软件取得一系列战略化成果：中标上海医药数据交换平台项目；宝之云助力上海"智慧消防"大数据平台建设；首次跨行石化，承担山东京博石化能源管控中心项目。此外，宝信软件签约港珠澳大桥系统集成管理平台软件合同，研发具有自主知识产权的一体化综合监控指挥平台软件 iCentroView 及高性能实时数据库软件 iHDB，采用 Linux 操作系统平台，基于港珠澳大桥 BIM 模型的三维监控功能，属国内首次，在特大型隧桥工程综合监控市场中具有里程碑式意义。

受益于中国智能制造战略，中国 IDC 市场发展突飞猛进。宝信软件顺应发展趋势，2015 年 10 月与上海电信 IDC 业务合作，并以此为契机，逐步加大云计算产业化方面的战略投入。2016 年 3 月，宝信软件与重庆签署企业云平台战略合作，打造重庆企业云平台和重庆企业大数据支撑服务中心。预计到 2017 年，中国 IDC 市场规模将达到 900 亿元以上，增量约 527.8 亿元，规模巨大。宝信软件正着力加强 IDC 基础资源储备，向云计算、大数据迈进，巩固 IDC+ 工业 4.0 龙头地位。

## 三、用友网络

### （一）总体发展情况

用友是亚太区领先的企业管理软件、企业互联网服务和企业金融服务提供商，成立于 1988 年，2015 年 1 月 31 日正式更名为"用友网络"。是我国最大的 ERP、CRM、人力资源管理等管理软件提供商和财政、汽车、烟草等行业应用解决方案提供商之一。近年来，用友在金融、医疗卫生等行业应用以及企业支付、企业通信、管理咨询、培训教育等领域获得快速发展。

2015 年，用友软件加快互联网化转型，更名用友网络、与阿里巴巴战略合作、成立用友超客等都是其向互联网公司转型的重要举措。根据其 2015 年第三季度财报显示，2015年前三季度公司实现营业收入22.7亿元，同比下降5.7%，扣除非经常性损益后的净亏损3.9亿元，较上年同期亏损额增加3.3亿元。除了宏观经济和产业调整的影响，亏损面扩大的主要原因是公司在企业互联网服务业务、互联网金融业务方面投入4.3亿元，控股子公司畅捷通信息技术股份有限公司等子公司股权激励成本同比增加8141万元，这些都影响到当期损益。

表28-1　2015年用友网络主要发展情况

| 战略 | 以服务企业互联网化、金融化发展为战略方向，把用友软件业务、互联网服务业务和互联网金融服务业务三个核心业务融合发展。 |
| --- | --- |
| | 2015年1月31日，"用友软件"正式更名为"用友网络"。 |
| | 2015年7月1日，用友集团成立独立互联网服务公司——用友超客网络科技有限公司，主营产品包括企业空间和CRM。 |
| 新品发布 | 6月10日，企业社会化商业平台——"企业空间2.0"发布。这是国内第一款面向中大型企业的社会化商业平台，帮助企业构建互联网化的经营与管理。 |
| | 10月28日，"小微企业财务及管理服务平台"发布，平台以财务服务为核心，为小微企业提供一站式管理服务。 |
| | 8月26日，移动CRM营销管理平台——超客营销发布。 |
| 生态圈布局 | 4月24日，用友网络以人民币1.25亿元的价格收购上海秉钧网络科技有限公司。通过收购的数字营销公司秉钧网络，用友将加快打造移动数字营销领域全生态，实现数字营销领域企业互联网化运营转型。 |
| | 7月29日，用友与阿里巴巴宣布战略合作，第一阶段主要聚焦云计算、商业云、大数据、数字营销四大方向。未来，双方将在医疗、汽车、金融等优势领域对接合作，共同打造B2B2C复合生态体系。 |
| | 10月14日，用友—阿里巴巴"企业大数据应用联合实验室"成立，实验室以打造"数据驱动的企业"为核心目标，为企业提供数据产品和数据服务。 |

资料来源：赛迪智库整理，2016年3月。

## （二）发展策略

加快互联网化转型。2015年，用友发布了新发展战略，即以服务企业互联网化、金融化发展为战略方向，推动用友软件业务、互联网服务业务和互联网金融服务业务三个核心业务融合发展。软件方面，电商通服务打通企业ERP和各类第三电子商务平台数据和业务整合。互联网服务方面，畅捷通为不同规模的小微企业提供各类财务云服务，用友还针对企业社交协同服务和CRM领域专门成立了用友超客。互联网金融方面，用友构建企业互联网化开放基础平台——iUAP，畅捷支付帮助企业构建了一个畅捷安全的支付服务。

构建生态体系。2015年，用友要与合作伙伴积极开展合作，构造企业云的大生态。通过与阿里集团的战略合作，进一步服务企业互联网。在专业的领域，用友与专业技术服务商南大通用建立深入的合作。同时，用友与中国移动、中国联通、中国电信以及民生银行、招商银行等进行紧密的合作，构建和完善生态体系。

# 四、金蝶软件

## （一）总体发展情况

金蝶集团是我国领先的企业管理软件及 ERP 云服务商之一，成立于1993年，是香港联交所主板上市公司。其主要产品包括金蝶 ERP 软件、O2O 解决方案、金蝶中间件、金蝶在线会计、金蝶财务软件、金蝶云 ERP 及 ERP 租赁等，在我国中小企业市场占有率排名第一，拥有 100 万家企业用户和政府用户。金蝶在中国大陆设有深圳、上海、北京三个软件园，主要附属公司有金蝶软件（中国）有限公司、深圳市金蝶中间件有限公司、金蝶医疗软件科技有限公司以及金蝶国际软件集团（香港）有限公司等。

根据金蝶软件公布的截至 2015 年 6 月 30 日的上半年业绩数据，金蝶期内营收同比增长 1.1% 至 7.6 亿元，净利润约 9159.7 万元，同比增长 12.45%。其中，金蝶云服务收入达 0.82 亿元，同比大幅增长 82.1%。金蝶云之家成为中国最大的移动办公云服务，注册企业及组织突破 50 万，用户数超过 450 万。受益于中国电商市场的迅速发展及其对 SaaS 管理软件需求强劲，金蝶友商网占据中国财务云服务平台龙头地位，收入增长迅猛，在线 SaaS 服务收入同比增长 75%。

## （二）发展策略

以 "ERP+ 云服务" 为战略方向。ERP 是金蝶很多增值业务扩展的基础，仍将是企业的核心业务，"ERP+" 的目标是提高用户体验，为客户提供增值服务。金蝶云服务重点打造财务云、移动办公云以及 ERP 云。主要发展方向：一是以400 万家企业客户为依托发展互联网金融，金蝶是很好的资源；另一个发展方向是大数据，通过客户授权，利用金蝶积累的数据，为客户提供数据金融服务。

完善生态体系布局。2015年，金蝶更加开放，通过收购、兼并、投资，大力发展合作伙伴，包括ERP合作伙伴以及支持小微企业云及数据金融服务的各类合作伙伴，全面布局生态圈。5月18日，金蝶与京东达成合作协议，双方共同为制造企业提供一体化解决方案，推动电子商务的行为提升转为整个商业模式的信息化和电子化。此外，金蝶与金山结成战略伙伴关系，与太极战略性注资金蝶中间件，并与淘宝、亚马逊、腾讯、1号店等知名公司展开合作关系。

积极打造移动工作平台。2015年，金蝶将云之家作为品牌战略的核心，并将其定位为企业创新的支撑平台，以及开放的连接和协同平台。截至2015年底，云之家服务用户达100万家企业，超过1000万用户。云之家还是伙伴服务的门户，在帮助伙伴连接更多的客户企业、用户、员工与第三方服务方面发挥重要作用。同时，金蝶在移动云领域积极开展与金山WPS、滴滴出行、Agora等知名厂商的合作。

# 第二十九章　信息技术服务企业

## 一、东软

### （一）总体发展情况

作为我国领先的 IT 解决方案提供商，东软集团 1991 年创立于中国东北大学，主营业务包括软件外包服务、行业信息化解决方案、医疗设备及服务等。其以软件技术为核心，产品和服务覆盖电信、能源、金融、政府、制造业、商贸流通业、医疗卫生、教育与文化、交通、移动互联网、传媒、环保等。在汽车电子、智能终端、数字家庭产品等领域，拥有自有品牌的医疗和网络安全产品。截至 2015 年，拥有 20000 名员工，在中国建立了 8 个区域总部，10 个软件研发基地，16 个软件开发与技术支持中心，在 60 多个城市建立营销与服务网络。

东软 2015 年 1—9 月实现营业收入 48.4 亿元，较上年同期下降 1.68%，实现净利润 1.6 亿元，较上年同期下降 24.3%。公司软件与系统集成业务实现收入 37.2 亿元，较上年同期下降 3.9%，占公司营业收入的 76.82%；公司医疗系统业务实现收入 10.7 亿元，较上年同期增长 6.6%，医疗系统业务收入占公司营业收入的 22.07%。2015 年前三季度东软医疗系统业务增长较快，在医院和医保信息化领域保持领先优势。大客户战略提供持续增长动力，企业的前五大客户包括华为、微软、腾讯、汇丰银行和交通银行，共占企业总收入约 40%。

表 29-1　东软 2010—2015 年营业收入增长情况

| 财务指标<br>年度 | 营业收入情况 | | 净利润情况 | |
|---|---|---|---|---|
| | 营业收入<br>（亿元） | 增长率<br>（%） | 净利润<br>（亿元） | 增长率<br>（%） |
| 2010年 | 49.4 | 18.5 | 5.1 | −22.1 |
| 2011年 | 57.5 | 16.5 | 4.2 | −13.9 |
| 2012年 | 69.6 | 21.0 | 4.6 | 9.4 |
| 2013年 | 74.5 | 7.1 | 4.1 | −9.9 |
| 2014年 | 78.0 | 4.6 | 2.6 | −37.8 |
| 2015年前三季度 | 48.4 | −1.7 | 1.6 | −24.3 |

资料来源：东软财报，2016 年 2 月。

## （二）发展策略

### 1. 市场拓展

2014 年底，东软通过决议将以增资扩股的形式为子公司东软医疗和东软熙康引进战略投资者，有助于加速推进以东软医疗和熙康云平台为核心的互联网医疗战略。东软共有三块医疗业务，包括集团的医疗信息化业务、东软医疗的医疗设备和熙康的健康管理服务。其中，东软熙康定位是协同医疗和健康管理 O2O 平台，计划未来 3—5 年在全国建立基础平台、打造社区健康服务点。东软的医疗服务处于全国领先水平，截至 2015 年，东软集团在人社部保险管理和服务平台的市场份额超过 50%，覆盖 24 个省、150 个地级市、4 亿人口、700 万个参保单位、12 个医疗两定单位，并且为 200 多个卫生行政部门提供卫生政务信息化解决方案，为 2500 多个医疗服务机构、近 400 个三甲医院提供东软数字化医院解决方案，还有 17000 多个基层医疗卫生机构采用东软基层卫生信息化解决方案。有望三年内建立覆盖 5 亿人口、20 万药店医疗健康生态平台，汇集大数据制定医疗方案，进而为客户提供全生命周期的健康管理服务。

### 2. 战略布局

2015 年 7 月，东软与阿尔派电子、福瑞驰企业管理中心共同投资设立东软睿驰，集中力量在以图像识别、传感器融合为核心技术的高级驾驶辅助系统和无人驾驶关键技术以及基于开放云平台的 Telematics 车联网等领域展开创新和研发，前瞻布局无人驾驶，有助于实现软件技术与汽车工业的深度融合，推动公司跨越式发展。东软的汽车电子产品主要包括车载信息娱乐系统、车载导航系统、Telematics/LBS、汽车安全辅助驾驶系统和车载通信系统，客户包括宝马、奔驰、大众等国际知名汽车品牌和一汽、上汽等国内品牌。

3. 组织架构

2015年12月，东软宣布拟出资参与设立融盛财产保险股份有限公司。该保险公司将以数据作为基础、以"互联网＋"作为发展模式，结合东软的医疗、车联网相关业务，开发"驾驶行为分析／车联网＋车辆保险""健康管理＋健康险""互联网＋普惠金融"等保险产品，采用O2O模式快速切入到保险细分市场。保险公司的成立有助于加快推动东软业务数据的价值实现。

# 二、中软

## （一）总体发展情况

中软作为我国大型综合软件与信息服务企业，成立于2000年。作为我国大型综合性软件与信息服务企业，中软提供从咨询、解决方案、外包服务到人才培养的"端到端"软件及信息服务，涉及政府、制造、金融、电信、高科技、互联网、交通、能源等主要信息技术垂直行业，是华为、微软、腾讯、中国移动等龙头企业的重要服务供应商。公司首批通过全国"软件企业"认证，连续多年获评"国家规划布局内重点软件企业"，在国家软件百强企业中排名不断提升，并且连续6次获IAOP全球服务外包100强殊荣。同时，公司是首批获得工信部计算机信息系统集成特一级资质的大型软硬件集成服务企业，拥有计算机信息系统集成一级资质、国家涉密计算机信息系统集成资质（甲级）等齐全完备的资质。公司联合国内基础软硬件产品厂商、科研院所等成立了"安全自主软硬件产业技术创新战略联盟"，推动安全自主软硬件产业的发展。

中软2015年上半年持续稳步发展，实现收入23.9亿元，同比增长23.3%；实现净利润1.4亿元，同比增长37.9%。其中，专业服务业务收入9.6亿元，同比增长23.4%，主要由于轨道交通业务集成类收入有显著增长，传统解决方案的市场需求并无明显增长；外包服务业务收入11.6亿元，同比增长20.8%，主要由于来自华为的业务增长较快，为外包业务整体贡献主要力量；新兴服务业务收入2.2亿元，同比增长47.0%，主要由于云计算业务和移动互联网业务增长迅速，促进新兴服务业务相较上年大幅增长。

表 29-2　中软 2010—2015 年营业收入增长情况

| 财务指标\年度 | 营业收入情况 | | 净利润情况 | |
|---|---|---|---|---|
| | 营业收入（亿元） | 增长率（%） | 贡献利润（亿元） | 增长率（%） |
| 2010年 | 16.0 | 45.0 | 0.3 | — |
| 2011年 | 22.4 | 40.1 | 1.2 | 34.9 |
| 2012年 | 26.8 | 14.1 | 0.6 | —55.4 |
| 2013年 | 30.7 | 20.2 | 2.0 | 33.2 |
| 2014年 | 44.3 | 38.2 | 3.8 | 51.3 |
| 2015年上半年 | 23.9 | 23.3 | 1.4 | 37.9 |

资料来源：中软财报，2016 年 2 月。

## （二）发展策略

### 1. 战略合作

2015 年 10 月，中软与其最大客户华为正式签订认购股份协议，华为将持有中软国际 3.97% 的股权，成为继微软入股公司之后，又一个入驻的巨头股东。中软国际也是华为最大的外包服务供应商，华为的入股使得双方由合作伙伴升级为战略协同关系。此前，中软的华为业务主要集中于企业的外包层面，随着华为战略入股，双方合作深入到云计算、金融大数据、行业联合创新、工业 4.0 等主要新服务领域。受益于与华为更紧密的联系，来自华为的外包业务份额已从 2014 年的 40% 提升至 2015 年的 50%，预计 2016 年将进一步增加到 60%。

2015 年 9 月，中软国际自主知识产权产品 Rcloud PaaS 云平台经过华为严格的测试，最终得到 Huawei Ready 认证，进一步表明中软国际的产品与华为的云计算解决方案能够完美兼容，有助于公司与华为企业云进行全面合作。中软将利用华为在云计算、通信技术和智能终端方面的技术优势，推广基于云和大数据的新兴业务；华为的全球企业客户资源也有助于企业拓展到包括印度在内的更多海外市场，增强 IT 服务领域的竞争力。

### 2. 业务创新

2015 年第二季度中软国际自主研发的互联网 IT 众包平台解放（JointForce）

平台式商业化，提供"多快好省"的新型解决方案服务，并且通过海量的代码 /工具资源和基于社交的业务推广整合社会中的 IT 技术人员。借助该平台，企业可有效整合行业资源，提高人员利用率，提升项目效率，并对冲人力成本上升带来的经营压力。截至 2015 年，平台已经拥有 8 万名注册工程师，几乎相当于中软整体员工人数的 3 倍。解放平台的流水总额在 2015 年预估突破 1 亿元人民币。随着平台功能的逐步完善和推广加速，解放平台对企业的收入贡献不断提升。

2015 年 2 月，中软国际的云应用托管容器 RAE，获得第三批可信云服务认证。RAE 是基于构件的业务应用开发平台，特别服务于企业级云应用开发和集成需求，支持 SOA 应用集成体系，有助于政企客户快速进行云应用模块建设和部署、运营及维护。获得可信云认证，有助于提升企业研发的云 PaaS 平台的可用性和安全性，增强竞争优势。

### 3. 市场拓展

2015 年 3 月，中软国际与腾讯主导的互联网民营银行深圳前海微众银行签订合约，进入互联网金融 IT 服务领域。互联网金融数据具有高峰值、大数据以及时效需求较高的数据特点，为其提供 IT 产品和服务需要有较强的技术实力。公司自主研发 TOPLINK 的产品已经成功应用于金融领域。其中，TOPLINK–NT ATM/POS 用于银行及银联网络前置机系统；TOPLINK–NSK ATM/POS 用于上海地区 ATM/POS 联网系统以及东部地区银行卡交换中心；TOPLINK–UX ATM/POS 用于上海商业增值网（SCVAN）业务，整体具备为互联网金融企业提供 IT 服务的能力。此次合作业务体现了腾讯对于中软技术和服务能力的认可，此前中软主要为腾讯游戏提供 IT 服务。

# 三、神州数码

## （一）总体发展情况

神州数码由原联想集团分拆而来，并于 2001 年 6 月 1 日在香港联合交易所有限公司主板独立上市。神州数码控股有限公司业务涉及 IT 规划咨询、IT 基础设施系统集成、解决方案设计与实施、应用软件设计及开发、IT 系统运维外包等领域，面向中国市场，为行业客户、企业级客户、中小企业与个人消费者提供全方位的 IT 服务，是我国极具市场竞争力的 IT 服务商。2010 年，神州数码提出了智慧城市发展战略，当前已经成为中国智慧城市建设的第一品牌。截至2015年，神州数码拥有涵盖信息技术服务、智慧城市建设在内的五大业务集团，拥有4家上市公司，在全国50多个城市设有驻在机构，拥有12000名员工，总资产超过500亿，年营业规模超过700亿，企业发展动力强劲，创新能力突出。

神州数码2015年前三季度的营业收入为100.1亿港元，同比下降79.8%，实现净利润为5.5亿港元，同比下降10.9%。IT服务业务、供应链管理业务和新业务（包括金融服务业务和智慧城市业务）发展形势良好。

表29-3  神州数码2010—2015年营业收入增长情况

| 财务指标 年度 | 营业收入情况 | | 净利润情况 | |
|---|---|---|---|---|
| | 营业收入（亿港元） | 增长率（%） | 净利润（亿港元） | 增长率（%） |
| 2010年 | 568.0 | 13.2 | 10.1 | 22.0 |
| 2011年 | 703.2 | 23.8 | 12.5 | 23.81 |
| 2012年 | 735.0 | 4.5 | 13.7 | 9.85 |
| 2013年 | 522.6 | −28.9 | 0.8 | −93.9 |
| 2014年 | 683.4 | 30.8 | 7.0 | 733.5 |
| 2015年前三季度 | 100.1 | −79.8 | 5.5 | −10.9 |

资料来源：神州数码财报，2016年2月。

## （二）发展策略

### 1. 组织架构

2015年8月，神州数码以人民币40.1亿元出售传统消费级和企业级分销业务，成为公司战略转型的重要里程碑。互联网应用、智慧城市、供应链管理以及互联网金融等高附加值业务成为企业新的转型方向，通过IT服务和运营等方式，以互联网、云计算及大数据为依托，实现与行业应用深度融合。

### 2. 市场拓展

2015年1月，旗下神州信息完成收购中农信达信息技术有限公司。通过此次收购，神州信息能够扩大其业务和客户基础至地方政府机构、企业、其他农业和农企相关机构。中农信达在农业信息化服务已经确立较大优势，主要业务包括土地确权登记、产权交易及农廉平台，市场占有率第一。中农信达在2015年上半年业务签约额同比大增 203%，2015 年前 3 季度增长 72%；净利润率达到 40%，2015 年净利润预计达 6000 万人民币；已在河北省 6 个县开展首批农村产权流转交易平台的搭建，预计将逐步完善农村产权流转交易平台的运行及管理，并快速推广到河北省全省近 100 个县以及其他农业大省。农业信息化服务逐步成为企业业务发展的新亮点。

3. 战略合作

神州数码已与阿里巴巴达成战略合作协议，并在阿里巴巴的云基础设施上提供相关解决方案和应用程序。通过和阿里云的合作，神州数码的"一中心、三平台"智慧城市方案得以实现，在市民服务领域，神州数码通过搭载在云平台上的服务总站，为市民提供标准化的服务，如威海智慧城市市民服务平台。同时，在企业服务领域，神州数码也在探索云平台的使用，如中关村企业服务平台。未来神州数码和阿里巴巴将在大数据和数据驱动的应用程序方面展开合作。

4. 业务创新

企业持续加大基于互联网的智慧城市平台建设和服务的投入，与多地签约智慧城市战略合作协议，截至 2015 年第三季度，累计签约城市达 44 个，将陆续进入服务合同签约和平台建设运营阶段。互联网市民服务平台累计上线投入运营的城市达到 10 个，覆盖常住人口超过 7000 万。

供应链管理领域，主要是基于自主研发的神州金库物流软体和科捷物流向企业客户（主要是电商企业和手机企业）提供管理、仓储、运输等与供应链相关的整合服务。受益于电商行业的持续快速增长和品牌优势，上半年电商供应链服务维持快速增长。

# 第三十章　嵌入式软件企业

## 一、总体发展情况

嵌入式软件为嵌入在成套系统中的软件类型。由于嵌入式软件与设备的结合程度不断提高，从事嵌入式软件开发和销售的企业已经很难界定，不仅包括纯软件企业，也包括大量设备制造企业。

通信设备制造商华为、中兴顺应市场发展趋势，积极推动和实施4G向5G标准的演进，堪称嵌入式软件的龙头企业，新兴企业小米公司虽以硬件销售为主，但其主要利润却来自软件增值服务所构建起来的应用生态销售；家电企业中，海尔、海信在传统家电产业上逐渐引入智能化概念，企业收益在国内居前；浙江中控和北京和利时作为过程控制企业的代表，依托嵌入式软件提高其产品系统的网络化、智能化，已成功从传统的自动化厂商向智能工厂解决方案供应商转型；汽车制造业，一汽、上汽、广汽等汽车企业，纷纷加入车载互联网阵营，其整车中的嵌入式软件占有很大的比重。此外，徐工集团、潍柴动力、西子电梯等众多装备制造商开始注重产品的网络化，在其功能配置中提供远程监控、远程维护等网络化功能，当然，嵌入式软件系统功不可没。而普华软件、元心科技等专注于具体行业领域，亦可称之为开发和销售纯软件产品的嵌入式软件企业。

随着当前信息化网络技术在各行各业的快速普及，三网融合为嵌入式系统的发展带来良机，嵌入式软件开发技术下的产品渗透了各行各业，包括通信建设、家电、医疗、教育、交通、旅游、财政、国家政务、邮电、民航等各个方面。本章在介绍嵌入式软件主要企业时，主要选取重要的专业嵌入式软件厂商，以及嵌入式软件收入统计居前的重点企业作为代表。

## 二、主要企业发展策略

### （一）通信产业领域

1. 华为

华为作为全球领先的信息与通信解决方案供应商，为电信运营商、企业以及消费者等提供有竞争力的端到端 ICT 解决方案和服务，年销售规模近 2880 亿人民币，世界 500 强，其业务领域涉及电信网络设备、IT 设备和解决方案以及智能终端，应用遍布全球。在工信部发布的 2015 年中国软件业务收入"百强"发展报告中，华为以软件业务年收入 1482 亿元，连续十四年蝉联软件百强企业之首。

华为在电信基础网络、云数据中心和智能终端等领域持续进行研发投入，保持行业领先。据 2015 年全球智能手机年度报告，华为智能手机出货量增幅 44.3%，位居全球第三。同时，作为 5G 领域的创新驱动力之一，华为联合全球领先的运营商积极投入 5G 技术创新，积极构建无线未来技术发展、行业标准和产业链。在 2016 年世界移动通信大会上，华为与多家运营商客户共同展示了端到端的 5G 创新方案和最新研究成果。

2. 中兴通讯

中兴通讯成立于 1985 年，在香港和深圳两地上市，是中国最大的通信设备上市公司，为全球 160 多个国家和地区的电信运营商和企业网客户提供创新技术与产品解决方案，是全球领先的综合通信解决方案提供商。

中兴通讯 2015 年年报显示，全年实现营业收入 1008.25 亿元，较上年增长 23.76%，净利润为 37.78 亿元，较上年增长 43.48%。中兴通讯收入首次突破千亿大关，净利润也创下了史上最好水平。2015 年，中兴通讯 4G 产品发货量同比增长超过 25%，与苏宁合作天机销售情况乐观，中兴目标 2016 年终手机出货量翻番。中兴通讯作为全球领先的综合通讯解决方案提供商，它和中国移动共同促进 4G 标准演进以及 5G 关键技术的创新，业界率先提出了 Pre5G 创新理念，将 5G 核心技术应用于 4G 网络，成功与多家运营商开展了商用测试，并将于 2016 年规模商用。

中兴通讯坚持不断创新，2015 年，中兴微电子新一代自主研发 LTE 处理器迅龙三代即将全球商用，成为智能终端业务的臂助，其核心路由器中标中国电信IP集采，在固网关注度最高的100G领域，中兴通讯100G产品在2015年发货增速全球第一。作为一家创新驱动型公司，2015年，中兴通讯的研发投入全年预计超过100亿元，在国内所有公司里排名前3，在全球所有上市公司中预计排名前80。随着智能化、移动化、云化等技术的发展，多种形式的智能终端不断普及。中兴通讯在2015年提出万物互联M-ICT的战略，在工业互联网、车联网、智能家居和智慧城市、智能抄表等领域均有完善的解决方案和应用。截至年末，其智慧城市足迹已经遍及全球40多个国家140多个城市。在2016世界移动通信大会期间，中兴通讯向全球发布高效可扩展的弹性云承载解决方案，受到业界瞩目。同时，中兴与北欧运营商TeliaSonera签署战略协议，携手开拓全球车联网市场。

## （二）制造业领域

### 1. 海尔集团

海尔集团创建于1984年，是全球大型家电第一品牌。海尔集团致力于成为全球领先的美好生活解决方案提供商，其业务领域覆盖家电、通信、IT数码产品、家居、物流、金融、房地产、生物制药等多个领域。

通过对互联网模式的探索，海尔集团实现了稳步增长。2015年，海尔全球营业额1887亿，近十年收入复合增长率达6%，利润180亿，同比增长20%，近十年利润复合增长率达到30%，是收入复合增长率的5倍。海尔线上交易额达到1577亿，同比实现近2倍的增长，尤其互联网金融发展迅速，其平台交易额达到700多亿。

在互联网时代，海尔致力于成为互联网企业，其产业结构正在向智能化方向发展。在智能制造方面，海尔连续7年蝉联全球大型家电第一，掌握了全球最广泛的用户资源。在广泛的用户资源支撑下，海尔将用户需求上升为智能制造升级的出发点和落脚点，致力于搭建用户、企业和资源方共创共赢的生态圈，并打造出七个互联工厂的引领样板。海尔U+智慧生活操作系统是全球首个智慧生活操作系统，该系统涵盖全套智能家居解决方案，包括三个技术平台，分别为U+智慧家庭互联平台、U+云服务平台和U+大数据分析平台。海尔工业4.0运用互联网将智能生产与用户需求对接，而与GE达成战略合作协议，双方将在智能制造领域给业内带来更多想象空间。

2016 年 2 月，在工信部的指导和支持下，中国家电行业第一家工业智能研究院在海尔正式揭牌，海尔集团并与清华大学高端院、德国弗劳恩霍夫研究院签署战略合作协议，双方将深化产学研合作，为落实"中国制造 2025"提供新的平台。

2. 海信集团

海信集团成立于 1969 年，拥有海信电器和海信科龙电器两家在沪、深、港三地的上市公司，是国家首批创新型企业、国家创新体系企业研发中心试点单位。业务领域以数字多媒体技术、智能信息系统技术、现代通信技术、绿色节能制冷技术、城市智能交通技术、光通信技术、医疗电子技术、激光显示技术为支撑，涵盖多媒体、家电、IT 智能信息系统和现代地产。

随着家电企业跨国并购热潮，2015 年 7 月，海信集团收购夏普墨西哥工厂以及美洲销售渠道，使其在北美的市场份额和品牌档次将得到快速提升。海信的产业转型除了跨界出击之外，更多放在对传统优势项目的技术升级上。作为全球中高端电视市场前三强，海信集团于 2015 年 11 月发布自主研发 SOC 级画质芯片 Hi-View Pro 的智能电视，成功进入世界一流企业。此外，海信空调加快智能化技术创新和产品的市场布局，2015 年海信空调中高端产品零售额同比增幅 33.7%，行业居首，2016 年 2 月推出基于海视云平台的超级智能空调，布局智能生态圈。

## （三）工业控制领域

### 1. 南京南瑞集团

南瑞集团公司简称国电南瑞，直属国家电网公司，是中国最大的电力系统自动化、水利水电自动化、轨道交通监控技术、设备和服务供应商。国电南瑞业务覆盖智能电网、轨道交通控制及工业控制、新能源控制以及节能环保等领域。近年来，国电南瑞积极开展应用型研发和技术创新，不断引进先进的信息、软件和测控技术，形成了多项富有竞争力的、具有核心技术和自主知识产权的产品，其软件产品入选"中国十大创新软件产品"。

根据国电南瑞 2015 年第三季度财报数据，国电南瑞 2015 年前三季度实现营业收入 45.8 亿元，同比下降 12.57%，净利润 2.95 亿元，同比下降 54.88%，每股收益 0.12 元，同比下降 55.56%。从数据上看，国电南瑞前三季度收入较去年有所减少。

在国家电网的建设投资下，南瑞集团继续优化内部产业结构，提升总包能力，不断向海外拓展。受智能化网络化趋势影响，南瑞集团的业务发展逐渐实现转型。2015年8月，南瑞集团联合工信部电信研究院等5家单位共同成立国内电力行业第一家高水平实验室——宽带集群LTE电力行业研究与应用联合实验室，将4G无线宽带通信技术引入智能电网，解决宽带集群通信技术在电力行业的应用难点并实现其在智能电网发、输、变、配、用、调等领域的推广应用。

### 2. 中控集团

中控集团成立于1993年，是中国领先的自动化与信息化技术、产品与解决方案供应商，其业务涵盖流程工业自动化、城市信息化、工程设计咨询、数字医疗、科教仪器、机器人、装备自动化、新能源与节能等诸多领域。中控集团坚持以信息化带动工业化，用高新技术改造传统产业，是自动化行业首个"中国名牌产品"。

2015年，中控DCS市场研究报告显示，中控在国内化工行业DCS市场占有率多年来保持第一，市场份额超过25%。同时，中控盈利能力显著提升，单笔项目平均金额较2014年稳步增长。2016年3月，中控中标钠冷快中子反应堆仪控系统设计验证平台项目，其DCS首次应用于核电四代堆型，为其在核电站的深入应用打下良好基础。

中控集团作为一家涉及自动化、信息化等多个领域的综合性集团公司，由其下属企业研发的智能巡检机器人将亮相第二届世界互联网大会互联网之光博览会，实现智能移动机器人未来从工业走向民用。此次会展，中控集团将演示智慧工厂的整体解决方案，表达"互联网＋工控"的理念。智能制造盛行的风气中，中控集团在化工行业智能信息化解决方案在煤炭分质利用领域取得重大突破。此外，中控自动化仪表中标多领域项目，扩展多方市场，上榜2016年1月份中国工业品牌榜单。

### 3. 和利时

北京和利时集团于1993年成立，是从事自主设计、制造与应用自动化控制系统平台以及行业解决方案的高科技集团公司。业务覆盖过程自动化（DCS）、工厂自动化（PLC及驱动）、核电站数字化仪控系统、高速铁路、城市轨道交通自动化等领域。

据和利时2016财年第二季度报显示，收入为1.53亿美元，同比增长17.3%，净利润为3679万美元，同比增长56.0%，净利大幅增长。智能控制系统平台作为和利时的自动化核心技术，在 2015 年 4 月首批通过工信部两化融合管理体系评定。2015 年底，和利时仪器成功签约九江电厂 DCS 项目，在电力行业国产 DCS 系统市场占有率第一。同时，比利时自动化赢得价值 7550 万美元高铁信号合同，助力中国铁路建设。

# 第三十一章 云计算企业

## 一、阿里云

阿里云计算有限公司（以下简称"阿里云"）是阿里巴巴集团旗下专注于云计算的子公司，成立于2009年，在杭州、北京和硅谷等地设有研发和运营机构，致力于提供安全、可靠的计算和数据处理能力，打造全球领先的云计算与数据管理平台开发商。阿里云面向广大中小企业、开发者以及阿里巴巴集团的客户以及电商等广泛用户提供弹性计算服务、开放存储服务、开放结构化数据服务、开放数据处理服务、关系型数据库服务等云计算服务，以及搜索、邮箱、域名、备案等互联网基础服务。

2015年，阿里云实现营收三位数增长，四个季度营收增速分别为82%、106%、128%、126%，超越亚马逊AWS和微软Azure成为全球增长最快的云计算平台。在公有云服务方面，阿里云规划建设位于杭州、青岛、北京、深圳、上海、中国香港、新加坡、美国（硅谷和美东地区两个数据中心）的9个数据中心，未来将在日本、欧洲、中东等地设立新的数据中心，面向全国乃至全球提供IaaS等公共云服务。其中，三个海外数据中心的建设推动了海外业务量的快速增长，是阿里云在国际市场布局的重要举措。

表31-1 2015年阿里云计算主要发展情况

| 市场 | 阿里云公有云市场占有率排名第一，超过中国电信、中国联通等运营商，位居国内第一位。 |
| --- | --- |

（续表）

| | |
|---|---|
| 战略 | 加快国际云计算市场布局，在中国香港、美国、新加坡等各地建立数据中心，面向全球提供服务。 |
| | 通过"百川计划""云合计划"等扶持合作伙伴和应用开发者，加快构建和完善公有云相关生态。 |
| | 面向政府、中大型企业市场加快云计算推广。 |
| | 携手英特尔、华大基因三巨头加快布局基因大数据行业。 |
| | 结合6年实践提出"互联网是基础设施""数据是生产资料""计算是公共服务"三大基本判断，重新定义云计算。 |
| | 发布全新品牌口号及品牌广告——"为了无法计算的价值"。 |
| 生态圈布局 | 在全国招募200家区域云服务商，这些云服务商将为当地客户提供本地化服务，以帮助他们能够第一时间与当前最先进的IT生产力接轨。 |
| | 阿里云、东华软件、西咸空港新城三方达成战略合作，全球首个云上空港将在陕西西咸落地，未来云上空港整体解决方案将向各地航空城全面开放。 |
| | 联手中科院在阿里云网络环境建立了多个量子安全传输域（Quantum Portal），通过量子传送门实现同城数据中心互联组网，能够为客户提供无条件安全数据传输服务。 |
| | 阿里云与迪拜控股集团Meraas正式签署合作协议，双方将合资成立一家全新的技术企业，为中东、北非地区的用户以及政府机构提供以云计算为底层支撑的系统集成服务。 |
| | 专注于提供新一代应用性能管理软件和服务的OneAPM，将旗下全线产品迁移至阿里云平台，并将OneAPM正式接入阿里云应用市场。 |
| 数据中心 | 共在北京、杭州、深圳、青岛、上海、中国香港、新加坡、美国等地设立九个数据中心。 |
| | 3月，阿里云宣布北美首个数据中心投入试运营，向北美乃至全球用户提供云计算服务。 |
| | 8月，新加坡的数据中心正式开放，辐射亚太区域市场。 |
| | 10月9日，阿里云宣布，其位于美国硅谷的第二个数据中心上线。 |
| 支持应用 | 在云应用市场上线的应用数量约为1万个。 |
| | 正式发布批量计算服务，可以帮助用户轻松完成海量数据并行计算任务。 |
| | 正式推出KVStore for Redis，Redis是当前最流行的键值对（key-value）存储数据库。 |
| | 推出RDS for PostgreSQL服务，成为国内首家同时支持MySQL、SQL Server 和 PostgreSQL关系型数据库的云计算服务商。 |
| | 在IaaS、PaaS方面推出很多新产品。 |

（续表）

| | |
|---|---|
| 应用 | 与海南、浙江、贵州、广西、河南、河北、宁夏、新疆、甘肃、广东、吉林、天津等20个省市达成合作协议，利用阿里云"飞天"云计算核心自主技术，搭建政务、民生、公共服务领域的数字化服务平台，推动政府公共服务的电商化、无线化和智慧化，帮助政府、企业降低创新、创业的门槛。 |
| | 与云南省签署战略合作，根据协议，云南省将依托阿里云的"飞天"自主核心技术，在政务民生服务、社会管理、智慧产业、位置信息服务等领域探索建立统一的云计算、大数据平台和示范应用业务，逐步开放用于民生服务的政务服务数据。 |
| | 2015年"双十一"，阿里云平台支撑支付宝创建峰值达到每秒钟14万笔，支付峰值达到每秒钟8.59万笔，实现交易额912.17亿元。 |
| | 贵州交警联合阿里云建成国内首个运行在公安内网上的省级交通大数据云平台—贵州公安交警云正式投入使用。该平台由贵州省公安厅交警总队采用以阿里云为主的云计算技术搭建，可对海量交通数据进行全库关联、智能联想、自动研判、深度挖掘，为公共服务、交通管理、警务实战提供支持。 |
| | 阿里云联手浙江省交通运输厅开展交通拥堵预测，将高速历史数据、实时数据与路网状况结合，基于阿里云大数据计算能力，预测出未来1小时内的路况，预测准确率稳定在91%以上。 |
| | 浙江省高级人民法院与阿里云合作，双方将共同把云计算、大数据等新一代信息技术应用于审判执行各领域，推进"审务云"项目，构建"智慧法院"及司法大数据服务体系。 |
| | 与上海银行签署战略合作协议，双方将基于云计算与大数据，构建起面向移动互联网时代的金融直销平台。 |
| | 与万国数据（GDS）达成战略合作，携手向企业级混合云市场发力，共同开发基于阿里云的万国数据混合云平台CloudMix。 |

资料来源：赛迪智库整理，2016年3月。

同时，阿里巴巴加快在全国各省大范围布局云计算和大数据发展，先后与海南、浙江、贵州、广西、河南、河北、宁夏、新疆、甘肃、广东、吉林、天津等20余个省市达成战略合作，并为酒店、保险、旅游、健康、电影制作、数据安全、航运、气候等各行业提供云计算技术支持，帮助政府、企业降低创新、创业的门槛。

## 二、浪潮云

浪潮云服务信息科技有限公司（简称浪潮云）是浪潮集团旗下独立子公司，于2015年3月成立，是我国政务云服务领域的佼佼者。浪潮云依托自主可控的云计算装备、云平台、云应用等技术优势，为政府部门和大型企业提供覆盖

IaaS、PaaS、SaaS 三个层面的全面云服务，支撑政务云、行业云、企业云建设，促进政府和行业转型发展。浪潮云已形成了计算服务、存储服务、容灾服务、数据库、IDC、应用服务等六大产品体系，拥有云服务器、负载均衡、云托管、云加速、云容灾、舆情分析、专享云等众多产品，在政府、企业以及行业用户的云服务项目中获得较好应用。

2015 年，浪潮云发布新的发展战略，提出依托浪潮云在政务云领域的领先优势，以安全的云、行业的云及服务的云为三大核心能力，面向区域政府、行业部委及大型企业提供一体化整体云服务。结合该战略，浪潮云加快全国云中心的布局，投资 100 亿元建设 7 个核心云计算数据中心、50 个地市云计算中心，为全国的政府部门和大型企业提供云服务。

同时，浪潮云进一步加快全国政务云领域的布局，与多个城市签订合作协议。截至 2015 年底，浪潮云已经与山东、浙江、江苏、安徽、甘肃、内蒙古、黑龙江、海南、山西、贵州、云南等 50 多个省市达成合作协议，与海南、贵州、阜阳、济南、绵阳、常德、北京市海淀等近 60 个城市和地区建立了云服务合作关系，覆盖卫生、广电、政务、水利、电力、公安等多个行业。同时，浪潮正式加入云安全联盟 CSA，与微软、SAP、奇虎 360、阿里云等国内外知名企业合作，共同推动云安全技术突破和创新。

表 31-2　2015 年浪潮云计算主要发展情况

| 市场 | 国内政务云市场占有率第一，荣获2014—2015年中国政务云服务市场年度成功企业和2015可信云政务云服务奖。 |
|---|---|
| 战略布局 | 基于浪潮云在政务云领域的领先优势，凭借安全的云、行业的云及服务的云三大核心能力，为区域政府、行业部委及大型企业提供一体化整体云服务，打造符合中国市场需求的"中国云"。 |
| | 投资100亿元，建设全国7个核心云计算数据中心、50个地市云计算中心，为全国200个区域政府、40个行业部委、200个大型企业提供云服务。 |
| | 与全国54个省市达成云计算协议，打造、提升智慧城市平台，促进区域政府实现云服务转型，进一步提升政府整体的服务能力和水平。在北京、海南、济南、昆明、阜阳等全国22个省市已经成功部署云中心、云平台并开展云服务。 |

（续表）

| | |
|---|---|
| 生态圈布局 | 加入全球"云安全联盟"CSA（Cloud Security Alliance），与国内外一线主流云服务厂商合作，共同促进云安全和云计算相关信息和知识交流，为消费者和供应商提供更优质、更安全的云服务解决方案。 |
| | 与浙江华通云数据科技公司合作，合作主要集中在节能型数据中心的建设上，采用浪潮数据中心整体解决方案外，华通批量采购700余台双路机架服务器NF5270M3用于新数据中心的建设。 |
| | 与UCloud云计算达成战略合作协议，双方将联合打造自主可控云服务生态链，通过整合双方既有技术、产品和服务能力，联合打造充分关注和适应当前云服务客户现实需求状态的全面、灵活的云服务解决方案。 |
| 技术创新 | 推出浪潮iCSD云桌面V2.0，该新服务工具内嵌入浪潮管理软件GS与PS，全面整合了传统的现场服务、热线服务和远程协助多种服务方式，包含PC端和手机端，支持互联网和微信应用。新版本优化操作界面，丰富了桌面应用，形成集知识中心、在线课堂、专家问答、新闻资讯、服务预约与跟踪、远程诊断、客户体验等功能于一体的全新的服务通道和强大的用户互动平台。 |
| | 浪潮MDC微模块数据中心是新一代数据中心部署形式，集成了供配电、制冷、机柜、气流遏制、综合布线、监控等子系统，采用模块化设计理念，最大限度地降低基础设施对机房环境的耦合，具有快速部署、绿色节能、精细运维、弹性扩展等优点。 |
| | 浪潮舆情分析荣获2014CITE创新产品与应用奖。 |
| | 浪潮舆情分析（Inspur Public Sentiment Analysis）利用爬虫及搜索引擎技术从多个维度对互联网信息与数据进行采集，通过算法进行深度的数据挖掘及智能化的数据分析，为政府、垂直行业、企业用户提供服务。 |
| | 与交通银行签署全面战略合作协议，依托K1、云服务器、云海操作系统等国产自主装备为交行搭建领先的IT基础架构平台，双方还将在金融业务、大数据及信息安全、智慧银行等方面展开全面的合作。 |
| | 浪潮家庭云以网关＋终端＋APP的模式，为广电行业提供全新的面向宽带接入、室内网络覆盖和互联网业务融合的综合运营解决方案，推动广电与互联网的融合，从面向家庭的基本电视服务转型为基于用户运营的新平台。 |
| | 基于浪潮云海IOP大数据支撑平台建设的山东省旅游产业运行监测管理服务平台正式开通运行。该平台整合利用物联网、移动互联网、云计算、大数据等信息化技术手段，实现了对山东旅游产业运行情况进行实时信息收集、传递、分析处理和挖掘使用，让旅游"大数据"更好地为"大旅游"服务，解决"行业痼疾"。 |
| | 浪潮云整合利用山东省现有基础环境、计算、存储和灾备中心等资源，搭建适应"省市平台、多级应用"的电子政务公共服务云平台。 |
| | 浪潮云支撑重庆市电子政务云平台建设，通过建设统一的政务云平台，为全市提供包括基础设施服务、软件服务、功能应用服务、信息安全技术服务等在内的全方位服务。 |

资料来源：赛迪智库整理，2016年3月。

# 三、金山云

北京金山云网络技术有限公司（以下简称"金山云"）是金山软件旗下子公司，于2012年创建，是国内最大的存储服务提供商，也是游戏云市场的佼佼者，获得了"可信云2014—2015年度游戏云服务奖"。金山云在北京、上海、成都、广州、中国香港和北美等全球各地均设有数据中心及运营机构，能为用户和企业提供云服务产品。金山云拥有云服务器、海量云存储、负载均衡、云关系型数据库等多项核心业务，并拥有服务于CP及渠道发行商的游戏云平台，能为游戏厂商提供从游戏开发到游戏推广的一体化的云计算解决方案。

2015年，金山云进入快速增长期。在巩固和增强存储和游戏领域领先优势的基础上，金山云积极进军视频、医疗等新兴领域。在视频领域，面向用户需求从内容、社交转为直播体验需求的转变，金山云快速抢占视频直播制高点，通过提供丰富易接入的SDK接口、全国及北美等多地的机房以及近千个CDN节点等多种技术资源，努力为用户提供高品质、定制化的视频云服务。在医疗领域，金山云动作频频，与北大医信展开合作推出"金山医云"产品，并通过该合作引入新的战略合作伙伴——产研院，推出基于云计算和大数据背景下的智慧医疗解决方案，推动金山云在医疗领域的拓展。同时，金山云积极推动生态体系建设，继与戴尔、惠普等国际巨头达成战略合作后，在游戏云领域与页游巨头新娱兄弟、中国手游、指游方寸、热酷等达成战略合作伙伴关系。

表31-3　2015年金山云计算主要发展情况

| 战略 | 以游戏云、视频云和医疗云为重要拓展方向，加快生态体系建设，多家游戏厂商加入合作伙伴计划，推出了800多款游戏产品。 |
|---|---|
| 生态圈布局 | 与惠普签署合作谅解备忘录，金山云和惠普将在云计算经验、渠道等方面结合，其中金山云将帮助惠普在国内市场落地，为惠普提供云服务底层架构与技术。 |
| | 与北大医信建立战略合作伙伴关系，金山云提供基于云计算、大数据的智慧医疗架构整体解决方案，并提供强大底层支撑、稳定网络带宽和金融级数据加密，从而为各类医院提供医疗云服务，医院可以按需消费，明显地降低成本，提高效能。 |
| | 金山云与页游巨头新娱兄弟签署战略合作协议，新娱兄弟成为金山云"游戏云生态系统"落地海南后的首个战略合作伙伴，旗下中国第一家网页游戏平台51wan.com（我要玩）将全面接入金山云的服务。 |

（续表）

|  | 与中国手游在美国签订战略协议，双方将在云主机业务、云存储业务以及市场推广方面达成深度战略合作。 |
|  | 与北大医疗信息技术有限公司（简称北大医信）、上海产业技术研究院（简称产研院）在上海签署战略合作协议，启动"智慧医疗、生物医学大数据和云计算领域创新伙伴计划"。未来，三方将在智慧医疗产业展开深度合作，促进"互联网+"背景下的医疗产业信息化建设，实现云计算、大数据与智慧医疗的有效结合。 |
| 全国布局 | 继北京、上海、中国香港之后，建设北美数据中心。 |
|  | 北美数据中心正式启动，第一期将建数千台服务器，建成后该中心将有望与亚马逊、微软等当地云计算企业形成鼎立局面，为互联网、游戏等企业提供跨国的云计算服务，第一批使用的客户将以游戏企业为主。<br>据悉，北美数据中心是金山云又一大数据中心。该中心今后将与西安未来国际信息股份有限公司（以下简称未来国际）牵手，布局西北云存储、云计算中心。 |
| 应用 | 中标北京市经信委政务云采购项目。 |
|  | 金山云中标北京市电子政务云采购项目，未来将采用金山云混合云解决方案，实现北京市各委办局IT业务系统的集中统一管理，并充分发挥云计算对数据资源的集聚作用，实现数据资源的融合共享。 |

资料来源：赛迪智库整理，2016年3月。

# 第三十二章　大数据企业

## 一、人大金仓

在大数据时代，人大金仓立足自身在数据库领域的技术沉淀和产品基础，在发展国产数据库的同时，大力促进传统数据库对于大数据和云计算的支持能力以及与大数据系统的融合。目前人大金仓提供自主可控数据库、数据管理全线产品及解决方案，为客户提供最佳的产品服务体验以及享受数据带来的价值。

公司依靠在数据库研发、数据治理、数据分析等方面的积累，基于行业用户需求，推出大数据系列解决方案，以大数据基础平台、政府大数据、智慧城市大数据、大数据分析为解决方案主线，为各行业大数据提供从咨询规划、平台搭建到应用实施的一站式服务。在产品层面，主要提供涵盖数据采集、存储、分析挖掘、利用、管理等能力的大数据基础支撑平台产品，重点加强数据库集群，围绕云计算、大数据建立一个可扩展的分布式数据库架构的底层支撑。

表 32-1　2015 年人大金仓大数据相关大事记

| 类型 | 事件概述 |
|------|---------|
| 获奖 | 人大金仓亮相"2015第三届中国电子信息博览会"，金仓数据库KingbaseES经过20位专家按照技术的领先性、市场的竞争性、设计的新颖性等指标的严格评审，获得"2015CITE创新产品与应用奖"。 |
| | 由人大金仓与中国人民大学共同完成的"数据库管理系统核心技术的创新与成果转化"项目荣获中国计算机学会科学技术奖"2015年度科技进步奖一等奖"。 |

（续表）

| 类型 | 事件概述 |
|------|---------|
| 合作 | 人大金仓联合浪潮集团、锐捷网络、山大地纬、东方通等国内10多家有影响力的IT企业共同发起成立"人力资源和社会保障自主可控信息化产业联盟"。 |
| | 人大金仓与中国计算机学会数据库专业委员会保持紧密合作，持续支持"中国数据库学术会议"（NDBC）。 |
| | 人大金仓在与众多行业联盟协会紧急合作的基础上，新加入"中国软件教产互动联盟""山东省安全可控软件产业联盟""成都安全可靠信息技术联合会"等。 |
| | 人大金仓携手轩辕网络科技，共同打造国产化行业应用解决方案。双方已签署战略合作协议，将促进未来项目合作，联手打造政府、教育行业等软件应用平台，共同建立信息和资源共享机制，并推动国产数据库与行业应用解决方案的多层次合作与全方位发展。 |
| | 人大金仓与超图软件、金蝶等业内众多合作伙伴都建立了紧密的合作关系，共同打造全国产化的整体解决方案。 |
| 人才培养 | 人大金仓连续八年为人民大学参加ACM大赛提供支持并为获奖学子提供奖金鼓励，助力国家数据库专业人才培养。 |
| | 人大金仓东北区域总部落地长春，企业落地后，将注重人才发展战略，与长春各高校密切合作，为莘莘学子提供良好的发展平台，为我国培养更多优秀的数据库及数据管理专业人才。 |
| 应用 | 人大金仓基于医疗大数据，为大中型医院量身定制高级商业智能系统——金仓医院综合信息管控系统。该系统目前应用于沈阳军区总医院，运行稳定，并获得用户高度评价。 |
| | 人大金仓打造徐汇区电子政务大数据管理平台，主要在数据分析展现上，通过大屏和电视屏进行监管。该项目获得上海市领导参观及认可。 |
| | 人大金仓为广东省构建政务数据中心，助力广东省电子政务改造升级；为省直各部门提供按需申请、弹性化服务的信息基础服务资源，提升全省信息资源共享交换能力和水平。 |
| 人事 | 太极股份总裁刘淮松出任人大金仓董事长，进一步推动人大金仓在数据库产品研发及市场应用方面的拓展，加快数据库和行业应用之间的融合发展。 |

资料来源：赛迪智库整理，2016年3月。

# 二、百度

百度第四季度及全年未经审计的财务报告显示，2015年全年百度总营收为人民币663.82亿元，同比增长35.3%；全年归属于百度的净利润为人民币336.64亿元，同比增长155.1%。

2015年，国务院发布了《促进大数据发展行动纲要》的通知，明确提出要探索大数据与传统产业协同发展的新业态、新模式，促进传统产业转型升级和新兴产业发展，培育新的经济增长点。作为互联网三巨头之一的百度，在大数据技术方面也经过多年积累，已经从过去的内部探索走向了外部合作开放阶段。

百度推出"百度大数据+"，旨在面向行业关键诉求，继续开放百度大数据核心能力，帮助企业先人一步创造新商业机会、实现用户体验的升级换代。百度利用积累已久的海量数据和技术能力，借助"百度大数据+"平台面向行业用户，提供了六大行业解决方案、七大产品组件、三大智能模型。百度除了传统的搜索数据，定位数据，还拥有庞大的社区数据，如贴吧等。这些对于未来通过"百度大数据+"平台，向众多行业用户提供不同需求的服务有重要意义。

表 32-2　2015 年百度大数据相关大事记

| 类型 | 事件概述 |
|------|----------|
| 收购 | 百度与携程旅行网达成股权置换交易，百度用45%的去哪儿股份，换取携程25%股份，布局在线旅游业。 |
| | 百度宣布3.7亿美金收购PPS视频业务全部股份，并将PPS视频业务与爱奇艺进行合并。 |
| | 百度宣布全资收购安全宝，安全宝将全面融入百度云安全体系。在原有战略投资的基础上，此次收购也将进一步提升百度自身资源优势。 |
| 合作投资 | 百度领投e袋洗B轮1亿美元融资，更加深入地连接人与服务。 |
| | 百度领投优信拍1.7亿美元融资，成为用户进行信息检索（包括二手车信息）的首选入口。 |
| 投资 | 百度董事长兼CEO李彦宏宣布将在3年内对糯米业务追加投资200亿元人民币，进一步加重在O2O领域的布局。 |
| | 百度2亿元投资百姓网持股4.69%，百姓网是国内第三大分类信息网站。 |
| 合作 | 百度与中信集团联合宣布双方达成战略合作，百度与中信集团旗下中信银行发起设立"百信银行"，注册资金暂定现金投入20亿元人民币。这是中国首家由互联网公司与传统银行深度合作成立的直销银行。 |
| | 微软与百度正式达成了战略合作，微软将百度作为Win10 Edge浏览器的默认主页和搜索引擎。 |
| | 华为与百度宣布达成战略合作，共同发展室内移动互联网，特别是基于室内导航的O2O合作。 |
| | 百度和Uber强强联合，百度投资Uber进入打车领域，百度地图中开放Uber提供支持叫车功能，百度钱包也接入Uber，百度将自己的资源和Uber进行整合对接，在出行领域占据了重要一席。 |
| | 百度与工商银行签署了战略合作协议。双方将在互联网金融、地图服务、网络营销、金融业务以及生活服务等业务范围内开展合作。 |
| | 百度与北大、中国高等教育文献保障系统（CALIS）管理中心正式签署战略合作协议书，三方将在高校图书馆信息资源建设、知识发现服务完善、学术评价体系的创新等方面展开全面合作。 |
| | 百度、安联保险、高瓴资本宣布，三方将联合发起成立全新的互联网保险公司——百安保险公司。 |

（续表）

| 类型 | 事件概述 |
|---|---|
| 百度世界大会 | 百度推机器人助理"度秘"，提供秘书化搜索服务，将与地图等结合。 |
| | 百度慧创业：基于百度多源大数据的商业优化分析系统。 |
| | 百度慧城市：智慧城市管理系统，可以实现：智能人群管理，智能人口分析和城市网络分析。 |
| | 百度慧医疗：基于问诊数据的智能诊断及自动医疗知识问答系统。 |
| 产品 | "百度大数据+"，旨在面向行业关键诉求，继续开放百度大数据核心能力，帮助企业先人一步创造新商业机会、实现用户体验的升级换代。 |
| | 百度知道施行高质问答平台战略，吸引专业机构及个人入驻。 |
| | 推出百度机器人"度秘"，功能是在广泛索引真实世界的服务和信息的基础上，依托百度的搜索及智能交互技术，通过人工智能用机器学习和替代人的行为，为用户提供各种优质服务。 |
| | 百度推出年度大数据奏鸣曲，运用百度指数平台分析年度热搜事件的涨跌态势，科学绘制大数据生成一条年度热搜事件曲线，并由专业音乐家整理、谱写成曲。 |
| 组织架构调整 | 成立移动服务事业群组、新兴业务事业群组、搜索业务群组。移动云事业部和LBS事业部合并为移动服务事业群组，由副总裁李明远、副总裁刘骏负责；新业务群组、用户消费业务群组、国际化事业部合并为新兴业务事业群组，由总裁张亚勤、副总裁王湛负责，移动云事业部的搜索底层基础技术部分和移动搜索联盟业务并入搜索业务群组，连同团购业务，继续由高级副总裁向海龙、副总裁王海峰负责。 |

资料来源：赛迪智库整理，2016年3月。

# 三、腾讯

腾讯2015年前三季度，实现营业收入724.22亿元，比上年同期增长24.96%，净利润216.42亿元，比上年同期增长20.57%，继续保持平稳增长。

2015年，腾讯继续积累丰富数据类型，通过投资并购饿了么、易车网、大众点评、盛大文学、知乎、Kik等公司，在O2O、电子商务交通物流、社交等领域扩展自身业务宽度。腾讯的数据类型已包括社交数据、地理位置数据、医疗数据、电商数据、游戏数据、支付数据等，随着数据类型的丰富，腾讯大数据应用领域更加广泛。2015年，腾讯大数据平台每天完成扫描数据量达到10.5PB、效果广告精准推荐量210亿条、新闻精准推荐量0.6亿条、视频精准推荐量16亿个、日接入消息数达到30000亿条。在大数据应用方面推出精准推荐、大数据统计、推送服务、健康大数据、智能设备、智慧城市等六大应用。

**表 32-3　2015 年腾讯大数据相关大事记**

| 类型 | 事件概述 |
|---|---|
| 投资并购 | 网上订餐平台"饿了么"宣布获腾讯与中信产业基金、京东、大众点评、红杉资本联合投资3.5亿美元，饿了么将继续保持独立运营。 |
| | 易车网获得及腾讯及京东13亿美元的投资，同时易车旗下专注汽车金融互联网平台的子公司易鑫资本，将获得腾讯与京东2.5亿美元的投资。三方将携手合作，致力于为中国购车用户提供优质的汽车电商服务。 |
| | 二手车电商平台人人车宣布已经完成由腾讯战略领投的8500万美元C轮融资，腾讯正在加速二手车市场的布局。 |
| | 腾讯领投知乎5000万美元C轮融资，对于腾讯丰富搜索内容、增强用户的搜索黏性及自体系内流量的增量大有裨益。 |
| | 腾讯领投同程旅游9.67亿美元D轮融资，加大在旅游行业的布局力度。 |
| | 腾讯与高瓴资本、高盛集团共同投资，挂号网D轮融资3.94亿美元。 |
| | 移动票务网站"微票儿"C轮融资15亿人民币，腾讯、信业基金等共同投资。 |
| 合作 | 腾讯与京东推出"京腾计划"，双方将拿出最强资源和产品打造名为"品商"的创新模式生意平台，为品牌商家提供包括"精准画像""多维场景""品质体验"等在内的完整营销解决方案。围绕物流货运，腾讯参与投资了物流QQ、汇通天下、人人快递等。 |
| | 中国石油与腾讯签署战略合作协议，双方将努力构建长期、全面的战略合作伙伴关系，充分利用各自的战略资源、优质渠道和核心能力，拓展与客户的沟通渠道，推动双方业务的提升与发展。 |
| | 湖南省政府与腾讯公司在长沙签署战略合作框架协议，携手推进"互联网+"行动计划。 |
| | 宝莱特与腾讯建立长期战略合作伙伴关系，将携手实现移动医疗的流程创新并通过互联网巨大用户的创造力推动技术创新。 |
| 组织架构 | 腾讯宣布组织架构调整，整合后的腾讯战略将重点布局社交、游戏、网媒、无线、电商和搜索六大业务。腾讯将把现有业务重新划分成企业发展事业群 CDG、互动娱乐事业群 IEG、移动互联网事业群 MIG、网络媒体事业群 OMG、社交网络事业群 SNG。并且增加新的技术工程事业群 TEG 和腾讯电商控股公司 ECC。 |

资料来源：赛迪智库整理，2016 年 3 月。

# 第三十三章　信息安全企业

## 一、卫士通

### （一）发展情况

　　成都卫士通公司是国内专业从事信息安全的股份制公司，于 2008 年在深交所上市，公司从核心的密码技术应用持续拓展，已经发展成为拥有三大类产品体系、近 20 个产品族类、100 余个产品／系统的国内领先的信息安全产品供应商。同时，以完整的产品线优势，基于 ISSE 体系框架为党政、军工、电力、金融以及其他大型企业集团、中小企业及事业单位等用户提供以"安全咨询、安全评估、安全建设、安全运维"为主要内容的信息系统全生命周期的安全集成与服务。据公司初步核算数据，2015 年，在国内经济步入速度换挡、结构优化、动力转变的新常态下，公司继续深挖传统优势业务，扩大应用的广度和深度，保持了在重点行业的领先地位，优化公司研发管理架构，加强技术研究和产品开发能力，进一步强化了整体市场统筹运作能力。公司经营业绩和利润保持高速增长，实现营业收入 16.03 亿元，同比增长 29.65%；利润总额 1.82 亿元，同比增长 27.99%；公司总资产 26.25 亿元，同比增长高达 35.99%。

### （二）发展策略

　　积极参与国家及行业标准制定。卫士通凭借领先的技术和优质资源，参与了国家信息安全标准体系、信息安全产品认证管理、电子政务认证基础设施、可信计算、RFID、射频系统、传感器网络等专业标准的制定。通过参与大量国家行业标准制定工作，公司把握了行业发展的主流趋势并与国家信息安全重点保持一致。不仅在传统安全领域，而且在国家等级／分级保护、云计算安全、智能电网安全、物联网安全、两化融合安全等重大新热点领域再度支撑国家主管部门进行标准和行业规范的拟制，并牵头组织新的产业链，推动新技术、新产业的发展。

加强核心技术研发创新。当前公司打造了具有自主知识产权的信息安全产品线和服务模式，覆盖了防火墙、VPN、UTM、网关、安全审计、身份认证与信息加密、安全管理平台、安全存储等主流信息安全技术和产品市场。同时，公司设立信息安全研究院专注于对前沿及热点技术的研究、追踪和产品化实现。重视校企合作，与成都电子科技大学深度合作，通过"客座教授"与硕士/博士生兼职实习等合作机制，从源头保证高端技术人才和领先技术的持续输入。通过人才培养、行业合作等策略建立了快速将新技术产品化、市场化的产学研一体化的可持续发展模式。

打造"大安全"产业生态链。卫士通从产品提供商向行业解决方案提供商转型，从信息安全产品向安全信息系统延伸。逐步完善从商用密码、芯片、板卡、设备、平台、系统，到方案、集成、服务的完整产业链，围绕商用密码技术、网络安全、终端安全、数据安全、应用安全、内容安全和管理安全，构建功能完善、种类丰富的产品线。

# 二、启明星辰

## （一）发展情况

启明星辰作为国内最具实力的、拥有完全自主知识产权的网络安全产品、可信安全管理平台、安全服务与解决方案的综合提供商。在产品方面，公司拥有完善的专业安全产品线，横跨防火墙/UTM、入侵检测管理、网络审计、终端管理、加密认证等技术领域，共有百余个产品型号，并根据客户需求不断增加。其中防火墙（FW）、统一威胁管理（UTM）、入侵检测与防御（IDS/IPS）、安全管理平台（SOC）均在国内市场占据领先地位。公司构建了涵盖安全产品、安全服务、安全管理及系统集成在内的完整的产业链条。据财务数据初步核算结果，随着新增订单逐步明确，销售业绩较预期有所增长，同时合并了书生电子、合众数据全年报表数据。2015 年，公司经营情况良好，实现业务收入 15.3 亿元，同比增长 28.34%，净利润 2.43 亿元，同比增长 42.98%。

## （二）发展策略

加强资源整合，继续通过收购强化在关键细分领域布局，提升公司的综合竞争力。2015年3月，启明星辰以2.22亿元收购安方高科100%股权，进一步拓展电磁安全领域，看重安方高科拥有齐全完备的涉密资质、武器装备生产资质，在各级党政军机关和涉密部门拥有优质的客户资源，以及其低泄射安全计算机的电磁防护技术和性能达到相关国家和军用标准的最高等级。同时，以1.54亿元的价格收购合众数据剩余的49%股权，完成了对合众数据100%控股，看重合众数据在边界接入、隔离交换、大数据分析处理等方面有着深厚的技术积累，通过本次并购，进一步巩固销售渠道，扩大市场占有率，提升公司的业务规模和盈利能力。

重点布局云安全领域。随着云计算应用逐步落地和IT架构全面云化，云安全成为各大信息安全厂商专注的重点领域。2015年，启明星辰推出了CloudSOC云安全管理平台，涵盖云安全监测、审计、防护、运维等功能，将主动感知并跟踪云计算环境中各种资产、资源的变化，提供全方位的实时云监测能力。同时，公司与腾讯合作推出了"云子可信"防病毒终端产品，有望部署在企业的云端和终端，构建了企业内网的全方位的防病毒体系。

# 三、绿盟科技

## （一）发展情况

绿盟科技公司于2014年1月在创业板上市，作为国内信息安全行业领军厂商，产品线齐全，拥有入侵防御检测系统、抗拒绝服务系统等十九类产品及多个解决方案，据IDC数据显示，绿盟科技在抗拒绝服务系统（ADS）、入侵防护系统（NIPS）、远程安全评估系统（RSAS）和网页防火墙（WAF）等产品连续多年位居市场前列。经公司初步核算数据，随着公司本身业务拓展，以及公司重大资产重组实施完毕，合并报表范围增加，收入和利润相应增长，2015年，公司实现营业收入为8.78亿元，同比增长24.98%，净利润1.99亿元，同比增长37.52%。

## （二）发展策略

重视产品研发创新，布局数据安全。2015年4月，公司发布绿盟数据泄露防护系统，这是继2014年的绿盟数据库审计系统之后，公司发布的又一款数据安全产品，从而形成了对结构化数据和非结构化数据的全面保护。绿盟数据泄露防护系统基于数据存在的三种形态（存储、使用、传输），对数据生命周期中的各种泄密途径进行全方位的监察和防护，保证了敏感数据泄露行为事前能被发现，事中能被拦截和监察，事后能被追溯，使数据泄露行为无处遁形，敏感数据无径可出。

通过资源整合不断提升核心竞争力。2015年5月，绿盟科技以4450万元战略投资金山安全，拥有19.91%股权。根据双方《业务合作框架协议》显示，双方重点聚焦产品与解决方案、安全大数据领域的合作。绿盟科技的来自网关的安全数据与金山安全的来自终端的安全数据之间将形成数据的共享机制，通过网络侧与终端侧安全数据的联动，能有效实现对安全威胁的取证、处置和阻断，打造闭环的"云、管、端"安全大数据解决方案。公司现有产品线是以网关安全防护为主要部署方式，通过与金山安全合作能够弥补在终端产品的短板，与金山安全的终端防护可以形成优势互补。

注重合作共享，布局云安全领域。2015年8月，中国专业的OpenStack开源云计算公司UnitedStack有云与绿盟科技达成云计算及网络安全合作框架协议，双方将在云计算、网络安全评估、网络安全防护等方面进行深度合作，共同推进云计算与网络安全的整合。2015年12月，绿盟科技与腾讯云签订《云计算安全防护领域合作框架协议》，正式达成战略合作伙伴关系，在云计算安全防护领域共谋发展。

加强校企合作，注重专业安全人才培养。2015年8月，暨南大学宣布成立网络空间安全学院，绿盟科技作为核心战略合作单位受邀出席，双方共同签订了合作框架协议，将在技术研发、人才培养等方面展开长期合作，力争培养出在国际上有影响力、在国内受到广泛关注的研究团队。

# 四、奇虎360

## （一）发展情况

奇虎360公司成立于2005年，2011年3月正式在纽交所上市，是国内领先的互联网和手机安全产品及服务供应商，旗下360安全卫士、360杀毒、360安全浏览器、360安全桌面、360手机卫士等系列产品在国内占据较大市场份额。近年来,该公司在技术、产品、服务创新以及市场拓展方面均保持着高速发展态势,尤其是公司将互联网安全看作诸如智能搜索、电子邮箱、即时通信的互联网基础服务，并倡导免费安全理念，颠覆了互联网安全的商业模式，重塑了互联网安全市场格局。2015年第一季度，公司实现营业收入3.844亿美元，同比增长45%，净利润5300万美元，同比增长8%；2015年第二季度，公司实现营业收入4.383亿美元，与上年同期3.179亿美元相比增长37.9%，净利润为8140万美元，较上年同期增长108%。

### （二）发展策略

注重企业安全服务。2015年，奇虎360开始加重企业安全服务。组建了专门的企业安全集团，发布基于大数据对安全漏洞预测与回溯的"360天眼"产品，转战偏蓝海的企业级市场。此外，除了自身业务之外，还投资了三家企业服务公司：WiFi领域的聚玩、大数据领域的ParaTera并行科技、企业移动信息化建设的蓝信，加快布局企业移动信息化。

实施开放平台策略。2015年3月，奇虎360开放平台正式成立，整合奇虎360旗下所有面向开发者服务的资源，打通PC和移动端的隔阂，围绕开放平台、云安全服务、广告流量导入和产品扶持计划等内容搭建中小CP的合作平台。未来360开放平台将为开发者提供公司产品线上所有的应用和用户资源，帮助开发者产品一键式的接入和调整优化，从前期的数据分析、客服测试，到后面的支付结算和渠道延伸等各个环节。同时，360开放平台将整合360导航、好搜索、360手机助手、360手机卫士等PC和移动端流量入口，针对不同终端人群，实施精准的流量分发和广告接入。

# 展望篇

# 第三十四章　主要研究机构预测性观点综述

## 一、Gartner 的预测

### （一）2016年全球IT支出增长情况

据市场研究公司 Gartner 预计 2016 年的全球 IT 支出总额将达到 3.54 万亿美元，相比 2015 年的 3.52 万亿美元仅增长 0.6%。自 Gartner 开始追踪 IT 支出以来，2015 年的 IT 支出跌幅最大。相比 2014 年，2015 年的 IT 支出减少了 2160 亿美元，直到 2019 年之前，2014 年支出水平都将难以超越。

Gartner 表示：美元升值是导致 2015 年支出下滑的罪魁祸首。美国跨国公司在 2015 年皆面临汇率困境，但是，这些不利因素将会在 2016 年消失，其有望实现 5% 的额外增长。

表 34-1　2016 年全球 IT 支出预测（单位：十亿美元）

| 类别 | 2015年支出 | 2015年增长率（%） | 2016年支出 | 2016年增长率（%） |
|---|---|---|---|---|
| 数据中心系统 | 170 | 1.8 | 175 | 3.0 |
| 企业级软件 | 310 | −1.4 | 326 | 5.3 |
| 终端设备 | 653 | −5.8 | 641 | −1.9 |
| IT服务 | 912 | −4.5 | 940 | 3.1 |
| 电信服务 | 1472 | −8.3 | 1454 | −1.2 |
| IT支出总计 | 3517 | −5.8 | 3536 | 0.6 |

资料来源：Gartner，2016 年 1 月。

2016 年，设备市场（个人电脑 PC、ultramobile、手机、平板电脑与打印机）预计将下降 1.9%。由于经济状况，俄罗斯、日本与巴西等国无力再现更强劲的增长。在手机支出方面,新兴市场也转向更低成本的手机,而原本有望实现平板电脑普及率有所提升的地区却增长乏力。

随着 Windows 10 与搭载英特尔 Skylake 处理器的 PC 相继推出,ultramobile 的高端机型有望拉动 PC 市场向前发展。但是,由于欧亚、日本、中东与北美在短期内不会购买这些相对高昂贵的设备,Gartner 略微调低了预测期内的普及速度,而在经济环境趋于稳定后,这些地区将会在 2017 年购买这些设备。

2016 年,数据中心系统的支出预计将达到 1750 亿美元,相比 2015 年增长 3%。服务器市场是自上个季度预测以来变化最大的一个细分市场。来自超大规模领域的服务器市场需求强于预期,且比预期时间持续更长。一般而言,该细分市场具有迅速上升的需求,且在下降之前会持续数个季度。该细分市场的需求预计将在 2016 年保持强劲增长。

新兴市场恶化的经济环境对 2016 年全球企业软件支出预测影响不大,IT 支出将达到 3260 亿美元,相比 2015 年增长 5.3%。但是,新兴市场的主要国家,尤其是巴西与俄罗斯,面临着不断升温的政治经济挑战。在经济出现问题的时期,这些地区内的企业机构必须平衡削减成本与机会增长这两要素。

在 2015 年下降 4.5% 之后,2016 年的 IT 服务市场支出预计将重现增长。2016 年,IT 服务支出预计将达到 9400 亿美元,相比 2015 年增长 3.1%。这得益于云基础架构普及以及买家云模式接受度的上升势头。

2016 年,通信服务支出预计将下降 1.2%,支出将达到 1.454 万亿美元。该细分市场将受到欧盟与北美部分地区取消漫游费的影响。虽然这会使得移动语音与数据流量有所增加,但不足以抵消因漫游费与附加费用取消所带来的相应收入损失。

## (二)2016年10大战略技术趋势

Gartner 近日于 Gartner Symposium/ITxpo 中提出十项将在 2016 年影响多数企业机构战略科技趋势的研究结果。根据 Gartner 的定义,战略科技趋势是指可能对企业机构带来重大影响的技术趋势。而重大影响因素包括:可能对业务、终端用户或 IT 层面造成颠覆性效果;需要大量投入资金;或是太晚采用相关技术便会导致风险。此外,这些技术也足以影响企业机构的长期规划、方案与活动。

Gartner 的预测中,前三项趋势针对的是实体与虚拟世界的融合,还有数字网络（digital mesh）的崛起。企业机构都把焦点放在数字业务上，但运算业务正在逐渐兴起。借由运算我们可以得知事件之间的关联性与互连性，而这恰恰定义了业务的未来。在运算业务当中，很多都是源于人们并非直接涉入的背景信息。这样的技术依靠智能机器才能实现，在接下来的三种趋势里也会提到。最后四种则是 IT 领域为了支持数字及运算业务而产生的现有或新型架构及平台趋势。

一是终端网络（Device Mesh）。终端网络是指为数越来越多、用来存取应用程序与信息或与其他人、社会群体、政府及企业互动的端点。终端网络包含移动设备、可穿戴式产品、消费性与家用电子设备、汽车设备与环境设备——例如物联网（IoT）当中的传感器。到了后移动时代，趋势的重点将转移到移动用户身上，他们四周将围绕着由各式设备所组成的网络，影响范围远超过传统移动设备所能及。虽然有越来越多的设备通过各种网络连接后端系统，但往往是各自独立运作。随着终端网络逐渐演进，我们预计连接模式将会扩大，设备之间的合作性互动也将更上一层楼。

二是环境用户体验（Ambient User Experience）。终端网络将为持续不断的新形态环境用户体验提供基础。虽然具备扩充实境与虚拟实境功能的沉浸式环境握有极大商机，但它也只是体验的其中一个方面而已。环境用户体验能跨越终端网络、时间与空间的界线而保有延续性。这样的体验可在各式各样的设备与互动通道之间无缝流动，当用户移动时也能混合实体、虚拟以及电子环境。对企业来说，移动应用程序的设计仍然是重要的战略重点之一。然而设计的重点优势在于提供的体验是否能跨越物联网传感器等各种设备、汽车等一般物件，甚至是工厂，并且善加利用。到 2018 年，设计出这种先进体验的能力将成为独立软件厂商（ISV）获取市场空间的最佳利器。

三是 3D 打印材料。3D 打印技术不断提升，已经可以利用镍合金、碳纤维、玻璃、导电油墨、电子、药品与生物材料等各式各样的材料。在这些创新技术持续带动用户需求的同时，3D 打印机的实际用途也拓展到更多产业，包括航空航天、医疗、汽车、能源与军事。适用于 3D 打印的材料种类越来越多，预计 2019 年以前将带动企业用 3D 打印机的出货量达到 64.1% 的年复合增长率。在这样的进展之下，企业机构必须重新构思组装与供应链流程，才能善加利用 3D 打印技术。未来 20 年内，可用于 3D 打印的材料种类将稳步增长，打印物品的速度将会加快，并会有新的零件打印与组装模式崛起。

四是万物联网信息。数字网络里的所有物品都能制造、利用并传输信息。这样的信息不限于文字、音频或视频格式，范围涵盖感官与情境信息。万物联网信息可解决这种战略与技术的汇入，联结来源各异的各种信息。信息其实一直存在且来源多样化，但其往往是孤立的、难以理解的不完整片段，因此无法利用。图形数据库（graph database）等语义工具不断进步，再加上其他数据分类与信息分析技术的逐渐崛起，都将赋予看似杂乱的大批信息更多意义。

五是高等机器学习。在高等机器学习方面，深度神经网络（DNN）超越了典型运算与信息管理技术，创造出能独立自主学习如何理解各种事物的系统。资料来源爆炸加上信息日益复杂，让手动分类与分析变得滞碍难行且不合经济效益。深度神经网络能自动执行这些任务，如此一来要解决万物联网信息趋势所带来的各项重大挑战，也就不再遥不可及。深度神经网络（是一种高等形式的机器学习，尤其适用于复杂的大型数据集）就是让智能设备看起来"聪明"的关键所在。深度神经网络能让基于硬件或软件的机器自行学习环境当中所有特征，范围小至细枝末节，大则可扫描抽象类内容。相关领域持续快速演进，企业机构必须评估该如何应用相关技术以取得竞争优势。

六是自主代理与物体（Autonomous Agents and Things）。机器学习提供了实现智能机器自主（或至少半自主）运行的光谱，包含机器人、自动驾驶汽车、虚拟个人助理（VPA）以及智能助手。随着实体智能机器的进步，机器人得到极大的关注，以软件为基础的智能机器有了更短期并更广泛的影响，虚拟个人助理，微软（Microsoft）的 Cortana 以及苹果（Apple）的 Siri 都变得更为智能，可以说是自主代理（autonomous agents）的前身。助理的新兴概念让自主代理成为主要用户界面的环境用户体验，用户直接对着应用程序说话，而非与智能手机上的菜单、表单与按键互动，实际上就是智能代理。

七是自适应安全架构（Adaptive Security Architecture）。数字经济及运算经济的复杂性与新兴的"黑客产业"（hacker industry）结合，显著提升了其对企业机构的威胁。依赖网络外围防御及基于规则的安全（rule-based security）已显不足，特别是在企业机构采用了更多以云端为基础的服务以及为了整合系统而给客户或合作伙伴开放了 API 的情况下。IT 领导者需专注于侦测与响应威胁，同时以更多传统的阻挡与其他方法防范攻击。程序自我保护、用户与实体行为分析都会协助实现自适应安全架构。

八是高级系统架构（Advanced System Architecture）。数字网络与智能机器需要精密的运算架构才能实现，而高能量、超高效率的神经形态架构（neuromorphic architecture）才能符合这种需求。以现场可编程门阵列（field-programmable gate arrays，FPGA）驱动的架构是神经形态架构的重点技术，这样的技术有明显的优势，例如能够在比每秒一万亿次浮点运算更高速的高能量效率下运行。在GPU与FPGA建立的系统会以与人类脑部相似的方式运作，如此一来便特别适合智能机器的深度学习与其他模式匹配算法。以FPGA为基础的架构允许将算法细分，只需要在终端网络中使用相当少的电力就能让高等机器学习物联网最小的端点的能力，例如家庭、汽车、手表，甚至是人类的行为。

九是网络应用程序与服务架构。整体的线性应用设计（例如三层架构，three-tier architecture）提供更松散的连接方式，即应用程式和服务架构。这种通过软件定义应用服务（software-defined application services，SDAS）启动的新途径促成网络规模的性能、灵活性和敏捷性。微型服务结构不论对内部或者云端来说，都是支持应用程序灵活地传输和规模性部署的新兴模式。容器（container）技术的兴起成为关键技术，让结构发展与微型服务更灵活。引领手机与物联网相关要件的应用程序与服务结构，创造了后台云计算规模性与前端终端网络体验全面性的解决方式。应用程序的开发小组必须创造新的现代架构，以提供敏捷、灵活且动态的基于云的应用程序与跨越数字网络的用户体验。

十是物联网平台。物联网平台补充了网络应用程序和服务架构。管理、安全、与其他科技的整合以及物联网平台的标准是构建、管理与保障物联网的最基础要素。从建筑和技术的角度来看，物联网平台构筑IT的幕后工作，使物联网成为现实。物联网是数字网络的组成部分，环境用户体验以及新兴且动态的物联网平台则是实现物联网的主要元素。

# 二、IDC的预测

## （一）2016年全球IT行业5大预测

2016年，云计算将持续占据主导地位，行业人才将处于持续短缺状态。IDC发布了其对于2016年的IT业界的预测观察分析报告。报告称，当今社会正处在IT改造转型的开始阶段，新的主导型供应商通过其较之传统供应商的优势会在市场上占有更大的优势。该报告同时指出，未来五年的 IT 业将发生巨大的颠覆性的改变。预测内容如下：

一是传统供应商未来将会崩溃。

IDC 指出，到 2020 年，30% 以上的 IT 供应商将会消失，也就是近三分一的供应商将会被淘汰出市场。对传统供应商而言，这仅仅是一个开始，而最大型的供应商在很早之前就已经面临业务增长乏力、盈利不足的困境。

问题就在于，更换 CEO 之类的企业高管或大规模的裁员其实并不是意味着企业运营的失败。其表明这个行业的性质正在发生变化的迹象，因为这些传统的供应商无法很好地提供未来的解决方案。在科技领域，现有产业结构的重组将加速一个新的现象的蓬勃兴起——私募股权融资。

人们可能还以为这只是像任何事物发生一样都会带来的附带损害。但事实上，此次的产业结构重组将被延长，而且是令人痛苦同时也是不可避免的。

二是云服务供应商将被抛弃。

普遍认为：即使传统的供应商市场发生了颠覆，他们也能够在云中避难。但 Forrester 的预测报告所给出的答案却否定了这一结论。

其报告中表明：主要的公共云服务供应商将获得长足的发展，例如亚马逊、IBM 的 SoftLayer、微软将占据更大的商业云服务市场份额。尽管其有着出色的技术和规模化优势，但谷歌将只是从 2016 年才开始在大型企业业务领域有发展空间。即使有诸如阿里云和 DigitalOcean 这样的新兴市场竞争者，但一般性的基础设施即服务（IaaS）的云服务和云管理软件到 2016 年底其市场竞争力会下降很多。

Forrester 认为，用户应该对"供应商的云服务制定规范"。也就是说，供应商已经在 CSP 市场达到了抢占市场的阶段，而企业用户想要获得供应商肯定的承诺，所以他们想要坐下来与供应商进行协商谈判。随着企业用户纷纷开始转向主要的供应商，较小的供应商最终的营收会越来越少，从而迫使其服务关闭，推动更多企业在市场上的优胜劣汰。

在 2014 年的预测报告中，IDC 就曾表示，公共 CSP 市场最终将会只剩下六到八家规模化的竞争对手，而剩余供应商只是争夺剩下的零星市场份额。

像所有资本密集型产业一样，这一行业的竞争正在演变成哪家供应商拥有最雄厚的资本的战斗，2016 年，我们将看到市场上的许多供应商最终将得出结论：他们没有足够的资本以继续留在该市场。

三是大数据的规模将会变得更大。

根据《哈佛商业评论》的文章介绍，"大数据"成为一个大家都爱议论的术语，使得数据科学家已经成为 21 世纪最炙手可热的工作。这种强烈的兴趣反映了人们越来越认识到对于大量数据的分析，可以帮助他们了解以前无法获得的，或者优于其"直觉"的直觉。

大数据被应用的范围异常广泛，几乎所有领域都被大数据渗透。大数据，以及其相关领域，如机器学习和人工智能，已经没有任何区域是不适用的。大数据正在改变药物的研发，医疗，教育，语言翻译，就业招聘。

根据 IDC 介绍，大数据分析还只是刚刚起步。当前所有的应用程序中只有 1% 使用了认知服务；而到 2018 年，50% 的应用程序都将采用认知服务。届时大数据分析将被嵌入到每一款应用程序中，用于增加功能或带来便利。

四是企业将变成软件公司。

随着远离传统的供应商并转向云服务供应商，企业用户也开始越来越利用开源代码软件。也就是说，企业正在成为软件公司。IDC 的研究表明，到 2017 年底，全球 2000 家企业中，三分之二的 CEO 将使数字化改造成为其企业的战略核心。到 2018 年，较之软件开发能力，追求 DX 策略的企业将增加一倍以上；而他们 2/3 的编程人员将专注于战略 DX 应用程序 / 服务。

企业 IT 将会看到前所未有的角色作用和预期的变化。对于许多人来说，这种改变将是令人不安的。多年以来，IT 部门一直希望在企业董事会高层有一席之地，当真正在董事会上得到一个席位面临轮流询问"怎么办"时，事情可能会更棘手。大多数 IT 企业在未来的几年将会出现的情况。许多公司将自己的移动应用程序外包出去，但不可能在基于企业外部顾问的基础上打造自己的数字化企业。

五是开发人员将成为稀缺品。

CIO 不能事事都依靠自己的亲历亲为，他们需要企业配备有能力部署和实施相关应用程序的员工，以便使得公司完成数字化企业的转型。关于这些应用程序的一切都将不同于传统的企业应用程序。他们会用不同的语言、不同的数据库、不同的框架、不同的执行环境。总之，几乎所有的一切都将是新的，并且需要一组与上一代应用程序不同的技能。

IDC 预测：到 2017 年，超过 50% 的企业的 IT 支出将用于第三方平台技术，解决方案和服务，到 2020 年，这一比例上升到 60% 以上。

"企业 IT 与技术供应商"之间的区别会变得模糊，因为两者都在寻求实现技术解决方案，以形成企业运作的基础。因此，我们预计可以看到争夺优秀开发人员的一场残酷的战争，企业的 IT 部门和技术公司之间将展开有限的下一代人才的争夺战。

企业 IT 部门及其所属的大型企业二者均需要在思想上做出重大的转变。IT 部门历来被看作是一个成本中心，其重点往往放在保持预算方面——企业 IT 部门历来能够争取的唯一一方面只有其自己的薪水。在太多的企业 IT 部门，开发人员被视为可以互换的商品。新兴的现实情况则是，开发人员是企业重要的资源，而且会越来越重要。

## （二）2016年全球云计算预测

2016 年全球云计算作了发展趋势预测：

趋势一：云计算将会是新 IT。

"云优先"将如同"云计算是企业 IT 化的新核心"一样成为企业 IT 化的新口头禅，IDC 的 Gens 如是说。云端将会发现最"功能丰富的 IT 产品"。

具备先进 DX 方案的企业将建立行业云平台并且 / 或者与其合作，来扩大他们的数字化供应和销售网络。公有云市场将有重大的整合( 减少到 6 个"大平台")，同时，行业云平台会快速发展。随着云平台、GE 和其他在建中心的增长，建立创新团体、重新发明它们的行业和怎样大规模产生和扩散创新极为重要。

趋势二：云运维逐步崛起。

云运维代表的是我们在打理公有或私有云内各操作系统时的一切相关工作。其专注于安全、管理、监控以及治理等诸多方面，同时也需要以主动方式关注系统的长期运行状态。

要实现这一目标，意味着我们需要利用预测分析手段评估性能何时会成为负载处理瓶颈，或者当前运行模式是否有可能引发安全事故等问题。

趋势三：容器技术持续爆炸式增长。

对于容器这一技术概念，大家想必已经不会感到陌生了。容器方案之所以能够在短时间内获得爆棚的人气，主要是因为它们为业界指明了在云环境下构建新型分布式应用程序的可行途径，同时能够对现有应用进行"容器化"转换。

好消息是，容器确实没有辜负人们的厚望，Docker 与 CoreOS 等相关项目更是发展得红红火火。

坏消息是：容器技术仍然存在组件缺失，例如网络与安全服务，这意味着其在全面进入企业生产环境之前还需要得到进一步改进。预计各容器技术供应商及其合作伙伴将在 2016 年内解决其中相当一部分紧迫问题。

趋势四：培训与认证获得更多关注。

要真正发挥云计算的种种优势，需要由有能力构建、运行并设计云方案的人才贡献自己的能力。但这类人才的数量还远远无法满足需求，因此我们必须推进培训与技术使用认证以确保客户对此类技术成果的理解。

专注于云技术培训的服务商数量正在稳步增长，而与之配套的认证资质也越来越多。其中一部分由 Amazon Web Services 以及谷歌等供应商自行提供，也有一部分来自专门提供各类培训课程的服务商。

### （三）2016年中国ICT市场的预测

一是信息通信服务收入突破 2 万亿元，历史性转折初现。

2015 年我国信息通信服务收入达到了 1.9 万亿元，同比增长 13.1%，其中，基于互联网业务的收入 1.14 万亿元，同比增长 30.5%，传统电信业务收入 0.76 万亿元，同比下降 7%。

移动数据业务及互联网业务收入规模首次超过移动语音，基础电信业中低速增长，用户市场趋于饱和。2015 年基础电信业收入增速低位徘徊，增速持续降至 1.5%，连续 4 年低于同期 GDP 增速，2015 年数据业务（固网＋移动）收入占比超过 50%。

预计信息通信服务业务收入规模在 2016 年将突破 2 万亿元，从 2010 年的 1 万亿元到 2 万亿用了 6 年的时间。

二是固定宽带全面迈向高速光网时代，有望赶超日韩。

宽带接入全面进入高速时代，2015 年我国移动宽带用户占比已经超过 60%，光纤接入用户数突破 1 亿户。

全光网城市由点及面全面推开，FTTH 网络覆盖进入最后网络改造攻坚阶段，铜缆加速退网。农村光纤到村，光纤到户也在快速推进。根据中国信通院的预测，按照中国光纤用户的增长速度，2016 年我国光纤用户占比有望赶超日韩。

三是 4G 用户超过 5 亿。

2016 年中国 4G 用户有望超过 5 亿，占比接近 40%；全球 4G 用户占比接近 20%，2016 年 4G 数据流量将占全部流量的 65%。

到 2020 年，中国 4G 用户占比将超过 70%，2015—2020 年，国内 4G 网络移动数据流量年复合增长率将超过 150%。2020 年人均流量达到 4.9GB。

四是物联网迈向 2.0 时代，全球生态系统加速构建。

实际上物联网在中国很早就已经开始布局了，我们也可以看到尤其最近两年，物联网整体出现了提速的状态，无论是产业界还是政府，都投入了很大的资金和支持在物联网领域。

2016 年将向物联网的 2.0 阶段迈进，主要出现两大转变，小范围局部性应用向较大范围的规模化应用转变，垂直应用和闭环应用向跨界融合应用和开环应用转变。

另外，物联网将朝着四大方向发展：工业物联网 / 产业物联网；物联网与移动互联网融合的消费性物联网，比如可穿戴设备等；生产和消费混合型物联网，比如车联网、智能家居等；第四是物联网综合集成应用平台，比如智慧城市等。

物联网的市场空间毋庸置疑，当然，围绕物联网生态体系的建设至关重要。

五是工业互联网引领全球新产业变革。

工业互联网是互联网和新一代信息技术在工业全领域、全产业链、全价值链中的融合集成应用，是实现工业智能化的综合信息基础设施。工业互联网提供了全流程、全产业链、全生命周期的系统性智能。

全球新工业浪潮来袭，政府扮演强力推手，《中国制造 2025》发布，智能制造成为战略主攻方向，《中国制造 2025》打造了中国制造的升级路径，推动中国由制造大国向制造强国转型。其中，加快新一代信息技术与制造业深度融合是战略主线，围绕新型工业化建设，国家展开了一系列布局和行动。

智能制造是新一代信息技术的先进制造，而工业互联网是智能制造的关键基础，通过信息技术在生产中的深度融合，发挥工业装备、工艺和材料的潜能，实现智能化生产、协同化组织、个性化定制、服务化转型。说工业互联网是智能制造关键基础扮演发动机、燃料和助推剂等多种角色恰到好处。

六是人工智能步入快车道，孕育改变未来。

未来人工智能将重塑无人车、医疗、制造、军事、农业、服务业等众多领域。开源和云服务降低了人工智能的研究门槛。但我国还处于弱人工智能阶段，走向强人工智能还需要一段时间。

人工智能虽然很火，但产业发展任重道远。中国信通院认为我国人工智能发展面临着产业空心化、应用低端化、窗口期短三方面的压力。产业空心化：核心环节技术水平低，机器人性能不具备优势；核心零部件依靠进口，成本高居不下。应用低端化：难度较高的汽车制造、焊接等领域国外公司占90%，中国机器人作业领域大多是在搬运、码垛等地段领域。窗口期较短：国外一些知名厂商在我国建立研发基地和生产线，如安川借力美的、加快开拓国内家电等3C行业的工业机器人市场，压缩本土机器人发展时间窗口。

七是"互联网+"安全重要性凸显，安全防御技术智能化演进。

随着"互联网+"的大力推进，安全问题也引起进一步关注，由此带来的是"互联网+"安全问题影响范围更大，渗透程度更深。首先，软件安全问题在"互联网+"中更加突出，可信技术的重要性更加提升，对"互联网+"下安全风险监测预警、应急处置能力要求更加紧迫。

另外，依托云平台与大数据分析技术，实现智能化安全防御成为未来发展趋势。依托云平台实现恶意样本广泛采集、高速分析、实时全网部署，提升未知威胁防御能力，增强防御效率。依托大数据分析技术融合机器人学习、人工智能等技术，实现自动化威胁识别、阻断和追溯，降低误报率，提升网络防御能力。

八是"互联网+"大融合大变革，重塑监管制度。

"互联网+"带来的大融合大变革，将重塑监管制度。预期2016年将出台相关条例，管理办法，以促进新业态有序发展。

九是互联网网络架构优化变革，转型交换中心。

新形势下的互联需求也在发生着改变，交换中心正由满足基础电信运营商骨干网互联互通，向ISP和ICP、ISP间灵活多元化互联转型，向落实我国"全方位、立体化"网络架构演进目标迈进。

百度、腾讯、阿里巴巴、世纪互联等互联网企业通过构建自由网络，与多方开展BGP互联；2015年接入市场开档，改变了运营商的主导地位，非主导ISP BGP互联需求不断增加；2015年国内涌现大量公有云平台，并重视市场覆盖非主导运营商用户，一般采用BGP互联提升效率。

十是SDN/NFV从数据中心走向广域网。

SDN/NFV无疑也是2015年的热点，运营商也在加快基于SDN/NFV的网络战略转型步伐,未来 SDN/NFV 在广域网下的试点应用主要聚焦在四大应用场景:IP 与光网络统一控制,网络功能即服务,基于 SDN 的 IP 跨域互联,改进 MPLS 跨域。另外,网络操作系成为 SDN/NFV 深入发展的核心方向。

# 第三十五章　2015年中国软件产业发展形势展望

## 一、整体产业发展形势展望

### （一）产业仍将保持平稳较快发展

2015年，在全球经济弱势复苏、国内经济持续放缓的背景下，软件产业发展面临企业投资乏力、市场需求疲弱的压力，整体呈现增速放缓的态势。统计数据显示，2015年前三季度，我国软件业务收入31127亿元，同比增长16.5%，增速比上年同期下降4.1个百分点；完成利润总额3446亿元，同比增长9.4%，增速比上年同期回落12.3个百分点。

2016年，全球IT支出缩减继续加速行业转型调整，将给IT企业带来营收下降、市场收缩、竞争加剧等方面的挑战。Gartner研究显示，随着全球IT行业的全面调整，"软件即服务"将成为近年IT行业转型的重要趋势之一，软件即服务、信息安全、大数据和云服务等将成为行业的发展热点。从国内看，经济弱势企稳背景下产业将保持平稳增长。国家统计局宏观经济数据显示，经济正在弱势企稳，稳增长政策效果正在逐步体现。IMF认为中国经济仍处于转型调整中，维持2016年经济增长6.3%的预测不变。宏观经济的企稳回暖将带动各个行业的投资和消费需求，为软件产业的平稳较快发展营造良好环境。同时，包括居民信息消费扩大、企业装备投资消费升级、政府公共服务消费转型等在内的经济社会转型给云计算、大数据等新技术的应用提供广阔的空间。加上《中国制造2025》《关于积极推进"互联网+"行动的指导意见》《促进大数据发展行动纲要》《关于促进智慧城市健康发展的指导意见》等利好政策的推动，预计2016年软件产业将延续平稳较快发展的良好势头。

## （二）云计算、物联网等新兴领域迈入高速发展期

2016 年，新模式、新业态快速发展，将继续成为软件产业新的增长点。在云计算方面，随着云计算应用不断深化，发展潜力空间逐步释放，云计算产业也得到投资机构的青睐，成为投资的热点。据相关机构预测，2017 年，全球云计算行业的规模将从 2013 年的 474 亿美元增长到 1070 亿美元，年均增速在 20% 以上。在物联网方面，产业有望成为下一个万亿美元级的信息技术产业，据 Gartner 预测，2020 年全球物联网市场规模将突破 2630 亿美元。在移动互联网方面，移动商务、移动广告、应用内购物、应用即服务模式等因素将成为移动互联网发展的重要驱动力，预计 2016 年，全球移动互联网规模将达 7000 亿美元。

## （三）"互联网+"对软件提出新的发展要求

随着互联网加速从生活工具向生产要素转变，"互联网 +"从第三产业逐步向第一和第二产业扩散和渗透，成为重塑经济形态、重构创新体系、推动经济转型的新动力。软件是"互联网 +"的重要支撑和核心，2016 年，"互联网 +"的演进和发展对软件技术提出新的挑战和要求。一是软件要超出信息技术产业范畴，与各重点行业领域深度融合。"互联网 +"要求软件不仅仅是与硬件配合使用的不面向任何行业需求的信息技术产品，而是要进一步与金融、制造、交通、物流等领域的专业技术深入融合，协力推进其他领域业务流程、业务系统的重塑和生产模式、组织形式的变革，驱动其他行业领域向数字化、网络化、智能化转型升级。二是软件要加快网络化转型，提升对"互联网 +"发展的服务支撑能力。软件技术在促进互联网与传统产业融合、帮助传统企业互联网化等方面发挥着重要驱动作用，作为创新主体的软件企业必须加快网络化转型，更好地面向服务、面向应用实现软件架构的创新和变革。三是软件要加快自身创新发展，适应"互联网 +"时代的新特征。"互联网 +"在与传统产业融合过程中，不断拓宽软件技术的应用范围和应用领域，对软件技术的功能和性能提出新的要求，迫使其加快自身创新发展。

## （四）智能制造将推动软件市场快速发展

2015 年，由于国内先进轨道交通、航空航天、能源电力、装备制造等重点行业转型升级步伐加快，制造业智能化、服务化趋势凸显，对国内工业软件发展

带动效应十分明显。同时，生产调度和过程控制类工业软件市场受益于多地开展自动化生产技术改造、机器换人等措施影响，市场规模和行业关注度将快速提升。随着《中国制造2025》及重点领域技术路线图的发布和实施，2016年，围绕智能制造的软件产品和服务市场将呈现爆发式增长，地方将密集出台相关配套方案，全国范围智能制造推广应用将带动相关软件服务和工控系统市场的爆发。同时，作为实现智能制造的必要基础，工业互联网发展将提速，工业软件加快向云服务模式转变，相关工业软件和系统解决方案市场将进一步扩大。工业大数据将逐渐向制造业拓展和渗透，相关产品和服务的应用推广有望进一步扩大，带动相关软件和服务市场快速增长。

### （五）开源成为信息技术创新的主流模式

随着移动互联网、云计算、大数据、物联网等领域新技术不断获得突破，源于单一或少部分企业的力量已难以实现主导，依靠多元力量、汇集全球智慧的开源模式快速发展。2015年，开源世界涌现出许多新的势力，给现有市场格局带来巨大的变革力量。传统软件巨头微软加大了在开源世界的贡献度，其开源影响力逐步提升。开源项目的竞争日益激烈，Docker在持续爆发的同时，其直接竞争对手Rocket也实现了快速成长，并吸引了大批企业的参与。尽管OpenStack已逐渐成为业界的主流平台，但还有大量企业在关注其他开源云平台。我国企业参与开源项目的积极性不断提升，影响力逐步扩大。2015年，华为正式加入Cloud Foundry基金会，其在加大对OpenStack的影响力的同时也加快了对其他云平台的布局，同时凭借对Linux项目的贡献，升级成为Linux基金会的白金会员。阿里巴巴集团也正式加入Linux基金会，成为了Linux基金会中首个来自中国的互联网公司。2016年，开源软件将加快发展，引领全球新兴信息技术的创新。全球各大巨头将通过参与国际开源项目并投入大量人力物力，加快争夺开源资源。从浅层战略来看，企业希望能够通过参与开源软件发展来获取开源技术，推动其自身产品和服务的发展，提升其竞争力。从深层战略来看，开源已经成为全球技术、资金、人才、影响力等多元资源的汇集地，企业参与开源的目的也是为了对这些资源的争夺。

### （六）虚拟现实将成为产业发展新热点

2015年，以谷歌、微软、苹果、Facebook等为代表的全球知名IT巨头纷纷加速布局 VR 领域，VR 行业巨头继续巩固自身优势，VR 创业公司也如雨后春笋般快速涌现。据不完全统计，截至 2015 年 11 月，全球在 VR 行业共计完成 119 件投资及并购交易，涉及资金高达 6 亿美元，投资领域几乎覆盖了从技术、产品、内容、服务到平台、媒体等各个方面。2016 年，围绕虚拟现实产业链，各个细分领域势必将掀起新的发展浪潮。北京上地的中关村虚拟现实空间已经建成，着力营造国内虚拟现实行业的创业环境和生态圈。在 VR 头盔方面，已经集聚了银河数娱、小鸟看、深圳虚拟现实科技（3Glasses）等公司；在一体机和 VR 眼镜产品方面，有睿悦信息 Nibiru、焰火工坊等；在内容领域，有暴风魔镜 App、赞那度"旅行 VR"等；在周边设备领域，也出现了 Virtuix 的 Omni 体感跑步机、蚁视体感枪、锋时互动手势动作捕捉控制器"微动 Vidoo"等公司。

# 二、重点行业发展展望

## （一）基础软件

操作系统领域：一是国家将继续对国产操作系统的支持力度。当前，在云计算、大数据等新兴信息技术的持续演进下原有的软件和信息技术服务业市场格局正在发生重大变化，但操作系统的核心基础地位没有动摇，操作系统的自主可控关系到国家的信息安全和国家安全。此外，智能终端操作系统、云操作系统、车载操作系统仍旧具备巨大的发展潜力，是各大企业竞争的重要领域。因此，我国将继续加大对国产操作系统的扶持力度，努力培养一批具有国际竞争力的操作系统企业，在 2015 年发布的《中国制造 2025》中就将操作系统列为发展重点。二是开源模式将促进我国操作系统企业实现跨越式发展。开源软件日益成为软件领域技术创新的主导，在操作系统领域，Linux、Android 均已成为重要的基础平台，也是我国操作系统技术创新的基础。在开源模式的带动下，技术将不再成为阻碍产业发展的壁垒，我国操作系统企业引来新的发展机遇。三是国际合作成为常态，在新的形势环境下，只有加强国际合作，才能加速提升我国基础软件企业的研发能力和产品技术水平，同时促进与其他系统的兼容适配，形成有利于我国操作系统企业发展的产业生态体系。

中间件领域：一是企业合作将不断深化。中间件是位于操作系统软件和应用软件之间的重要纽带，不仅需要做好与底层操作系统的适配，也需要做好与应用软件的适配，因此，为了进一步扩大我国中间件的市场份额，中间件企业将持续扩大与其他产业环节企业的合作，提升企业市场竞争力。二是企业加大业务拓展力度。云计算为产业发展带来了新的计算环境，中间件的产品形态和商业模式正处在加速演进中，云计算服务平台为中间件提供了新的市场空间，也为传统中间件的发展带来巨大调整。未来，各大中间件厂商将积极向云服务领域拓展业务，云服务企业也将在中间件领域开展技术和产品创新。

数据库领域：我国数据库产业有望借助大数据的兴起实现超越式发展。一方面，我国数据库企业经过多年的技术深耕，已经实现了多项技术突破，技术能力已接近国际先进水平，培育了一批如人大金仓在内的优秀本土企业。另一方面，开源技术的不断发展为我国数据库企业实现跨越式发展提供参考，借助开源技术发展新型操作系统拥有巨大的产业空间。从产业创新来看，大数据将成为推动产业创新发展的核心力量，产业格局正处在快速变革期，我国数据库企业面临难得的发展机遇。另一方面，数据库企业的不断壮大将有助于我国大数据产业的快速发展，成为促进我国软件和信息技术产业壮大的助推器，数据库企业有望成为未来大数据领域的中坚力量。

办公软件领域：一是新型平台下的办公软件将成为企业竞争的焦点。从全球来看，包括微软、苹果在内的各大办公软件企业均推出了面向移动终端的软件产品，我国金山软件也推出了移动版的WPS，已拥有了大批用户。同时微软也发布了基于云平台的办公套件，随着移动互联网和云计算的快速发展，计算平台已由原来的桌面端向移动端和云端演进，新型平台下的办公软件将成为各大企业的聚焦点，竞争态势将不断升级。二是国产产品"走出去"步伐持续加快。我国办公软件企业已具备较强的市场竞争力，由于受制于市场生态等原因没能实现产业发展的良性循环。随着产业界开放步伐的持续加快，长期制约我国办公软件企业发展的生态壁垒有望被打破，我国办公软件企业的海外市场扩张步伐有望实现加速。

## （二）工业软件

市场规模方面，2016年，我国工业软件市场规模仍将保持快速增长的态势，增速仍预计为15%左右。ERP和CRM等管理软件在移动端的增长将成为市场发展的重要增长点。重点工业行业转型升级和技术改造的步伐加快，存量生产设施的自动化、智能化改造不断推进，新型智能装备研发部署不断加快，带动设计研发、生产过程控制等工业软件规模快速稳定增长。同时，基于网络、云计算等新型平台的工业软件新业态、新模式将加快涌现，如工业云、工业大数据、工业电子商务等将为工业软件服务市场带来新的增长动力。

技术发展方面，工业软件进一步向集成化、平台化发展，传统的功能区分进一步弱化。ERP 与 PLM、MES 等融合、整合的速度将进一步加快，推动企业打通端到端的数据链和服务链，并最终实现价值链的重塑。企业级的安全防护系统和功能深度嵌入各应用系统，移动端应用进一步丰富。

市场发展方面，软件企业与工业企业的合作将不断加深，业务渗透带动产业转型加速。可能会出现更多软件企业与装备制造企业深度合作，并从个性化产品定制服务切入，涉足具体制造领域的例子。同时，也可能会有更多工业企业依托数据应用优势转型成为工业互联网、工业大数据的咨询服务商。在制造业服务化、软件服务化等新发展趋势的带动下，软件企业、装备企业、制造行业等领域的界限将进一步模糊，第二产业和第三产业的界限逐渐模糊，跨界融合将加快重塑供需关系，对产业发展带来颠覆性影响。

### （三）信息技术服务产业

产业规模将延续有力增长态势。2016 年是实施国民经济和社会发展第十三个五年规划的开局之年，也是信息技术服务业融合创新、转型发展的关键之年。我国信息技术服务业既面临着宏观经济下行和结构调整、市场需求萎缩的挑战，又面临着信息技术与经济社会各领域融合加速、国家重大政策实施、新兴领域业务强劲增长、产业协同态势良好等巨大机遇，产业将步入融合、转型和调整的新阶段。在重大政策优化落实、经济社会应用需求日益旺盛的有利形势下，智能制造、智慧城市、企业级服务和信息安全保障成为产业发展热点。预计 2016 年，我国信息技术服务业将保持 18% 以上的平稳增长。

服务向移动化、智能化方向发展。2015 年，随着信息技术向泛在、融合和智能的方向演进，企业将围绕分布式远程服务、基于数据分析的智能服务等重点方向，加大技术创新和产品研发投入，不断扩展业务领域，提升信息技术服务能力。一方面，互联网促进人—机—物协作流程优化和效率提升，围绕行业需求的网络平台建设和服务改造创新不断加速，服务交付将逐步实现全面网络化。另一方面，基于大数据的数据挖掘、机器学习和人工智能等技术创新发展，人工智能的产业化步伐和应用推广速度将会加快，进一步实现信息技术服务的智能化。

重点领域应用成效初现。互联网高速发展，带动经济社会各领域对信息技术服务的需求进一步加强，2016年智慧城市、智能制造、智能交通、远程教育等领域的应用创新将继续活跃，应用成效初步显现。尤其在智能制造领域，依托工业互联网云服务平台，支撑企业柔性生产、产品个性化定制、产品运行过程监控及相关的个性化服务将实现快速发展。信息技术服务企业将积极拓展业务进入行业智能制造系统解决方案市场，制造业企业的相关部门有望剥离重组，面向市场提供行业解决方案及相关服务。

国际合作将持续深化。2016年，国内外企业合作案例将继续增加。产业协同合作成为企业建立更强竞争优势的重要途径，通过技术合作、共建合资公司等方式，国内企业与国际企业有望协同配合，共同研究和提供服务。不仅"引进来"，信息技术服务企业将积极拓展业务"走出去"。随着"一带一路"建设推进，不少处于"一带一路"的发展中国家和地区仍存在较大的"数字鸿沟"，为我国的信息技术服务业带来新的发展机遇，企业通过输出人员、技术与资金实现发展空间扩张。

## （四）嵌入式软件

产业规模方面，随着智能终端、智能汽车、智能装备以及智能家居、医疗健康服务和物联网应用对嵌入式软件系统的应用需求不断释放，2016年我国嵌入式软件产业仍将保持持续快速发展的势头，年增长率有望恢复至15%左右。

产业结构方面，随着国产品牌智能手机的快速崛起，国产移动智能终端操作系统的份额大幅提升，应用领域不断向智能汽车、智能家居、可穿戴设备等领域拓展；在智能制造和军民结合发展的战略推动下，工控系统领域国产嵌入式软件系统对国外产品的替代程度将进一步提高。同时，新兴领域的快速崛起也不容易忽视，特别是虚拟现实领域。虽然市场上多数产品还是围绕游戏或视频娱乐内容的展示，但虚拟现实的发展潜力远不止如此，随着技术的不断成熟和应用成本的降低，虚拟现实在工业和服务业领域有广阔的发展空间，可能是下一代的主流计算平台之一。部分企业已经使用虚拟现实测试验证其新产品设计，如地产公司使用虚拟现实技术方便业主参观新设计的大厦，飞机制造商利用虚拟现实技术展示并测试新型号等，虚拟现实为嵌入式软件系统发展提供了极具潜力的增长点，并将与大数据、云计算等新业态深度融合形成更多新模式和新业态。

市场发展方面，装备智能化发展和更多消费级智能产品，如智能家居、智能汽车、可穿戴设备等将为轻量化的嵌入式软件系统提供巨大的应用市场。然而面向多样化的细分市场，相关企业更多倾向于将嵌入式系统打造开放的开发平台，吸引更多开发者参与其中，从而面向细分市场形成多样化的软硬件一体化系统产品。2015 年这种发展趋势已经非常明显，2016 年更多嵌入式系统可能采取类似开源的发展策略，从而在嵌入式领域建立起类似移动互联网的芯片、操作系统和应用生态系统格局。随着企业级物联网应用市场的逐步激活，嵌入式的大增长时代即将到来。

## （五）云计算

移动云技术快速发展。移动云技术是指把虚拟化技术应用于手机和平板，适用于移动终端（平板或手机）使用企业应用系统资源，是云计算移动虚拟化中非常重要的一部分。随着移动互联网和云计算的加速融合，移动云服务将快速普及，移动云相关技术也在引起各企业的重视。能够把互联网上所有的终端，服务器统一在一个安全可控的统一架构下来运作，从而解决第三方开发者开发、运营、推广和变现方面难题的移动云技术将取得大量进展。

混合云将成为云服务业态的重要方向。混合云将成为大型企业普遍采用的云架构，有望在未来两年内成为企业的标准配置。混合云模式可以将公有云和私有云的优点融于一体。对安全性要求不高的内容可以放置在公有云中，以充分利用其配置简便和成本相对低廉的优势；而重要的业务流程和数据则可以保存在私有云环境中，在确保较高安全性的同时，还可以享受到云技术的部分优势，例如增减容方便易行以及程序标准化。众多大型企业需要私有云和公有云对接，在私有云和公有云之间自由切换，将对混合云架构产生巨大需求。

工业云平台取得重要突破。工业云平台随着全球制造业升级需求越来越迫切，"工业 4.0"、工业互联网等概念迅速兴起，面向工业领域的"工业云"将迎来迅速发展阶段。不论在研发、生产、经营还是办公等环节，工业云都将得到广泛应用，推动智能制造实现。传统的工业软件厂商、云服务厂商以及具备实力的大型制造业企业都将进入工业云领域，推出面向智能制造的云服务以及解决方案。

亚洲将成为全球市场焦点。亚洲是全球公共云服务规模增长最快的市场，例如中国、印度尼西亚和印度。微软、IBM、亚马逊等国际巨头纷纷布局亚洲市场发展。亚马逊已与韩国电信运营商 KT 展开谈判，打算利用后者的 IT 设施，加快推进云计算服务 AWS 在韩国市场的部署进程。IBM 在印度、越南和韩国等国家开设的云计算中心已经正式投入运营，供企业、大学和政府部门测试网络服务和应用程序。微软计划在印度建立首个云数据中心，在印度开展公有云服务。此外，微软、IBM、亚马逊也都已经进入我国市场，同国内企业展开激烈竞争。未来几年，亚洲将成为全球竞争最为激烈的地区，成为全球云计算企业关注的焦点。

## （六）大数据

数据和应用将成为驱动创新的主动力。数据驱动创新源于大数据的基础技术体系。在大数据技术体系中，数据的采集是一切的基础，而数据存储、分析、可视化均与数据模式紧密相关，传统的结构化数据将不再成为大数据中重点关注的内容，而大量存在的非结构化数据和半结构化数据带来的技术和应用领域是大数据的蓝海。多样类型的数据分析、复杂的数据组合、多源的数据融合等问题将成为大数据创新的重要聚焦点。

商业模式伴随连接层次的加深不断创新。在大数据技术体系中，数据是各方连接的中心，而核心价值也是在不同的连接中体现的，大数据的商业模式将根据连接方式的不断拓展而持续创新。

市场格局将呈现多层多样竞争态势。大数据正处在快速发展期，市场上呈现出各类企业竞相参与共同发展的态势。随着大数据的不断成熟，市场格局也将随之变化，呈现出截然不同的态势。在数据采集领域，互联网企业根据自身的优势展开激烈的竞争。大数据数据源主要来源于三个方向，互联网数据、政府数据和企业数据，由于后两类数据的采集主体一般不变，市场相对稳定，而对于互联网数据，全球各大互联网企业已经认识到数据的价值所在，将在数据获取入口等方面展开激烈的竞争，小型企业在该领域很难有所作为。在数据存储和交易领域，市场将呈现平台化发展趋势，大型企业将占据一定的优势。在数据分析和可视化等领域，市场将呈现多样化、定制化发展趋势，各类企业特别是中小企业将成为市场的主力。

数据安全保障能力得到提升。更加健全的数据分级制度为数据开放提供保障。

当前大数据应用主要集中在互联网领域和政府治理两个方面。对于互联网数据，其中包含着大量的个人用户数据，个人隐私的保护不仅关系到个人的财产安全，还关系到社会的诚信建立和歧视消除，关系到大数据未来的健康发展。对于政府数据，其中包含着事关国家发展的数据，其可能对国家安全产生影响。数据开放已成为各界共识，健全的数据分级制度将在政府和产业界的共同努力下得以实现。

## （七）信息安全

产业规模仍将保持高速增长。随着云计算、大数据、移动互联网、物联网等新技术、新业态的快速发展和演进，为我国信息安全产业发展带来了广阔的市场空间。预计 2016 年，我国信息安全产业规模将突破 1500 亿元，未来 5 年，我国信息安全产业规模仍将保持 50% 以上的年均复合增长率。

数据安全成为新一代信息安全体系竞争焦点。2015 年，大多数传统的信息安全企业加紧布局数据安全领域，并推出了相关的数据安全产品和服务。据来自 IBM 和 Ponemon Institute 的《2015 年数据泄露的损失》调查报告研究显示，每次数据泄露造成的平均损失为 379 万美元，并且这一数字仍维持持续增长态势。2016 年，政府推动数据开放的进程将进一步加速以及共享经济提速发展，数据流通性将大幅度提升，数据安全内容也将成为新一代信息安全标准的重要考量，数据安全技术应用将更加广泛。同时，随着云计算、大数据、移动互联网、物联网等新一代信息技术的快速发展，对数据安全技术提出了更高要求，数据安全防护呈现从静态到动态、从确定性到智能化的需求转变，数据安全技术与人工智能深度融合，融合机器学习、数据解释、数据加密机自然语言理解的融合智能数据安全技术将逐步出现并持续发展。

安全智能化成为技术创新突破的重要路径。当前智能化技术已经在物联网、移动智能终端、车载信息服务等领域得到了一定规模的应用，与网络安全技术和产品的融合也正逐步开展。传统的依赖于边界防御的静态安全控制措施将逐渐被基于大数据分析的高级、智能安全手段所取代。信息安全未来的重点将转向智能驱动的信息安全模型，能够感知风险，基于上下文背景以及灵活的并能抵御未知高级网络威胁的模型。以大数据分析为基础的威胁情报分析和安全态势感知将成为应对未知威胁的重要途径，2016 年，将继续重点关注智能信息处理及人工智能技术在信息安全领域的应用，包括异常行为发现和检测、安全信誉、安全度量、网络安全态势感知等关键技术及标准的研究。同时，安全智能化也将为改进信息集成和协同、风险和业务决策提供助力。

工业互联网安全将成为产业发展的新焦点。随着"中国制造2025"、"互联网+"等国家战略持续推进，工业互联网系统作为新一代信息技术与制造业深度融合的重要载体，面临着巨大的市场需求和良好的发展机遇。然而，随着通用协议、基础软硬件及大量的TCP/IP技术在工业互联网系统的广泛应用，在有效提升工业系统网络化、智能化水平和工业生产效率的同时，也引入了传统IT领域的信息安全问题，带来了诸多安全隐患。2016年，将依据工业互联网系统所承载业务的重要性和敏感性，加强对系统安全等级的划分，并提出系统安全基线的具体要求，从而实现对不同安全等级的系统实施对应强度的安全防护与管理。同时，将重点构建事前、事中和事后全面管理的安全防护技术体系。在事前防御方面，重点加强对工控专业防火墙、身份认证、基于生物特征的鉴别技术、公共密钥基础设施（PKI）、虚拟局域网（VPN）等研究和部署，构建从硬件、系统软件到管理的多层次自我保护机制。在事中响应方面，加强对数字签名检测系统、不规则检测系统等入侵检测（IDS）技术的研究，重点对网络安全事件以及设备管理操作、平台系统事件进行实时监控，提升入侵检测的适用性和灵敏度。在事后取证方面，加强网络行为分析，对异常行为进行管理和搜集，建立和完善审计日志机制，针对每个对系统的访问及其相关操作进行详细记录，成为事后诊断和审核的重要依据。

# 三、重点区域发展展望

## （一）环渤海地区

一是产业环境持续优化。随着京津冀协同发展产业规划的发布和实施，环渤海地区软件和信息技术服务业的政策环境持续优化。2015年，北京市颁布了《〈中国制造2025〉北京行动纲要》，纲要围绕北京市产业发展基础和目标设立了未来北京市将要重点支持的八大专项，其中有三个专项均与软件和信息技术服务业密切相关，也凸显出北京市对软件和信息技术服务业的重视。天津市启动了云计算和大数据重大科技专项，力争依托新兴技术抢占产业发展的制高点，推动制造业的网络化、智能化升级。河北省发布了《关于促进云计算创新发展 培育信息产业新业态的实施意见》，力争依托北京市优秀的产业资源，从产业配套的角度出发促进云计算产业的快速发展，在河北省和北京市的共同努力下，北京市计算中心向河北迁移的工程正在紧张实施中。

二是两化深度融合创新发展。随着"中国制造2025"上升成为国家战略，面临巨大制造业转型升级压力的环渤海地区将进一步加大产业投入，提升软件和信息技术服务在工业领域的支撑能力，推动信息技术与传统产业跨界融合发展。北京市在《〈中国制造2025〉北京行动纲要》提出，建立大数据服务等专项，以智能移动为龙头，以大数据应用为核心，孵化创新型产业，在无线传输、海量数据智能化搜索、高端工业软件、移动智能终端软件等关键技术和产品领域取得突破。京津冀三地共同组建了"京津冀智能制造协作一体化发展大联盟"，将从建立信息交流和资源共享机制、建设智能制造应用平台等方面推动区域制造业智能化、服务化，加快软件和信息服务在工业领域的应用。

三是区域合作不断深化。随着京津冀协同发展相关规划出台的临近，一系列政策红利即将施放。在此形势下，北京、河北和天津三地将通过联盟合作、项目对接等形式进一步加快区域产业差异化发展，强化各地产业研发转化基地的功能定位，加强优势互补、促进协作共赢。同时，北京中关村与河北张北签订合作协议，支持在京企业在张北建立数据中心。

## （二）长江三角洲地区

一是产业集群结构将进一步完善。长江三角洲地区是我国三大软件聚集地之一，其中南京和上海市该区域的产业发展最为成熟、产值最高的两大城市。近年来，南京和上海的软件产业增速仍保持较快增长，但落后于区域的平均增长水平。杭州、苏州、常州、宁波等城市由于产业基数较小，近年来产业增速明显得以提升。2015年，杭州市软件和信息技术服务业收入增长速度远高于南京和上海软件产业增速。杭州等城市软件产业的快速发展有助于长三角地区整个产业结构的进一步完善，为地区软件产业的可持续健康高速发展提供动力。

二是新兴领域将持续保持高速发展。近年来，随着云计算、大数据、物联网等新兴技术的快速发展，对传统软件产业的格局带来较大挑战，也为我国特别是长三角地区产业升级带来机遇。一方面，长三角地区是我国产业技术能力较高的区域，对新兴技术的掌握能力较强，在技术产业化过程中已形成较为成熟的体系。

另一方面，长三角地区是我国对外经济、科技交流的重要支点，在新兴技术和产业引进方面具有较大的区位优势。2015年，杭州、南京等城市的数据处理和运营服务收入均实现了高增长，反映出该地区在新兴领域的高速发展态势，随着技术和商业模式的不断成熟、基础设施的进一步完善，新兴领域的高速发展态势将得以持续。

### （三）珠江三角洲地区

一是将着力提升软件骨干企业实力。从广东省来看，软件企业的规模差距较大，绝大部分规模偏小，除了华为、中兴等大型龙头企业外，缺乏支撑产业持续发展的中间梯队力量，软件业务收入在亿元以下的中小微企业占85%左右，收入亿元以上的企业75%又集中在1亿—5亿元。2016年，珠三角地区将重点加强对中等规模的软件骨干企业的培育和扶持，加强对核心技术的掌握、产业链的控制以及对产业发展和带动效应。

二是对广州、深圳以外其他珠三角地区产业扶持力度将进一步增大。当前广州、深圳等产业发达城市正在向产业结构高级化和竞争力高端化提升，软件产业向二三线城市溢出成为必然。同时，软件产业作为两化深度融合的推手、经济结构转型的抓手，也将成为珠三角其他地级市相互竞争和抢先发展的重点。2016年，从广东全省来看，将进一步加大对珠三角其他城市软件和产业发展的扶持引导，推动珠三角城市产业整体协同发展。

三是进一步推动关键技术研发创新，不断完善信息技术创新机制。未来珠三角地区将继续发挥优势龙头骨干企业的引领作用，重点关注新一代信息技术与制造业的深度融合。着力提升集成电路设计水平，开发安全领域操作系统等工业基础软件，推进自主工业软件体系化发展和产业化应用。支持骨干企业开展云操作系统、云中间件、大数据挖掘分析等核心技术以及硬件核心产品的研发。推动产业链整合，打造形成从硬件、软件到信息技术集成服务的完整产业链条。

四是重视产业新业态的规模化发展。积极培育互联网新型业态，推进云计算应用服务市场化，带动服务外包等产业发展。未来珠三角地区将举办中国手机设计大赛和手机创新周，积极培育智能穿戴等产业新增长点，打造智能终端产业生态圈。建设技术创新平台和应用服务平台，推动自主信息服务产业创新发展。

### （四）东北地区

一是产业规模将进一步扩大。2015年1—11月，东北地区实现软件和信息技术服务业务收入3592亿元，同比增长了10.69%，总体来看，东北地区增长速度略有下降，在全国所占比重也略有降低，但依然保持平稳的发展趋势，软件和信息技术服务产业规模将进一步扩大。《黑龙江省软件和信息服务业发展情况及十三五规划思路》提出通过新技术的应用，加快全省软件和信息技术服务业发展，壮大产业规模，提升产业竞争力，推动全省软件和信息技术服务业实现跨越发展。吉林省"十三五"规划中也提到争取到2020年在"十二五"基础上实现软件和信息服务业业务收入翻番。

二是产业公共服务体系将进一步完善。辽宁省出台了《辽宁省人民政府关于印发辽宁省推动云计算创新发展培育信息产业新业态行动计划的通知》《省经济和信息化委关于加快信息技术服务业发展的四年行动计划》等一系列政策文件，沈阳、大连、丹东等地结合地区发展特色也出台了多项促进产业发展的政策措施。一系列行动说明东北地区将继续深入公共服务平台的建设。完善的公共服务平台体系、丰富的平台资源内容和服务运营模式将为软件和信息服务业发展提供重要支撑，也能够为企业经营决策提供辅助支持。

三是信息技术服务能力将继续提升。东北地区信息技术服务类业务规模已迅速成长到占整个产业的一半以上，加快信息技术服务业务支撑工具的研发和服务产品化进程表明本地区信息技术服务能力将会进一步提升。研发重点是信息技术咨询、信息系统设计、测试评估、数据处理与运营服务等领域的业务支撑工具，在此基础上推广信息技术服务标准（ITSS），加强业务标准库、知识库和案例库建设，全面提升信息服务水平和能力。随着这些举措的深入实施，东北地区的信息技术服务能力必定会进一步强化。

### （五）中西部地区

一是产业增速持续较快。由于中西部地区各行业信息化需求较高，信息消费需求需求日益旺盛，软件产业的市场空间广阔。同时由于中西部地区软件产业基础薄弱，产业营业收入的基数小，因此该地区产业发展仍有较大的潜力。如2015年1—11月，甘肃省以59.4%的产业增速位居全球产业增速的首位。预计未来中西部地区软件产业在全国的比重将持续上升，继续缩小与东部发达地区的差距。以重庆、成都、西安、武汉等为代表的区域中心城市依然占有较大的产业规模比重，资源、科研、人才和经济优势依然是其发展软件产业的核心竞争力，区域核心地位和带动作用明显。未来中西部软件产业将有望由原来的单一重点城市发展为主逐步转变为以重点城市为核心，辐射带动周围城市差异化发展为主。

二是新兴产业快速发展。智慧城市为中西部地区软件产业发展带来难得的机遇。随着智慧城市的试点城市的数量不断增多，并逐步进入实质推进期，将直接拉动数万亿的 IT 投资，智能交通、教育、医疗、安防、应急及智慧政务等领域软件和信息技术服务企业及云计算、大数据企业将获得发展良机。物联网将成为中西部地区软件产业的重要环节。重庆作为全国重要的物联网产业示范基地，以示范应用带动需求，以市场需求推动产业发展，有望为中西部地区软件产业发展注入新的活力。大数据将成为中西部地区软件产业发展的亮点。在省政府的支持下，贵州省大数据产业发展迅速，亚马逊、阿里云等许多云计算领军企业均在贵州省进行了业务布局，贵州也率先成立了大数据交易中心，成为我国首个大数据综合试验区。

三是服务外包成为产业发展助推器。中西部地区在人才培养、劳动力成本、土地成本、资源禀赋和成活成本等方面具备一定的优势，并将在一段时间内保持优势，为服务外包产业发展提供了良好的基础条件。其中，重庆、成都、西安、武汉、长沙等服务外包示范城市的服务外包产业将呈现高速增长态势，服务外包产业规模逐步壮大，聚集效应持续增强。

# 后 记

　　《2015—2016年中国软件产业发展蓝皮书》由赛迪智库软件产业研究所编撰完成，力求为中央及各级地方政府、相关企业及研究人员把握产业发展脉络、研判软件和信息技术服务业前沿趋势提供参考。

　　本书由樊会文担任主编，杨春立统稿。全书共计20多万字，主要分为综合篇、行业篇、区域篇、园区篇、企业篇和展望篇六个部分，各篇章撰写人员如下：

　　综合篇：杨春立、韩健、陈光、杨婉云、蒲松涛；行业篇和企业篇：陈光、安琳、韩健、蒲松涛、杨婉云、吕海霞；区域篇：韩健、蒲松涛、陈光；园区篇：韩健、蒲松涛、杨婉云；展望篇：蒲松涛、韩健、陈光、杨婉云、安琳。在研究和编写过程中，本书得到了工业和信息化部信息化和软件服务业司领导以及行业协会等专家的大力支持和指导，在此一并表示诚挚的感谢。

　　本书虽经过研究人员和专家的严谨思考和不懈努力，但由于能力和水平所限，疏漏和不足之处在所难免，敬请广大读者和专家批评指正。同时，希望本书的出版，能为我国软件服务业管理工作和软件服务相关产业的健康发展提供有力支撑。